JN082394

シリーズ刊行のことば

　働いていると，さまざまな問題に出会います。そのようなとき，私たちは何を判断の拠り所としたらよいのでしょうか。さまざまな価値観や利害が交錯する今日の社会では，これまでの常識やモラルだけで物事を処理することが難しくなってまいりました。多様な観点を包摂する法に，ますますその役割が期待されます。

　本シリーズは，「社会生活のなかで，法をどのように活用したらよいのか」を読者とともに考えるものです。取り上げたテーマは，いずれも職場で起こる身近な問題です。そうした問題に，読者みずからが取り組むことのできるよう工夫してみました。腑に落ちない・納得のいかないことがあったときは，踏みとどまって考えてみましょう。法はそのための素材を提供してくれます。また，権利を正しく主張し獲得するためにも，法の知識は不可欠です。

　もちろん，「法律の条文だけではどうにもならない」という現実がないわけではありません。しかし，だからといって，「法がどのような働きをしているのか」に無頓着であってよいわけではないでしょう。もともと法は，私たちの暮らしを豊かにするためにあったはずです。

　シリーズの各巻は，このような趣旨に賛同された編集者・執筆者各位の協力があって初めて生まれたものです。働く人々にとって，ここに収められた書が法というものを考えていくにあたっての機縁となれば，これほど嬉しいことはありません。

監修者　野﨑　和　義

第5版　はしがき

　1999（平成11）年11月に本書を公刊してから既に20年余りが経過した。この間，多くの読者を得て版を重ねてきたことは，著者として望外の喜びといわなければならない。この第5版では，第8次医療制度改革（2017年），民法（債権法）の改正（2017年），個人情報保護法の改正（2015年）などに関連する部分について必要な補訂を施した。また，人が生命の終焉を迎える際，看護に求められる役割についても新たな解説を加えた。

　看護は人の誕生から最期に至るまでを射程に収め，その健康を支援し権利を擁護することを任務としている。こうした看護のあるべき姿を法という観点から明確なものとし，それに携わる専門職の地位を法的にも確固たるものとすることが，本書の初版以来，一貫して追及してきたことである。本書が副題として「自律的・主体的な看護を求めて」というメッセージを掲げたのも，そのためにほかならない。

　本書は，看護と法とのかかわりを筆者らが模索するなか，ミネルヴァ書房社長杉田啓三氏の強い後押しを得て世に出ることができた。また，同社編集部の梶谷修氏には，初版以来変わらぬ御協力をいただいている。この第5版までの道のりを共に歩んできた両氏に感謝を申し上げたい。

　　2020年秋

野　﨑　和　義

柳　井　圭　子

初　版　はしがき

　医療の現場は急速に変わりつつある。インフォームド・コンセントや患者のプライヴァシー保護，あるいは遺伝子治療，脳死と臓器移植といった問題が，広く社会的な関心を集めている。また，医療の形態もチーム医療へと移行をみせている。こうしたなかで，医療従事者に要求される専門性と職務への責任はますます高度なものとなるであろう。看護師に対しても，専門職としての社会的責務と業務上の責任を自覚することが，従来にもまして求められよう。看護師みずからの自律的な判断が問われる。そこでの重要な拠り所となるのが法である。

　本書は，看護師が日常の業務のなかで直接・間接に出会うさまざまな法的問題を，具体的な〈ケース〉をもとに考察したものである。現場で働く看護師の方々にとっても，これから看護師を目指す人にとっても，最大限に活用されるよう構成されている。取り上げたテーマは，看護師の業務内容，その法的責任，職場における労働問題など多岐にわたる。また，他の医療専門職者との協力，福祉従事者との連携のために必要な法知識についても解説の労を惜しまなかった。さらに，裁判例も数多く取り上げ，実際の法運用にも十分な理解が得られるよう配慮した。

　解説にあたっては，法律やその条文を紹介するにとどまらず，法の基本原理にまで遡ることで，読者みずからが考えるための素材を提供するよう心がけた。適宜，〈図表〉も配置したが，これは本文の理解を容易にし，あるいは本文の内容を確認するためのものである。また，重要な法律用語や参考となる知識については，これを〈コラム〉として紹介した。さらに，法をより深く学びたい読者には，各章の終わりに掲げた〈参考文献〉が有用であろう。ただ，本書の性格上，叙述は筆者の専門領域を超えたところまで踏み込まざるを得ず，思わぬ誤解を生じているのではないかとも危惧している。この点，御教示いただければ幸いである。

　最後に，本書の出版にあたっては，ミネルヴァ書房社長杉田啓三氏に一方ならぬ御配慮を賜った。また，同社編集部の梶谷修氏には，企画の段階から終始変わらぬ御尽力をいただき，索引作りなどの細かな作業もお手伝いいただいた。ここに記して両氏に心より感謝申し上げる。看護師は，患者に最も近いところで，その心身の自立を支援する専門職である。本書が，自律的・主体的な看護のための一助となれば，この上ない喜びである。

　　1999年9月18日　九州玉名にて

野　﨑　和　義

柳　井　圭　子

CONTENTS

◎凡　例

1　文献は，括弧内に著者名［出版年］頁として記し，その詳細は各章末の参考文献欄に掲げた。
2　法　令
　・条文中の数字は算用数字を用いることを原則とした。
　・難解な漢字にはルビをふった。また，促音の表記は小さな「っ」に統一した。
　・本文括弧内での表示は，同一法令の場合は「，」で，異なる法令の場合は「；」でつないだ。
3　判　例
　・本書で引用した判例は，関係人を仮名とし，またその判決文の一部を省略した。
　・引用判例の略称は，次の例による。
　　大判昭 4・3・30 民集 8 巻363頁⇒大審院昭和 4 年 3 月30日判決，大審院民事判例集 8 巻363頁。
　　最判昭 36・2・16 民集15巻 2 号244頁⇒最高裁判所昭和36年 2 月16日判決，最高裁判所民事判例集
　　　　　　　　　　　　　　　　　　　　　　　　　　　15巻 2 号244頁。
　　広島地裁呉支判⇒広島地方裁判所呉支部判決
4　本書で引用した看護者の倫理規定は，日本看護協会の「看護者の倫理綱領 http://www.nurse.
　or.jp/nursing/practice/rinri/rinri.html」による。
5　本文中の〈ケース〉は，判例等を素材として筆者が作成した。

【判例略語表】
　　判　時：判例時報　　　　　　　　　　民　集：大審院，最高裁判所民事判例集
　　判　タ：判例タイムズ　　　　　　　　刑　集：大審院，最高裁判所刑事判例集
　　労　判：労働判例　　　　　　　　　　高刑集：高等裁判所刑事判例集
　　労民集：労働関係民事裁判例集　　　　下民集：下級裁判所民事裁判例集

【執筆分担】

野崎和義
　　1 章　看護と法　 2 節
　　2 章　刑事責任
　　3 章　看護師と刑事事件　 2，3 節
　　4 章　民事責任
　　7 章　看護と労働法

柳井圭子
　　1 章　看護と法　 1，3～5 節
　　3 章　看護師と刑事事件　 1，4，5 節
　　5 章　看護師の過失
　　6 章　看護と患者情報の取扱い
　　8 章　看護師の法的位置づけ
　　9 章　医療の提供
　　10章　医療保障

1章

看護と法

1 社会規範と法

1　問題の所在

　近くで人が困っていたら手をかすのは社会の一員として当然のことである。ましてや，人の生死にかかわることであれば，見過ごすことはできない。救援のための行為は善意や良心に基づくものであり，法律で規定されるものではない。だが，看護師が人の生死にかかわる状況に遭遇し，それを無視したならば，何らかの法的責任を問われるだろうか。

2　法と道徳

　日本看護協会は，看護者の倫理綱領において，看護師の責務について15の規定を定めている。この綱領は，「あらゆる場で実践を行う看護者を対象とした行動指針」(2003) であるとされる。その第１条は，以下のようなものである。

看護者の倫理綱領：

1．看護者は，人間の生命，人間としての尊厳及び権利を尊重する。

　(解説) 看護者の行動の基本は，人間の生命と尊厳の尊重である。看護者は，病院をはじめさまざまな施設や場において，人々の健康と生活を支える援助専門職であり，人間の生と死という生命の根元にかかわる問題に直面することが多く，その判断及び行動には高い倫理性が求められる。さらに，今日の科学技術の進歩はこれまで不可能であった医学的挑戦を可能にし，他方で医療費の抑制の問題は国家的課題になっており，複雑かつ困難な生命倫理的問題や資源の平等な配分のあり方という問題を提起している。

　看護者は，いかなる場面においても生命，人格，尊厳が守られることを判断及び行動の基本とし，自己決定を尊重し，そのための情報提供と決定の機会の保障に努めるとともに，常に温かな人間的配慮をもって対応する。

(2003年　日本看護協会)

　もっともこの規定は看護師の倫理・道徳上の義務を課したものであり，この義務に違反したからといって，ただちに法的な問題が生じるわけではない。

　法は，倫理・道徳から区別される。たしかに，いずれも社会生活を営む上でのルール，すなわち

社会規範である。しかし他の社会規範と異なり，法は公的な強制を伴う点に特徴がある*。違反者に対しては，その意に反しても制裁が加えられ，しかも，それが公権力（特に国家）によってなされるのである**。犯罪者には刑罰が科され，不法行為者には損害賠償責任が発生する。また，法に定める要件を満たさない行為が効力をもたないことも，公的な強制といってよい。

　　＊法の内容は倫理的・道徳的なものに限らない。例えば，日本では車は「左側通行」であるが，「右側通行」
　　　が倫理的に悪いというわけではない。「左側通行」というルールは，それが公的な強制によって担保された
　　　ために法となったにすぎない（道路交通法）。
　　＊＊社会規範には，ほかに「習俗」（例：他人の家に土足であがってはならない），「礼儀」（例：人に会った
　　　ら挨拶をする）などがあるが，それに違反したからといって公権力による制裁が加えられるわけではない。
　　　社会的な非難・孤立といった制裁を受けるにとどまるのである。

3　応招義務

　ケース・1-1でYが私的な時間を大切にしたいと思いその場を立ち去ったとしても，そのことにより法的責任を問われることはない。このことは，看護師ではなく医師であっても同様である。
　ただし，医師には，看護師と異なり**応招義務**が課せられている（医師法19条）。この義務は，現に診療に従事している医師に向けられたものであり，研究や行政に従事している医師はこれに含まれない。

医師法

　　19条◆1項：診療に従事する医師は，診察治療の求があった場合には，正当な事由がなければ，これを拒んではならない。

　ただこの義務には罰則規定がなく，医師の倫理上の義務を単に法的に訓示したにすぎない。このような医師の職業倫理上の義務は，法律によって強制すべき性質のものではないが，法は医師の職務の公共性を考慮してこれを罰則を伴わぬ公法上の義務としたと考えられている（宇都木・平林[1994] 231）。もっとも，医師が反復してこれに違反するようであれば，「医師としての品位を損するような行為があった」（医師法7条2項）として行政処分の対象となりうる。（➡第8章　看護師の法的位置づけ）。また，不法行為責任や業務上過失致死傷罪といった民事上および刑事上の責任も追及されうる。交通事故により救急車で搬送された患者が，市立病院への受け入れを拒否され，県立病院へ搬送された後に死亡した事故において，診療拒否に正当事由がないとして市に不法行為責任が認められたという事件もある（神戸地判平4・6・30判時1458号127頁）。
　医師が診療拒否できる「正当な事由」は，社会通念上やむを得ないという「道徳的な判断」（昭24.9.10医発752号厚生省医務局長回答）による。例えば，以下のような場合である（宇都木・平林[1994] 232）。
①　医師の不在あるいは病気などにより診療が不可能な場合。

② 自己の専門外の診療を求められたが，他の専門医による診療が時間的・距離的に可能であったので，その旨を告げて診療を拒否した場合。

③ 休日・夜間診療所などによる急患診療が確保されている地域で，休日・夜間などの通常の診療時間外に来院した患者に対し，休日・夜間診療所等で受診するよう指示する場合。

④ 勤務医が自宅で診療を求められた場合。

等である。もっとも，医療費不払いの患者に対してまで応招義務が生じうるかという疑問が提起されており，正当な事由は，医師の職責と患者の病気の種類，容態，診療の求めがあった時間，交通事情その他の具体的事情を総合的に勘案し，社会通念ないし医師の良識によって判断されるべき事柄であると解されよう。

なお，看護職者のなかでも，助産師には応招義務がある（保健師助産師看護師法39条1項）。

保健師助産師看護師法

> 39条◆1項：業務に従事する助産師は，助産又は妊婦，じょく婦若しくは新生児の保健指導の求めがあった場合は，正当な事由がなければ，これを拒んではならない。

2 法の体系

ケース・1-2

看護師Yは，訪問看護に赴く途中，車の運転を誤り歩行者をはね傷害を負わせた。

1 刑事責任，民事責任，行政法上の責任

倫理・道徳上の責任に対して，法的な意味で責任というときは，法に基づいて不利益または制裁が加えられることをいう。この法的な責任には，刑事責任，民事責任，そして行政法上の責任という三つのものがある。例えばケース・1-2で，看護師Yは，自動車運転過失致傷罪によって処罰されるのみならず（自動車の運転により人を死傷させる行為等の処罰に関する法律5条——刑事責任），被害者に対して治療費等の損害を賠償しなければならない（民法709条——民事責任）。また，運転免許の取り消しまたは停止という処分も受けることになろう（道路交通法103条——行政法上の責任）。*

刑事責任は加害者に対し刑罰を科すためのものであり，加害者の反社会性あるいは反倫理性が処罰の根拠とされる。したがって，加害者の主観面が重視され，例えば同じく人を死亡させた場合であっても，それが「わざと」（故意）によるものか（殺人罪——刑法199条），「うっかり」（過失）によ

るものか（過失致死罪——刑法210条，211条〔業務上過失〕）によって刑に軽重がある（➡第2章　刑事責任）。また，殺人のような重大な犯罪については，その未遂（刑法203条）・予備（刑法201条）も処罰される。

　一方，**民事責任**は被害者の損害回復を目的とする制度であり，加害者の故意・過失により損害の負担に軽重が生じることはない。また，実際の損害が発生しない限り，損害賠償義務を考える余地もない（➡第4章　民事責任）。

　さらに**行政法上の責任**は，行政目的を達成するために国や地方自治体によって追及される責任である。例えば，運転免許の取り消しや停止は，各都道府県公安委員会による行政権の行使として行なわれる措置であり，刑罰でもなければ，民事裁判による損害回復といった性質のものでもない。

　このように民事・刑事・行政法上の責任はそれぞれ目的を異にし，そこで問われる責任の内容も同一ではない。例えば，看護師が不用意にも患者の病状を見舞客に話したとしよう。この看護師は，「その業務上知り得た人の秘密を漏らし」たものとして，保助看法42条の2違反の罪（6月以下の懲役または10万円以下の罰金——保助看法44条の4第1項）に問われるおそれがある（刑事責任）。しかし，それだけでなく，医療契約の不履行（民法415条）あるいは不法行為（民法709条）として損害賠償責任（民事責任）を追及され，さらには保助看法14条1項に基づいて看護師免許の取り消し・業務の停止（行政法上の責任）といった行政処分を受けないとも限らないのである。

　　＊なお，Yは看護師であることから，罰金以上の刑に処せられた場合，看護師免許の取り消し・業務の停止という制裁処分を受けることもある（保助看法14条1項）。以下にみるように，この処分も行政法上の責任に基づいて下されるものである。

2　公法・私法・社会法

　以上にみた責任の区別は，公法と私法の分化に由来する。**公法**が国や地方自治体と個人との公的な関係を規律するのに対して，**私法**は個人と個人の生活関係を規律する。犯罪と刑罰を規定する「刑法」，看護師等の資格や業務について定めた「保健師助産師看護師法（保助看法）」は公法であり，家族生活や経済生活について定めた「民法」は私法の代表的なものである。

　もっとも今日では，公法・私法の中間に属する法領域も拡大している。例えば，働いて賃金を得るというのは私法上の関係であるが，その契約内容（例：労働時間，最低賃金等）については国家が積極的に介入する。労働者保護のために公法上の制限がもたらされるのであるが，このように本来の私法関係を公法化したものが**社会法**である。社会法には，「労働法」や「経済法」，「社会保障法」といった法分野がある。社会法のなかでも，特に看護師が関係する法分野は，「労働法」と「社会保障法」であり，これらの法については後にみていくことにする（➡本章**3**）。

3 法律と命令

　法は，これを制定する組織に応じて，さまざまな呼び名をもつ。例えば，保助看法は国会の制定した**法律**である。この保助看法には看護師等の資格や業務に関する基本的な事項が規定されているが，その細部については行政機関によって制定される法，すなわち**命令**に委ねられている。法律と命令をあわせて**法令**という。

　命令は，どの行政機関がこれを制定するかによって，内閣の制定する**政令**，各府省の大臣が制定する**省令**などに分類される。例えば看護師の免許手続きについていえば，その重要事項は「保健師助産師看護師法施行令」という政令に規定され，その細目は「保健師助産師看護師法施行規則」という省令（厚生省令）に規定がある。

　法律は全国民の代表である国会議員の議決を経て制定されるものであるから，「国の最高法規」たる憲法（憲法98条1項）に次ぐ効力をもつ。一方，命令は法律を実施するための手段であり，その効力は法律に劣る。また命令のうち，総則的な性格をもつ政令は省令よりも上位におかれる。

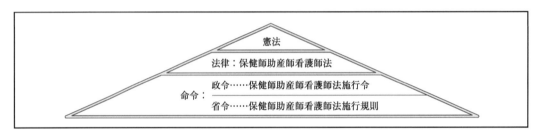

3 労働法・社会保障法

ケース・1-3

　妊娠している看護師Kは，出産後は仕事をやめて育児に専念しようと考えていた。ところが，夫が事故で死亡した。

　日本国憲法によれば，人は誰でも人間らしい生活を営む権利をもっている（**生存権**──憲法25条）。だが，暮らしにはさまざまなリスクが伴う。思いもかけず生活に困窮する，あるいは生活が破綻するといった状況に直面することも少なくない。こうした事態に備え，社会法の各領域ではどのような法が整備されているのだろうか。**ケース・1-3**をもとに，この点を考察してみよう。

25条◆1項：すべて国民は，健康で文化的な最低限度の生活を営む権利を有する。
　　　 2項：国は，すべての生活部面について，社会福祉，社会保障及び公衆衛生の向上及び増進に努めなければならない。

　Kは看護師である。看護師は，医療業務に従事する労働者として，**労働法**による保護を受けている（➡第7章　看護と労働法）。妊娠や出産を理由としてKが解雇されることはない。しかし，Kが退職の意思表示をしていたらどうだろう。後になってこれを撤回したいと考えても，その希望が受け入れられるとは限らない。すでに病院側で補充人員が確保されていることもあろう。そのような場合，Kは現在の職を失い，次の職を探すことになる。その間，彼女は「雇用保険法」に基づき失業中の生活保障と再就職の援助を受けることができる（求職者給付）。

　またKは，看護師という労働者として，生存権の主体とされるだけではない。労働関係との結びつきを離れても，一人の国民として，その生活が保障されなければならない。ここに**社会保障法**の独自の意義がある。例えば，出産にあたって経済的な理由で困惑しているのであれば，「生活保護法」にいう被保護者として出産扶助を受けることができる。出産後，子どもの養育に際しては，「児童福祉法」に基づく保育所を利用することができよう。また，「児童扶養手当法」による**児童扶養手当**の支給，税制上の優遇措置等を受けることもできる。さらに母子家庭であれば，「母子及び父子並びに寡婦福祉法」に基づいて**母子父子寡婦福祉資金**の貸付なども行なわれている。

　今日，生存権の理念は，労働法の分野に限らず，広く社会保障法の領域においても，その拡充が図られている。看護師は，労働者の健康管理に携わり，また医療や社会福祉サービスを提供するにあたって，これらの法についても知識が求められるのである。

4　看護師の責任

ケース・1-4

　看護師Mは受持患者Hの清拭を終えて退室する際，ベッド柵をおろしたままにしていた。その直後，Hがベッドから転落したと騒ぎになった。看護師Mにはどのような法的責任があるのだろうか。

　このような医療事故が起こった場合，Mは可能な限り看護師という専門職者としての責任を果たさなければならない。まずMは，医師や同僚の協力を得て患者の被害が最小限になるよう努めなければならない。次に，この事故が生じた経緯について，上司である師長に詳細に報告しなければならない。さらに，患者あるいは患者の家族に事故の状況と現状を説明し，自分の犯した過ちについて報告し真摯に謝罪しなければならない。このようなMの事故処理行為は，看護師としての職務上

および倫理上の責任としてなされるものである。では，このような医療事故が発生した場合，看護師Mの法的責任はどうなるであろう。

第一に，刑事責任についてである。もしHに死に至るほどの重大な障害（例えば，くも膜下出血）が生じたならば，Mは業務上過失致傷罪（死に至れば業務上過失致死罪）に問われるかもしれない（➥第2章 刑事責任）。業務上過失致死傷罪（刑法211条）は，一般の過失致死傷罪（刑法209条，210条）に比べ刑が重い。医師や看護師のように，人の生命身体等に対する危害を加える可能性のある業務に従事している者には，特別に重い注意義務を課し起こりうる危険を回避するよう努めることが期待されているのである。

第二に，行政法上の責任についてである。このような事態が生じた場合，看護師としての業務停止を命じられたり，看護師免許を剥奪されるといった処分を受けることもある（➥第8章 看護師の法的位置づけ）。Mが看護師でなかったならば，この責任を問われることはない。だが，看護師という身分（資格）において業務を行なうからには，看護師として一定のレベルに達していること，また専門職者としての注意義務を果たすことが要求される。専門職者としての一定のレベルを満たさず，患者に重大な障害を負わせたということになれば，そのような者を看護師として認めることはできないのである。

第三に，民事責任についてである。Mは，H本人あるいはHの家族から提訴され損害賠償を請求されるかもしれない。医療事故では，たとえHに生じた障害が小さなものであっても，日常生活上支障があるということであれば，また，精神的に苦痛を受けたということであれば，そのことを理由に損害賠償を求めて提訴することができる。損害賠償請求には，被害者の受けた損害の救済だけでなく，事故に基づく障害により職場復帰ができず収入が減少するということになればその保障も含められる。だが，民事責任に関しては，従来，使用者である医師や医療機関（管理者）に対して訴訟が提起され，看護師個人の責任を問われることは稀であった（➥第4章 民事責任）。しかし，近時，看護師の専門性が社会的に認知されるにつれ看護師個人に対して民事責任を問う事例もあり，裁判で責任ありと認められた看護師は患者側に莫大な損害賠償を支払わなければならないことになる。このケースの場合，看護師M個人を相手に損害賠償を請求するより，病院側を相手に提訴することが考えられよう。

▼
コラム　看護ケアの法的評価

　以下の事件は，近時のベッド転落事件において示された看護師の責任についてである（東京地判平8・4・15判時1588号117頁　控訴）。

　看護師の「過失」については第5章で学習するとして，ここでは，日頃の看護ケアが法廷でどのように評価されるかについて考えてみよう。

　事件の概要は，パーキンソン病のため四肢障害を有する心筋梗塞の疑いで入院していた患者Aが，入院先のベッドから転落し，頭部を強打して外傷性くも膜下出血で死亡したというものである。Aは軽度の痴呆があり，当該事故の10日程前にもベッドから転落して頭部を強打していた。Aの遺族は，Aが適

切な看護を受けられなかったとして病院側を相手に損害賠償請求（不法行為）を行なった。

　裁判所は，患者Aの状態・状況（一度ベッドから転落していたこと），医師と看護師ができるだけ病室を訪れAの動静に注意するよう喚起していたこと，看護計画に「夜間ベッドから落ちる」という問題点と「危険防止」「頻回に訪室すること」という具体策をあげていたことから，転落の危険性は認識されていたと認めた（予見可能性）。その上で，病院側は転落・死亡の結果を防ぐための有効な措置を講じていない（結果回避）として病院側の過失責任を認めるとした。

　その措置について裁判所は，転落の危険性が看護計画にあげられていたことから，1時間に1回よりは多くAの病室を巡回してその動静を観察することが期待されていたと考えられるとし，注意を払っていたと主張する看護師ら病院側の証拠（看護記録など）は，どのように巡回頻度を増やし，Aの動静に注意を払っていたかについて曖昧で，具体性を欠き，その内容は明らかでなく，看護方針に従い頻回に巡回し，Aの転落による危険発生の防止に努める義務を果たしていない（過失あり）と判示したのである。（一部認容，遺族の精神的損害に対する損害賠償請求については一部棄却）。

　以上のように看護師Mは，法的には三つの責任を追及されうる。しかし，実際このような責任が問われるのは，看護師Mの行為が反社会的行為である場合，患者が事故により予想し得ない負担を負うことになった場合，あるいは事故後の病院側の対応が悪くHやその家族の不満が大きい等により訴訟に至った場合である。事故が発生したからといってただちにこれらの法的責任を追及されるわけではない。

　通常は，医療提供施設のなかで医療事故が発生すると，そこで定められている**医療事故処理システム**に沿った対応がなされることになるだろう（➡第9章　医療の提供）。Mは職場に定められている規則に基づき責任を問われる。一般に，職場の内部規定である就業規則には，労働者の非行に対する注意，減給，停職，解雇等といった懲罰が定められている。もし事故を引き起こした原因がMにあるということになれば，Mは職場の規則に基づく何らかの制裁を受けるかもしれない。もちろん，就業規則は法律ではないので，就業規則に基づく懲罰は法的責任ではない（➡第7章　看護と労働法）。しかし，看護師は，看護師の資格において一定の水準に達した看護を提供することを使用者に承諾して雇用契約が成り立っている。看護師は専門職者として責任を果たすことが期待されているのである。この点から，看護師には，上の三つの法的責任以外に看護師としての労働法上の責任をも有しているといえそうである。

5　裁判とのかかわり

ケース・1-5

　舌癌で手術をしたCは，術後，言語障害と嚥下障害に苦しんでいた。退院後，Cは，病院と担当医師を相手に訴訟を起こした。Cは，このような障害が起こるとわかっていれば手術に同意しなかったと主張している。このことを知った彼の受持看護師であった看護師Tは困惑している。

誰もが裁判を受ける権利をもっている（憲法32条）。また，裁判所が下す判決には，誰しも従わなければならない。患者側と医療者側との両者の主張が対立するとき，患者側は主張を認めてもらうため裁判所へ提訴する。医療者側の不注意により患者に重篤な障害や死という結果を引き起こしてしまったのであれば，当該医療者がその責任を問われることは当然なことであろう。そうであっても，どのような，またどの程度の責任が妥当であるのか。この点について，しばしば，医療者側と当該患者，またはその家族等と争いが起こる。医療者にとって，実際に治療やケアを提供してきた患者（あるいはその家族）と争うことになるのは，苦痛であり抵抗がある。ましてや裁判ということになれば，なおのことである。一方，患者側が医療者を相手に提訴することは容易なことではない。

憲　法

32条◆　何人も，裁判所において裁判を受ける権利を奪はれない。

　実際には，患者側の提訴の動機は，責任があることを認めてほしいという医療者側への不満であることが多い。医療事故の場合，医療や医学について一般的知識しかもたない患者にとって，裁判で医療者の過失や因果関係を立証するのは困難なことである。また，裁判となり長期間争うことになれば，精神的負担だけでなく経済的な負担も大きい。さらに，裁判を起こした患者ということになれば，今後，継続してあるいは新たに医療を受けようとしても快く適切に医療を受けられるかどうか不安がある。裁判を起こしたところで，必ず患者側が勝訴するとは限らない。このような多くのリスクのあるなか，患者は自分の人権を守るため医療者側と争うことを決意しているのである。

　ケース・1-5で訴訟になった場合，医師や病院側は，Cにとって最善の治療を施したと主張するであろう。たしかに障害は残ったが，それは手術による落ち度ではない。Cは，手術により生命の危機を脱したのである。しかし，Cが提訴に至った不満は，手術に対するものではなく，このような障害が起こりうる手術であることを事前に説明し手術を受けるかどうかの決定をさせてくれなかったこと（すなわち，自己決定権が保障されなかったこと）であるかもしれない（➡第6章　看護と患者情報の取扱い）。裁判では，このように両者の主張と提出される証拠により，どちらの言い分が正しいかを法に基づいて判断するのである。

　ところで，このケースでT看護師は訴えられているわけではないが，次の二つの点で彼女は裁判にかかわることになるかもしれない。

　第一に，Tは裁判において重要な証拠を提供しうるものであるということである。裁判では事実関係を明らかにするため，裁判所が証拠として診療上の記録を提出するよう求める。その記録のなかに看護記録も含まれる。**ケース・1-5**では，手術の前にCに対しどのような説明がなされたか，またCが説明をどのように理解していたかといった事情を知るために，詳細に記載されている看護記録が有力な証拠となりうる。そのため看護師Tはその時の状況を正確にかつ明確に記載していることが求められる。また，自分自身および被告である医師や病院側にとって不利なことが記載され

ていたとしても，それを追記・訂正・改ざんしてはならない。

　第二に，Tは証人として裁判所より召喚されるかもしれない。その場の事情を知る者として，患者側あるいは，医療者側の証人として呼ばれることもあろう。その際，真実を語らなければならない。虚偽の陳述を行なうと偽証罪として処罰されることになる（刑法169条）。ただし，看護師が証人として陳述を求められたとしても，患者や他の人の秘密に関することについては証言を拒むことができる（刑事訴訟法149条）。

コラム　裁判所への出頭

　以下は，イギリスで裁判所に出頭する保健師の不安について公表されているものである（ダイモンド[2006] 229）。それらは，わが国の看護師についても当てはまるものだと思われるので，ここで整理して紹介しておく。

＜裁判所に出頭する不安＞

1. 証言に関して
   - 知らないことを聞かれるのではないか。
   - 詳細な記憶に自信がない。
   - 無知と思われるのではないか。
   - 簡潔に表現することができない。
   - クライアントを裏切ることになるのではないか。
   - 法律用語，手続き等が理解できない。

2. 裁判所という特殊な環境に関して
   - 依頼者がある人をうそつき呼ばわりするのを聞く。
   - 待っている間の緊張感。
   - 傍聴人がいる。
   - 時間の浪費。
   - 緊張といらだち。

3. 反対尋問に関して
   - 裁判所での率直性と攻撃性（特に弁護士による）。
   - 反対尋問がなされ，それに反論できないこと。
   - 上手な反対尋問にあい自分の証拠を変えざるを得なくなること。
   - 自己矛盾。

【参考文献】

宇都木伸・平林勝政『フォーラム医事法学』(1994) 尚学社。

T. エックホフ／N. K. ズンドビー (都築廣巳・野﨑和義・服部高宏・松村格訳)『法システム』(1997) ミネルヴァ書房。

B. ダイモンド (柳井圭子・岡本博志訳)『看護の法的側面 (第4版)』(2006) ミネルヴァ書房。

高波澄子「ベッド転落事件」『医事法判例百選』(2006) 有斐閣, 210-211頁。

高橋智「高齢の入院患者転落事件」『医事法判例百選』(2006) 有斐閣, 208-209頁。

田村(柳井)圭子「看護婦の『患者情報』の取り扱いについて」『西南女学院大学紀要』(1997) Vol. 1, 36-45頁。

野﨑和義『福祉のための法学』(2002) ミネルヴァ書房。

樋口範雄「医師の応召 (応招) 義務, 診療義務」『医療と法を考える』(2007) 有斐閣, 68-85頁。

久塚純一・古橋エツ子・本澤巳代子『テキストブック 社会保障法』(1998) 日本評論社。

2章
刑事責任

1 刑事手続き

　患者Pは，床頭台に置いていた財布がなくなったと言っている。病院の調査では確かなことがわからなかったので，Pは警察へ通報した。警察の調べでは，当日の夜間に勤務していた看護師Hに容疑がかかった。

1　刑事手続きと人権

　このケースで，看護師Hが本当に犯人かどうかはどのようにして決められるのだろう。「自白は証拠の王である」とされた時代であれば，拷問にかけてでもH自身の口から罪を語らせたであろう。しかし，そうして得られた自白が真実かどうかは疑わしい。また，強制・拷問といった自白採取の方法は，それ自体が人権侵害であって好ましいものでもない。犯罪を行なった者を特定しその刑事責任を追及するための手続きが**刑事手続き**であるが，その運用にあたっては，"真相の解明"を目指しつつも"人権の保障"に十分な配慮が求められる（刑事訴訟法1条参照）。

　刑事責任は強大な権限をもつ国家機関によって追及されるが，そこには常に濫用の危険が伴い，国民の権利や自由が不当に制限されないとも限らない。そこで日本国憲法31条は，刑事手続きが法律に規定をもち，しかもその内容が実質的にも適正であることを要求している（適正手続きの保障）。そして憲法は，これに続く条文で刑事手続き上の詳細な人権保障規定を定めるが（憲法32条-40条），これを受けて「刑事訴訟法」（刑訴法）も，捜査・公判・上訴という一連の刑事手続きについて，その手順やルールを厳格に規定している。

憲　法

　31条◆　何人も，法律の定める手続によらなければ，その生命若しくは自由を奪はれ，又はその他の刑罰を科せられない。

2　捜　査

1　意　義

　犯罪が発生したと思われるとき，警察や検察などの捜査機関は捜査を開始する。実際に犯罪が行なわれたかどうかを確かめる一方，証拠の収集と犯人の発見に努めるのである（刑訴法189条2項参照）。**ケース・2-1**で，患者Pはどこかに財布を置き忘れただけかもしれない。看護師Hが本当に犯罪を

犯したかどうかは捜査をしてみないとわからない。捜査の結果，犯罪の嫌疑が固まると，Ｈは裁判所に訴えられ（公訴提起　➡本章**1**-3），**刑事裁判**が開始される。捜査は，この裁判に向けた準備活動にほかならない。

2　捜査のきっかけ

　捜査のきっかけにはさまざまなものがある。刑訴法には**告訴**・**告発**などがあげられているが，これらに限られるわけではない。職務質問等の警察活動によって，捜査のきっかけが得られる場合もある（犯罪捜査規範59条参照）。また**ケース・2-1**のように，被害者である患者Ｐからの申告（被害届）があった場合も捜査は開始される。

> **コラム　告訴・告発と被害届**
>
> 　告訴と告発は，どちらも捜査機関に対して犯罪事実を申告し犯人の処罰を求める意思表示であるが，**告訴**は，被害者やその家族などの告訴権者だけができる（刑訴法230条以下）。犯人の処罰を求めることが必要であり，犯罪事実を申告するだけでは**被害届**にすぎず（犯罪捜査規範61条参照），告訴とはいえない。一方，**告発**も告訴と同様の意思表示であるが，犯罪と直接関係のない第三者によって行なわれる点に違いがある（刑訴法239条）。

3　逮　捕

　捜査のなかには，聞き込み・尾行など捜査機関が任意に行なうことのできるものもある（**任意捜査**）。しかし，相手方の意思に反しても行なわれる**強制捜査**は，原則として，裁判官に令状を申請し，それが発せられた場合に限って許される（憲法33条，35条）。強制捜査は，特に人権侵害の危険性が大きいからである。

　強制捜査の一つに**逮捕**がある。逮捕は**被疑者**に対する短期の身柄拘束処分であり，逮捕されたからといって犯人と決まったわけではない。裁判で有罪の判決が下されるまでは常に無罪の可能性をもつ者として扱われる（**無罪の推定**）。また，必ずしも被疑者のすべてが逮捕されるわけでもない。実際には，いわゆる"在宅事件"として，身柄拘束なしに捜査が続けられる場合のほうが多い。

> **コラム　被疑者・被告人と黙秘権**
>
> 　被疑者と被告人とは異なる。犯罪の嫌疑を受け捜査の対象とされている者が**被疑者**であり，逮捕された者だけを指すわけではない。被疑者は，身柄を拘束されているか否かを問わず，捜査機関による取り調べを受ける（刑訴法198条1項）。この被疑者が被疑事件について公訴を提起されると**被告人**と呼ばれる。なお，新聞等では被疑者とほぼ同じ意味で「容疑者」という言葉も使用されている。また，「被告人」という言葉に代えて「被告」といわれることもある（➡第4章　民事責任，**5**コラム参照）。
> 　被疑者・被告人に認められた最も重要な権利が**黙秘権**である。「何人も，自己に不利益な供述を強要されない」のであり（憲法38条1項），被疑者・被告人は，この黙秘権があることをあらかじめ告知されな

けなければならない（刑訴法198条2項，291条4項）。訴追されたり有罪とされるおそれのあることについて供述を強制することは，人格の自律性を損なう結果となり許されないのである。

　逮捕には，通常逮捕・緊急逮捕・現行犯逮捕の3種類がある。裁判官のあらかじめ発した令状（逮捕状）によって逮捕する場合が**通常逮捕**であり，緊急の事情により，まず被疑者を逮捕してから逮捕状が発せられる場合を**緊急逮捕**という。これに対して，**現行犯逮捕**は令状によらない逮捕であり（憲法33条），一般市民もこれを行なうことができる。ただ，逮捕は被疑者の身体の自由を強制的に奪うものであり，またその名誉やプライヴァシーを損なうことにもなりかねないため，特に厳格な要件・手続きが求められている。この点を警察官による逮捕についてみると，以下のような表に整理することができよう。

	逮捕		
	令状による逮捕		令状によらない逮捕
	通常逮捕（刑訴法199条）	緊急逮捕（刑訴法210条）	現行犯逮捕（刑訴法213条）
要件	①相当な犯罪の嫌疑：捜査機関の個人的な主観では不十分。一般になるほどとうなずける程度の嫌疑が必要。	①充分な犯罪の嫌疑：通常逮捕の場合よりも高い嫌疑が求められる。ただし，ただちに公訴を提起できるほどの嫌疑までは必要ない。	①明白な犯罪の嫌疑：「現に罪を行い，又は現に罪を行い終った」（刑訴法212条1項）犯人であることが，現場の状況等から明白でなければならない。
	②逮捕の必要性：被疑者が逃亡するか証拠を隠すおそれのある場合に初めて逮捕は許される。	②逮捕の緊急性：通常逮捕の手続きをとっていたのでは，被疑者を逮捕することが著しく困難になり，あるいは証拠を隠されてしまうおそれが顕著な場合に，例外的に許される。	②逮捕の必要性：その場で身柄を拘束しなければ犯人を取り逃がすおそれ等があるため逮捕が許される。
	③軽微犯罪の制限：過失傷害罪（刑法209条），侮辱罪（刑法231条），軽犯罪法上の犯罪（軽犯罪法1条）など一定の軽微犯罪の被疑者については，住居不定か任意出頭に応じないという特別の必要性が逮捕の積極的な要件となる（刑訴法199条1項ただし書）。	③重大な犯罪に限定：長期3年以上の懲役または禁錮にあたる犯罪か，またはそれよりも重い犯罪に限って，緊急逮捕は許される。したがって，例えば窃盗罪（10年以下の懲役──刑法235条）については緊急逮捕ができるが，暴行罪（2年以下の懲役──刑法208条）については緊急逮捕をすることができない。	③軽微犯罪の制限：過失傷害罪，侮辱罪，軽犯罪法上の犯罪などの現行犯人は，住居・氏名が明らかでない場合，または逃亡のおそれがある場合に限って逮捕できる（刑訴法217条）。
逮捕の手続き	事前の逮捕状請求 ：被疑者を逮捕する前に，あらかじめ裁判官に逮捕状の発行を請求しなければならない。令状請求の濫用を防止するため，請求権者は，検察官および警部以上の警察官に限られる。裁判官は逮捕の理由・必要性等を審査し，それらが認められる場合に，逮捕状を発する。発付を受けた捜査機関は，その逮捕状を示して被疑	事後の逮捕状請求 ：緊急の事情により，まず被疑者を逮捕した後に，逮捕状を請求する。この請求は，逮捕後ただちに行なわなければならない。請求手続きを迅速に進めるため，令状請求は，警察官のうち巡査の階級にある者にも許される。裁判官が請求を認めないときは，被疑者を直ちに釈放しなければならない。	逮捕状不要 ：逮捕前も逮捕後も令状は必要ない。また，一般市民も逮捕することができる（刑訴法213条）。犯人であることが明白であり，第三者（裁判官）の判定がなくても人権侵害のおそれが少なく，また，急を要する場合だからである。一般市民が現行犯人を逮捕した場合は，ただちにこれを捜査機関に引き渡さなければならない（刑訴法214条）。逮捕者

| 逮
捕
の
手
続
き | 者を逮捕する（刑訴法201条1項）。 | | みずからが取り調べたり，留置することは許されない。それをすると，監禁罪（刑法220条）が成立することもありうる。
　なお，犯行後間がないと明らかに認められ，しかも犯人であることを窺わせる事柄として法文に列挙された事情が認められる場合も，現行犯とみなされ（**準現行犯**），令状なしに逮捕することができる（刑訴法212条2項）。 |

コラム　逮捕と検挙

　犯罪統計等で**検挙**という言葉をみかけることがあるが，この言葉は，被疑者をつきとめた上で，検察官への送致等に必要な捜査まで終了することを意味している（犯罪統計細則2条5号）。身柄拘束処分である逮捕とは別個の概念であり，被疑者が逮捕されずに在宅で取り調べを受けたという場合であっても，検挙に含まれることがある。

　なお，テレビ・新聞などの各種報道では，被疑者が特定されたにすぎない場合や，単に任意で事情聴取を受けたにすぎない場合にも，「すわ検挙か」といった報道がなされることもあるように思われる。

4　逮捕後の手続き

　逮捕の形態は異なっていても，逮捕後の手続きは同じである。警察官による通常逮捕の場合，被疑者は警察の留置場に留置され，逮捕されたときから48時間以内に，書類および証拠物とともに身柄を検察官のもとに送致される（刑訴法203条1項）。被疑者を受け取った検察官は，さらに身柄拘束の必要があると判断すると，24時間以内に次の身柄拘束処分である勾留を裁判官に請求する（刑訴法205条1項）。つまり逮捕された被疑者は，留置の必要があると判断されると，最大72時間（3日間）の身柄拘束を受け（刑訴法205条2項参照），その間，取り調べを受けることになるのである。[*]

　*なお，被疑者の逮捕は，その多くが警察官によってなされるが，検察官によってなされる場合もある。この場合は，身柄拘束のときから48時間以内の勾留請求が義務づけられている（刑訴法204条1項）。

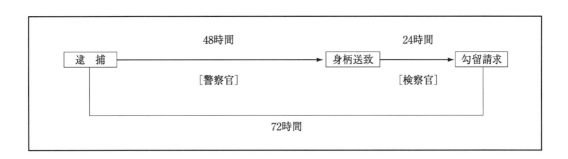

5 勾留（起訴前の勾留）

　逮捕後，さらに引き続いて身柄を拘束する必要があるときは，勾留という処分がなされる。勾留は，検察官の請求に基づいて裁判官の発する勾留状によって行なわれる（刑訴法207条1項，62条）。

　勾留の期間は原則10日間であるが，さらに最大10日間の延長が認められている（刑訴法208条）。逮捕から通算すると，被疑者は最大72時間と20日，すなわち23日間の身柄拘束を受けるのである[*]。

　＊なお，内乱罪（刑法77条）・騒乱罪（刑法106条）など特別な重罪については，さらに5日を限度として勾留を延長することができる（刑訴法208条の2）。この場合，被疑者は公訴の提起前に最大26日間の身柄拘束を受けることになるのである。

逮捕（72時間 ＝3日間）	勾留（10日間）	勾留延長（10日間）
警察の留置場	裁判所の拘置所あるいは警察の留置場（代用監獄）	

　勾留の場所は，捜査機関から独立した施設として拘置所（刑事収容施設及び被収容者等の処遇に関する法律3条3号）が予定されているが，警察の留置場をこれに代用することも認められている（刑事収容施設及び被収容者等の処遇に関する法律3条，14条1項，15条1項1号）。これを**代用監獄**と呼び，被疑者の大半はここに収容されているのが実状である。ただ，この代用監獄については，自白の強要を招きやすいといった問題点も指摘され，その活用の当否が争われている。

> **コラム　勾留・拘留・拘置**
> 　被疑者・被告人の身柄を拘束するために行なわれるのが**勾留**であり，新聞などでは**拘置**とも言い換えられる。これに対して，**拘留**は軽犯罪法違反などに科される刑罰の一種である（刑法9条　➡本章**2**-1）。

3　公訴提起

　捜査が終わると，検察官は裁判所に事件の審理を求める。これを**公訴提起**（起訴）といい，それ以後，刑事手続きの舞台は法廷に移る。ただし，すべての事件が起訴されるわけではない。検察官は，捜査の結果，犯罪の証明が十分でないと思われる場合，事件を**不起訴処分**とする。また，犯罪事実は明らかであるが，犯罪の性質や犯人の性格・境遇などから犯人を処罰することが必ずしも適切でないと判断される場合も，検察官は公訴を提起しないことができる（**起訴猶予処分**——刑訴法248条）[*]。

　＊なお，以上の不起訴または起訴猶予の処分は，警察から検察官に送られてきた（送致）事件，または検察

官が最初から捜査を行なった事件についての処分であるが，警察が捜査した事件のなかには，いわゆる**微罪処分**として検察官に送致されずに終わってしまうものもある。例えば被害金額が少なく犯情も軽い窃盗など，検察官があらかじめ指定した軽微な事件については検察官への送致が不要とされ（刑訴法246条ただし書），毎月一括して警察から検察官への報告があれば足りるとされているのである（犯罪捜査規範198条-200条）。

起訴されると，被疑者は**被告人**と呼ばれる。この被告人はもちろん被疑者についても，法は**弁護人により弁護を受ける権利**を保障している（憲法34条，37条，刑訴法36条以下）。ただ，被疑者・被告人のなかには弁護人を依頼する資力が十分でない者も少なくない。それゆえ，憲法は貧困その他の理由（例：弁護人の引き受け手がいない）でみずから弁護人を選任できない場合，国がこれを付すことを保障しているが（憲法37条3項後段），ただし，近年まで，この**国選弁護人**の制度が法定されていたのは被告人についてのみであった（刑訴法36条，37条）。しかし，被疑者の資力の差によって，憲法上の弁護人選任権を行使する機会が阻害されることは適切でない。そこで2004（平成16）年に刑事訴訟法が改正され，今日では，一定の重大事件で勾留される被疑者にも国選弁護人を依頼する権利が認められている（刑訴法37条の2）。

コラム　弁護人の役割

被疑者はもちろん，被告人もまだ犯人と決まったわけではない。またかりに本当の犯人だとしても，不当に重く処罰されたり法律に定める手続きによらないで処罰されることがあってはならない。しかし，強大な権限をもった警察や検察に比べて，被疑者・被告人の多くは法律の知識にも乏しく，みずからの権利を単独で守り抜くことが困難である。被疑者・被告人の正当な利益を保護するためには，法律の専門家である弁護人による助力が不可欠である。

なお，被告人に対する勾留も許されるが（起訴後の勾留），その期間は公訴提起のあった日から2か月であり，特に継続が必要な場合は1か月ごとに更新することができる（刑訴法60条2項）。ただし，この起訴後の勾留については**保釈**が認められている（刑訴法88条以下）。

コラム　保　釈

勾留の執行を停止し，被告人を釈放することである。ただし被告人は，それと引き換えに保証金を納付しなければならず，もし公判期日に出頭しなければ，保証金は「没取」される（刑訴法96条）。こうした威嚇によって出頭を確保しつつ，可能な限り未決の拘禁を回避しようとする制度が保釈であるが，現行法は，これを被告人についてのみ認め，被疑者については認めていない（刑訴法207条1項ただし書参照）。

4　公判手続き（第一審の裁判）

公訴の提起があった事件については，裁判所がこれを審理する。これが**公判手続き**であり，原則として公開の法廷で行なわれる（公開主義──憲法37条1項）。公判手続きを一般市民に公開しその自由な傍聴を許すことで，裁判の公正を担保するのである。傍聴にあたって，あらかじめ裁判所に許

可を得る必要はない。

　法廷では，裁判官の面前で検察官側と被告人側の攻撃・防御が展開される。検察官は，起訴した犯罪事実を証拠に基づいて立証し，これに対して被告人・弁護人が反証活動を行なう。そして裁判官は，公平な第三者の立場から，犯罪事実の証明があったと判断したときは**有罪の判決***を，その証明がないと判断したときは**無罪の判決**を言い渡す。

　ただし裁判官は，たとえ無罪の証拠に比べ有罪の証拠が優勢であっても，有罪とするについて合理的な疑いの余地がある限り，有罪を言い渡してはならない。刑事裁判では，有罪と認定されると，被告人の自由・財産，場合によっては生命さえもが刑罰の名の下に剥奪されることになるため，認定にはいやが上にも慎重さが要求される。そのため，検察官の主張が合理的な疑いを超えて証明されていると判断されたとき初めて，有罪の判決が言い渡されるのである。

　　＊ただし，犯罪を立証する唯一の証拠が自白である場合，有罪の認定をすることはできない（憲法38条3項）。

5　上　訴

　裁判も人間のすることであるから誤りがないとも限らない。その誤りを是正するために設けられた制度が**上訴**であり，当事者（被告人側・検察官側）は言い渡された判決に不服があるときは，上級裁判所にこれを申し立てることができる。この上訴には，第一審裁判所の判決に対して不服を申し立てる**控訴**（刑訴法372条以下）と控訴審裁判所の判決に対して不服を申し立てる**上告**（刑訴法405条以下）がある。一つの事件について，原則として三つの段階の裁判所で裁判を受けることができるのである（三審制）。

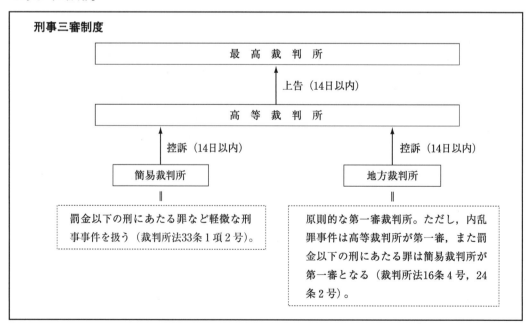

通常の刑事事件であれば，第一審判決は地方裁判所または簡易裁判所で言い渡され，それに対する控訴は，いずれも高等裁判所が扱う。この控訴審裁判所の判決に不服があれば，最高裁判所に対して上告を申し立てることができる。ただし，この控訴・上告は，いつでもできるわけではなく，期間の制限がある。控訴も上告も，判決の言い渡しがあった日から14日以内に行なわなければならない（刑訴法358条，373条，414条）。

> **コラム　再　審**
>
> 　裁判は，いずれかの時点で終止符を打たなければならない。上訴の手続きをとらなかったり，あるいは上告審まで不服を申し立てたがそれでも間違いないとされたときは，判決が確定し，もはや同一の事件について通常の手続きで争うことはできなくなる。しかし，その判決に重大な誤りがあるにもかかわらず，その変更を許さないとすることは正義に反する。例えば，被告人に対する死刑の判決が確定した後に真犯人が現れたような場合である。そこで，非常救済手続きとして，判決確定後にも，一定の場合には例外的にもう一度，事件の審理を行なう制度が設けられている。これが再審である（刑訴法435条以下）。ただし，この再審は被告人に利益なものだけが許され，被告人に不利益な再審は許されない。憲法39条が確定判決を被告人の不利益に変更することを禁止しているからである。

2　刑の執行

1　刑　罰

1　刑罰の種類

　有罪判決が確定すると，刑の執行が行なわれる。執行される刑罰は，それが剥奪する利益の内容に応じて，生命刑・自由刑・財産刑に分類される。

①生命刑

　生命刑としての**死刑**は，犯人の生命を奪う最も重い刑罰であり，わが国では監獄内で絞首して行なう（刑法11条）。現行刑法典は，殺人罪等12の罪について死刑を定めている。

②自由刑

　犯人の身体的自由を奪う自由刑には，懲役・禁錮・拘留の3種類がある。**懲役**と**禁錮**の受刑者は，いずれも刑務所に収容されるが，そこで刑務作業を課されるかどうかに違いがある。懲役には刑務作業が課されるのに対して，禁錮には課されないのである（刑法12条2項，13条2項）。ただし，禁錮受刑者も希望により刑務作業に就くことができ（刑事収容施設及び被収容者等の処遇に関する法律93条），実際には大部分が作業に従事している（請願作業）。

この懲役・禁錮には，それぞれ無期と有期があり，無期は終身，有期は1月以上20年以下と定められている（刑法12条1項，13条1項）。

　自由刑のなかでも**拘留**は，懲役・禁錮に比べて刑の期間が短い。1日以上30日未満の範囲で言い渡される短期の身柄拘束であり，拘留場に収容される（刑法16条）。なお，拘留受刑者も刑務作業に服することはない。

③財産刑

　財産の剥奪を内容とする財産刑には，罰金・科料・没収がある。罰金と科料は，金額の多寡によって区別され，**罰金**は1万円以上（刑法15条），**科料**は1000円以上1万円未満（刑法17条）の金銭を支払う。罰金の上限は，それぞれの犯罪ごとに定められ，刑法典に規定された罰金の最高額は250万円であるが（例：贈賄罪──刑法198条），他の法律には最高額7億円というものもある（例：金融商品取引法207条1項1号）。

> **コラム　罰金・科料と略式手続き**
>
> 　科料はそれほど多用されているわけではないが，罰金の言い渡しは，道路交通法違反事件を中心に膨大な数にのぼっている。そこで，軽微な犯罪については，事件を簡易迅速に処理するための手続きが設けられている。これが**略式手続き**であり，簡易裁判所は，検察官の請求により，公判を開くことなく書面審理だけで被告人に100万円以下の罰金または科料を科すことができる（刑訴法461条以下）。ただし，この手続きは被告人の異議がない場合に限られ，また，被告人が裁判所の略式命令に不服の場合は，正式裁判を請求することができる。
>
> 　**1**でみたように，通常の刑事裁判では公訴提起・公判・判決という手続きを経るが，略式手続きは書面審理であるから，被告人は公判にも出頭することなく非公開で手続きが迅速に進められる。今日，罰金・科料が言い渡される事件のほとんどは，略式手続きで処理されている。

　犯罪行為と関連する一定の物を剥奪することを**没収**という。没収も財産刑の一種であるが，他の刑罰が言い渡されるときに付随して科される。没収だけを言い渡すことはできない（付加刑──刑法9条）。例えば，殺人に用いた凶器等は没収することができる（刑法19条参照）。

刑罰	生命刑	死刑	監獄内で絞首。
	自由刑	懲役	無期と有期（1月〜20年）。刑務作業が課される。
		禁錮	無期と有期（1月〜20年）。刑務作業は課されない。
		拘留	1日以上30日未満。刑務作業は課されない。
	財産刑	罰金	1万円以上。
		科料	1000円以上1万円未満。
		没収	犯罪行為と関連する一定の物を剥奪。

　刑罰は以上にあげたものに限られ（刑法9条），わが国では「身体刑」（例：むち打ち，手足の切断）や「名誉刑」（例：各種の職業の禁止）などは認められていない。

> **コラム　刑罰以外の制裁**
>
> 　有罪判決の言い渡しを受けた場合，一定の**資格の制限**が認められている。例えば看護師は，「罰金以上の刑に処せられた」場合，免許の取り消し・業務の停止といった制裁処分を受けないとも限らない（保健師助産師看護師法14条１項）。そうなると，これは名誉刑と事実上同じ作用をもつようにも思われるが，しかし刑罰とはいえない。一定の刑に処せられたことに対する行政法上の効果なのである（➡第１章看護と法**2**-1）。
>
> 　また，軽いスピード違反や違法駐車など，道路交通法に違反する行為のうち，違反の程度が軽微なものについては反則金を納付することが行なわれている（交通反則通告制度）。この反則金も，制裁的な意味をもつが，刑罰ではない。刑罰としての罰金であれば支払いを強制されるうえ前科となるが（➡本章**2** 1-**2**），反則金を支払ったからといって前科となるわけではなく，また支払いも任意である。反則金を納付すれば公訴を提起されることはない。納付がなかったときに初めて，本来の刑事手続きが進行する。
>
> 　さらに例えば，介護保険法に基づき「居宅サービス」等を行なった者が，厚生労働大臣または都道府県知事に対し「虚偽の報告」等をしたときは，「10万円以下の過料」に処せられる（介護保険法213条１項）。この過料も制裁として金銭を支払うものではあるが，一種の行政処分であって刑罰ではない。なお，この過料と刑罰としての科料を発音上区別するため，「過料」は「あやまちりょう」，「科料」は「とがりょう」とも読まれる。

2　前　科

　正式な法律上の用語ではないが，**前科**という言葉が用いられる。俗にいわれる意味では，前科はいわゆる「刑務所帰り」を指すが，法律の世界では広く，以前に刑に処せられた事実をいい，狭い意味では再犯として刑を加重される場合の前科（刑法56条）と，執行猶予が付けられなくなる場合の前科（刑法25条２項）だけを指す。したがって，広い意味の前科は有罪の判決が確定すれば足り，その刑が死刑・懲役・禁錮である場合はもちろん，罰金・拘留・科料である場合も含む。また，刑に執行猶予（➡本章**2**-2）が付されたとしても，その刑が確定すれば前科となる。

　前科の事実は戸籍簿に記載されるのではない。検察庁の電子計算機または犯歴票，市区町村の犯罪人名簿等に登録される。ただし犯罪人名簿への登録は，罰金以上の刑に処せられた者だけに限られている。

　しかし，前科があることによる法律上・事実上の不利益は測り知れない。例えば，禁錮以上の刑に処せられた者は，公務員となる資格がない（国家公務員法38条２号，地方公務員法16条２号）。こうした法律上の資格制限のみならず，法が予定しないさまざまな社会的不利益があることも否定できない事実である。

　そこで，禁錮以上の刑を終えた場合は10年間，罰金以下の刑を終えた場合は５年間，再び罰金以上の刑に処せられることなく無事に経過すれば，**前科の抹消**がなされる（刑法34条の２）。前科はなかったものとして扱われ，法令上の資格制限はなくなる。また犯罪人名簿からも，その登録が抹消される。ただし，検察庁で保管する犯歴については，その者が死亡するまで前科登録の抹消がなされることはない。裁判および検察事務の適正な運営のためである。

2 刑の執行猶予

有罪となって自由刑を言い渡されたからといって，必ず刑務所に収容されるとは限らない。現実に刑務所に収容する判決（いわゆる実刑判決）が下されることもあるが，判決と同時に執行猶予が言い渡されることも少なくない。

この執行猶予という制度は，刑の執行を一時見合わせるという意味だけをもつものではない。執行猶予期間を無事に過ごせば，はじめから刑の言い渡しがなかったものとして扱われる（刑法27条）。つまり法律上は，そもそも刑事裁判を受けなかったことになり，資格制限などもなくなる。こうした励ましを本人に与えて自主的な更生を促すことが，この制度の重要な目標である。

ただし，犯罪そのものが悪質で重大な場合まで，執行猶予を許すわけにはいかない。そこで現行刑法は，3年以下の懲役・禁錮または50万円以下の罰金という比較的軽い刑を言い渡す場合に限って，刑の執行を猶予することができるとしている（刑法25条）。

執行猶予の期間は1年から5年であるが，その期間内にさらに罪を犯し，その罪について罰金刑に処せられると，執行猶予は取り消されることがある（刑法26条の2第1号）。また，懲役・禁錮の実刑に処せられると，執行猶予は必ず取り消される（刑法26条1号）。

3 仮釈放

かりに自由刑として刑務所に収容されたとしても，その刑期が満了する前に釈放されることがある。これが仮釈放（仮出獄）という制度であり（刑法28条），受刑者に将来への希望を与えることでその改善更生を促すとともに，刑期終了後の社会復帰を容易にすることを目的としている。

この仮釈放は，受刑者に改心した状況がみられるとき，有期刑についてはその刑期の3分の1，無期刑については10年を経過した後に，地方更生保護委員会が決定する。ただし，仮釈放中にさらに罪を犯し罰金以上の刑に処せられたときなどは，仮釈放が取り消され，改めて刑務所に収容されないとも限らない（刑法29条）。

仮釈放中は保護観察を受けるが，仮釈放を取り消されることなく残りの刑期を経過したときは，刑の執行が終わったことになる。仮釈放期間が無事に経過すると，その間刑務所で刑に服していたものとして扱われるのである。しかし，刑の執行猶予期間を無事に経過した場合と異なり，刑の言い渡しがなかったことになるわけではない。残刑期間について刑の執行が免除されるにとどまるのである。

3 犯罪の成立要件

ケース・2-2

　看護師Mは，注射係の看護師Hから渡された吸入薬を注射薬と勘違いし，確認することなく患者に投与した。その結果，患者は死亡した。Mの刑事責任はどうか。

1 罪刑法定主義

　これまでは刑事責任がどのようにして追及され（➡本章**1**），また制裁としての刑罰がどのようにして執行されるのかを考察してきた（➡本章**2**）。しかし，そもそも刑事責任の追及や刑罰の執行は誰に対して向けられるのだろう。いうまでもなく犯罪を犯したとされる者に対してであるが，それではここにいう犯罪とは一体どのようなものなのだろうか。

　まず犯罪は外部にあらわれた**行為**でなければならず，頭のなかで考えただけで処罰されることはない。法が人の内心に立ち入ることはないのである。

　また，特にその行為が犯罪となり，それに対する刑罰がどのようなものであるかということが，あらかじめ法律に定められ，国民に示されていなければならない。これを**罪刑法定主義**という。国家による恣意的な刑罰権の行使を防止し，国民の行動の自由を保障するための方策である。**ケース・2-2**で看護師Mの刑事責任を問うためには，Mの行為を犯罪として処罰する旨の規定が，前もって法律に定められていなければならないのである。

2 構成要件該当性

1 構成要件の意義

　人の行為にはさまざまなものがある。有害な行為・反社会的な行為も枚挙にいとまがない。そうした行為のうち，特に刑罰という厳しい制裁をもってしても禁圧する必要のある行為が，刑法典その他の刑罰法規に犯罪として規定されている。

　個々の刑罰法規には，犯罪とされる行為の「型」があらかじめ定められている。この犯罪の型を**構成要件**といい，そこには国民の生活利益を侵害する行為が類型的に示されている。例えば，殺人罪の構成要件は「人を殺す」ことであり（刑法199条参照），ピストルによる射殺であれ，青酸カリによる毒殺であれ，いずれもこの犯罪の型に当てはまる行為である。

　ある行為が犯罪と認定されるためには，まず第一に，その行為が構成要件に当てはまるかどうかを判断しなければならない。これが**構成要件該当性**の判断である。例えば，「姦通」は「不倫」と

も呼ばれ，倫理的に悪しき行為とされるのみならず，民法上も離婚（請求）原因とされている（民法770条1項1号）。しかし，わが国の現行刑法には姦通行為を犯罪とする構成要件それ自体が存在せず（刑法183条参照），「不倫」が犯罪として処罰されることはありえない。

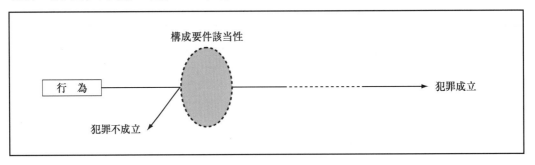

2 構成要件の客観面と主観面

　同様に，例えば他人のカサを誤って持ち帰ったような場合も，この行為が犯罪とされることはない。不注意で他人の物を持ち去る行為を処罰する構成要件が存在しないのである。たしかに，他人のカサを持ち去る行為は，その**客観面**だけをみると，「他人の財物を窃取した」という窃盗罪の構成要件に該当するようにも思われる（刑法235条参照）。しかし刑法は，「罪を犯す意思がない行為は，罰しない」と規定し（刑法38条1項），わざと行なった行為のみを処罰することを原則としている。この「罪を犯す意思」を**故意**と呼び，このような意思がなければ成立しない犯罪を**故意犯**という。刑罰法規は，特に断りがない限り，故意犯の規定である。刑法235条の条文についても，そこに「故意に」という文言が記されているわけではないが，その構成要件は故意犯を想定している。**主観面**として他人のカサを盗むという認識（故意）が要求されるのである。その認識がなく不注意で持ち去る行為までは予定されておらず，そのような場合は窃盗罪の構成要件に該当せず無罪である。

窃盗罪の構成要件	
客観面	主観面
他人の財物を窃取する行為 ……他人のカサを持ち去る行為	他人の財物を窃取するという認識（故意） ……他人のカサを持ち去るという認識

3 過失犯の構成要件

　もっとも，人の生命・身体を害する行為などは，うっかりしていたで済ませるわけにはいかない。そのようなことのないよう十分な注意を払うべきである。そこで刑法は，38条1項にただし書を付し，「ただし，法律に特別の規定がある場合は，この限りでない」と定めている。「特別の規定」があれば，故意にではなく不注意で行なった行為も処罰しうることを認めているのである。

　この不注意すなわち注意義務違反が**過失**であり，それによって生じた結果が犯罪とされる場合を**過失犯**という。条文では「過失により」（例：刑法209条）とか「必要な注意を怠り」（例：刑法211条1

項前段）といった文言でその旨が示される。**ケース・2-2**で，看護師Mは，診療補助業務として注射を行なうに際し，患者の生命・身体に対する危害の発生を未然に防止すべき注意義務を負っている。それにもかかわらず，Mはこの業務上の必要な注意を怠り，注射薬を十分に確認することなく投与し患者を死亡させている。こうしたMの行為は業務上過失致死罪（刑法211条1項前段）の構成要件に該当するといえよう。

（業務上）過失致死罪の構成要件	
客観面	主観面
人の死亡を惹起	注意義務違反（過失）

3　違法性

1　構成要件と違法性

　国民の生活利益を侵害する行為を類型化したものが構成要件である。それゆえ構成要件に該当する行為は，通常であれば法的に許されない**違法**な行為である。しかし，ある行為が構成要件に該当するからといって，ただちに犯罪が成立するわけではない。形式的には犯罪の型に当てはまる行為であっても，例外的に許される場合がある。

　この「許す／許されない」の判断が違法判断であり，犯罪の認定にあたっては，構成要件該当性の判断に次いで，その行為を例外的に許容する事情があったかどうかも検討しなければならない。この第二段階の評価で，違法性を否定する事情がないと認められたとき，その行為は違法という評価を受けるのである。

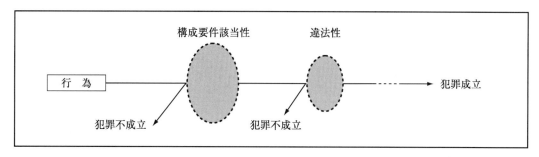

2　違法阻却事由

　刑法は違法性を否定する事情（**違法阻却事由**）を35条以下の3か条に規定している。例えば傷害罪（刑法204条）の構成要件に該当する行為であっても，暴漢から身を守るための反撃としてこれを行なったのであれば，違法な行為とはいえない（**正当防衛**——刑法36条1項）。また，暴漢から身をかわすために，やむなく通行人を突き飛ばして負傷させたのであれば，この行為も違法ではない（**緊急避難**——刑法37条1項）。いずれも緊急状況下で国家機関による救済を待ついとまのない場合に例外的

に許される行為であるが，正当防衛が不正な侵害者に対して反撃する行為であるのに対して（不正対正の関係），緊急避難は身に降りかかった危難を何ら不正でない第三者（通行人）に転嫁する点で異なる（正対正の関係）。そのため刑法は，緊急避難とされるための要件を正当防衛に比べて厳格に定めている。

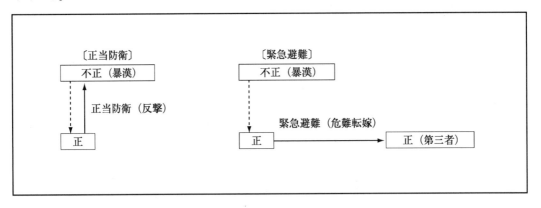

　さらに，ボクシング等の競技で相手を負傷させたのであれば，やはりそれも違法とはされない（正当行為──刑法35条）。同様に，患者本人の同意の下で適切に行なわれた手術も，傷害罪の構成要件には該当するが，違法性が阻却され犯罪は成立しない。

4　責　任

1　非難可能性としての責任

　ある行為を犯罪と認定するための第三の要件は責任である。違法行為に出たことについて，行為者を一身的に非難できなければ犯罪は成立しないのである。何か被害を与えたというだけで処罰するのでは，物に八つ当たりすることと変わりがない。刑罰は人々の規範意識（善悪の意識）に訴えて犯罪を防止しようとするものであり，非難を仲立ちとした制裁なのである。

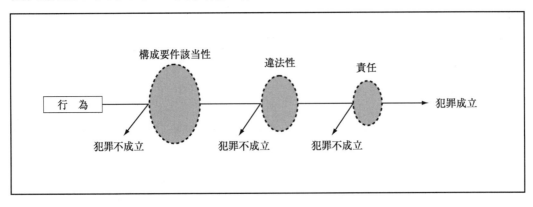

2 責任の判断

　この非難可能性の有無は，さまざまな観点から考察される。第一は，行為者が事柄の善悪を理解する能力（**弁識能力**），あるいは，その理解にしたがって行動を制御する能力（**制御能力**）をもっていたかどうかである。刑事責任を問うにあたっては，行為者に一定の精神的能力が要求されるのであり，こうした能力は**責任能力**といわれる。

　精神の障害により，弁識能力あるいは制御能力のない状態（**心神喪失**）にある者は，どのような違法行為に及ぼうとも処罰されない（刑法39条1項）。また，弁識能力あるいは制御能力の少なくともいずれかが著しく低減している状態（**心神耗弱**）で行なわれた行為は，刑が必ず減軽される（刑法39条2項　▶コラム：触法精神障害者の医療）。さらに，14歳未満の者については責任能力が政策的に否定される。13歳にもなれば，通常は弁識能力・制御能力を備えているようにも思われる。しかし法は，そうした能力を個別に考慮することなく，14歳未満の者が「刑罰法令に触れる行為」（少年法3条1項2号）に及んだとしても，一律に「罰しない」とする（刑法41条）。幼少者は教育的な措置によって立ち直る見込み（可塑性）が高いことに配慮したものといえよう。

　第二に，行為が法的に許されないとする意識（**違法性の意識**）が問題とされる。例えば，関係官庁の適法とする判断に従ったにもかかわらず，実際に行なった後になって，裁判でその行為が違法とされたような場合，行為者の責任は否定されることもあろう。その行為が禁止されていることを知り得なかったとすれば，そのような行為に出たことも無理はないといえるからである（刑法38条3項参照）。

　第三に，現実に違法行為を避け，適法行為に踏みとどまることが期待できたかどうかも検討されなければならない（**期待可能性**）。法は人間性の弱さにも，それ相応の配慮をするのである。刑罰規定のなかにも，この期待可能性の思想を実質的に考慮したものがある。例えば，犯人をかくまえば犯罪となるが，その犯人が身内であれば刑を免除することもできる（犯人蔵匿罪——刑法103条，105条）。人情として無理もない場合もみられるからである。

　以上のように，犯罪は，構成要件該当性・違法性・責任という三つの段階的判断を経て成立する。この点を，**ケース・2-2**に立ち戻り確認しておこう。看護師Mの行為は業務上過失致死罪の構成要件に該当する。そして，行為の違法性・責任を否定する特段の事情も見当たらないとすれば，Mは業務上過失致死罪の刑事責任を問われることになる。

コラム　触法精神障害者の医療

〈刑事施設内での治療〉

　行為者に精神の障害があったとしても，責任能力が認められ刑罰が相当と判断されたならば，一般の刑事手続きを経て刑事施設に入所することになる。また，刑の執行段階で専門的な治療が必要であれば，医療刑務所に収容され治療が行なわれる。

〈不起訴処分，無罪，執行猶予〉

　これに対して，精神に障害のある行為者が，刑の執行を免れることもある。心神喪失者または心神耗弱者に当たるとして不起訴処分（▶本章**1**-3）とされた者，起訴はされたが，裁判所での審理の結果，刑法39条が適用されて無罪判決あるいは執行猶予付きの有罪判決（▶本章**2**-2）を言い渡された者は，いずれも刑に服することがないのである。

〈医療観察法の制定〉

　とはいえ，こうした者についても何らかの処遇は必要であり，今日では，殺人や放火など重大な犯罪に当たる行為をしながら心神喪失などで不起訴や無罪となったり実刑を免れた者については，裁判所が強制的な入院または通院を命じることができるとされている。2003（平成15）年に制定された「心神喪失等の状態で重大な他害行為を行った者の医療及び観察等に関する法律」（以下，「**医療観察法**」と略記）に基づく制度がこれである。

〈精神医療上の制度〉

　それまでは，この法律の対象となる者については，精神医療上の制度（措置入院〔精神保健福祉法29条〕）が用意されているにとどまっていた。精神保健指定医2名により「自身を傷つけ又は他人に害を及ぼすおそれがある」という判断を受けると強制的に入院させられていたのであるが，しかし，この制度には入院期間等について裁判所の関与がなく，また退院後の通院や服薬といった医療の継続を確保する仕組みも整備されていないなど，なお不十分な点がみられた［野﨑［2016］151］。

〈医療観察法の特徴〉

　これに対して，医療観察法では，裁判官と精神科医である精神保健審判員各1名からなる合議体が対象者について入院や通院が必要かどうかを判断する。また，手厚いスタッフと設備を整えた専門病棟での治療に加え，退院後の継続的な医療を確保する仕組みも整備されている。裁判所から退院許可決定を受けた者（および当初から通院決定を受けた者）は，原則として3年間，指定通院医療機関による専門的な治療を受けるが，この通院期間中は，保護観察所による見守りと指導（**精神保健観察**）のもと，継続的な医療の確保が目指されるのである。さらに，こうした地域処遇の実施にあたっては，精神保健福祉センターや保健所など多くの機関が対象者の社会復帰に向けて職域を超えて協働していることも，医療観察法の特徴といえよう［野﨑［2016］163］。

【参考文献】

井田良『基礎から学ぶ刑事法』（1995）有斐閣。

椎橋隆幸編『はじめて学ぶ刑事訴訟法』（1993）三嶺書房。

野﨑和義『ソーシャルワーカーのための更生保護と刑事法』（2016）ミネルヴァ書房。

松村格・都築廣巳・神田宏・野﨑和義『刑法総論』（1998）ミネルヴァ書房。

三井誠・酒巻匡『入門刑事手続法〔改訂版〕』（1998）有斐閣。

3章
看護師と
刑事事件

1 責任の所在

1 業務上の過失

　法的責任のなかでも，最も厳格なものが刑事責任である。看護師が刑事責任を問われる事案の多くは，与薬や医療機器の取扱いのミスによって，患者が死亡した，または重篤な傷害を被った場合である。事故はさまざまであるが，その多くの事案は確認ミスという看護師にとって基本的・初歩的な不注意によって生じたものである。

■ ケース・3-1

　A看護師は入院中の乳児の左手指の点滴針を挿入し直すため固定していたテーピングを鋏で切る際，その子の指先も切断（加療3週間）してしまった。（八幡簡略式平12・8・23――判例集未登載）

　看護師の過失について裁判所は，「同テーピングは，同人の左手指等の上に巻き付けてあったのであるから，それを鋏で切断するに際しては，同鋏の刃先で同人の指を傷付けないよう同人の指の位置を確認した上で鋏を使用すべき業務上の注意義務があるのにこれを怠り，処置を急ぐあまり同人の指の位置を十分確認せず，漫然同鋏を使用してテーピングを切断しようとした」ところにあるとして，A看護師には業務上過失傷害罪が成立するとした（罰金30万円）。

2 チーム医療

　刑事事件では，事故を生じさせた行為者自身がその責任を問われる。しかし，チーム医療のなかでは，事故原因を調べてみると，他の人の不注意が引き金となって事故を生じさせたということもありうる。その場合，刑事責任を問われるのは，実際に患者に危害を加えた者か，原因を生じさせた者か。

■ ケース・3-2

　外科病棟のY看護師は，心臓手術が予定されていたAと肺がん手術が予定されているBを一人で手術室に搬送した。Yは手術室の看護師Zに引き継ぐ際，明確に患者名を伝えず，またZもYに確かめることをしなかったことから，Zは手術介助担当看護師にAとBとを取り違えて引き渡してしまった。結果，手術を担当する医師らも取り違いに気づかず，Aに肺手術を，Bに心臓手術を行なった。各執刀医，各麻酔医そして看護師YとZは業務上過失傷害罪で起訴された。（横浜地判平13・9・20判タ1087号296頁，東京高判平15・3・25東高刑時報54巻1～12号15頁，最判平19・3・26刑集61巻2号131頁）

　ケース・3-2横浜市立大学病院事件は，患者を取り違えるという初歩的なミスでありながら，患

者にかかわった医療専門職者が誰一人その誤認に気づかなかったという衝撃的な事件である。このように多数の医療専門職者がかかわっている場合，誰がどのような刑事責任を負うことになるのか，というのが，ここでの問題となった。裁判所の判断は，一審と二審で次のように異なっている。

	心臓手術		肺手術		病棟	手術室
	執刀医	麻酔医	執刀医	麻酔医	Y看護師	Z看護師
一審	罰金50万	無罪	罰金30万	罰金40万	罰金30万	禁錮1年 （執行猶予3年）
二審	罰金50万	罰金25万	各自，罰金50万			

＊ 二審で有罪となった麻酔医は，最高裁に上告したが，棄却されている。

　チーム医療における責任のあり方については，電気メス器のプラグを誤接続した看護師の刑事責任を問う事件で裁判所は，誤接続した看護師に過失を認めて有罪としながら，電気メスの不具合を感じていながら手術を行なった執刀医については，ベテランの看護師を信頼し接続の成否を点検しなかったことにつき過失を認めなかった（いわゆる「北大電気メス事件」札幌高判昭51・3・18判時820号36頁），という先例がある。チーム医療の医療過誤事件でこのような「信頼の原則」を適用することについては，賛否両論あった。

　ケース・3-2では，一審・二審とも各医療専門職者の過失の競合を認めている。ただ，その量刑は異なる判断を示している。一審では，患者の特定が曖昧なまま引き受けたZ看護師の過失が重大だとした。これに対し二審は，両看護師の過失は同程度であったとされ，患者を確認しなかった医師も同罪であると判断されたのである。執刀医については信頼の原則が適用されるべきだと主張したが，執刀医は手術について最高かつ最終の責任者として，麻酔導入前に患者の同一性を確認する義務があったとされたのである。

　ところで，一審では無罪とされながら，二審で有罪と大きく結論が分かれたのが，心臓手術に付いた麻酔医である。この二審での裁判所の判断は，過失の有無の判断において看護師にとっても重要なものである。当該医師は，手術台のB患者に何度かAの姓で声を掛け，Bよりそれに相応した返事を得ていること，麻酔導入後，患者の同一性に疑問をもち主治医に確認を求めたが否定されたこと，手術室看護師に病棟に連絡をいれて確認を求める等を行なっていた。一審では，この点が評価され当該麻酔医は注意義務を尽くしたとして当該医師は無罪とされたのである。対して二審では，高齢で難聴の患者に対する確認方法としては不十分であり，患者自身に姓名を名乗らせることは容易にできたことであるとし，同一性に疑問をもった後の対応も不十分であったとして当該医師は有罪であるとされた。

　手術に関与する医師，看護師等の関係者の注意義務について裁判所は，「他の関係者が上記確認を行っていると信頼し，自ら上記確認をする必要がないと判断することは許されず，各人の職責や持ち場に応じ，重畳的に，それぞれが責任を持って患者の同一性を確認する義務があり，この確認は，遅くとも患者の身体への侵襲である麻酔の導入前に行われなければならないものというべきである

し，また，麻酔導入後であっても，患者の同一性について疑念を生じさせる事情が生じたときは，手術を中止し又は中断することが困難な段階に至っている場合でない限り，手術の進行を止め，関係者それぞれが改めてその同一性を確認する義務がある」（最判平19・3・26刑集61巻2号138頁）とする。

なおＺ看護師が患者の氏名の確認を怠った理由が，単なる不注意ではなく後輩看護師の手前，術前訪問をした患者の氏名が判らないことを恥ずかしいと思ったということは，事故防止策を検討する観点として留意すべきことかもしれず，追記しておこう。

2 入院患者の自殺と看護師の責任

ケース・3-3

Ｘ病院に入院中の患者Ａは，担当看護師Ｙが目を離したすきに自殺した。Ｙにはどのような法的責任が問われるか。

1 問題の所在

保健師助産師看護師法（保助看法）によると，看護業務は「療養上の世話」と「診療の補助」という二つの行為に分類される（5条）。診療補助業務が原則として医師の指示のもとで行なわれるのに対し（保助看法37条参照），「療養上の世話」は看護師が主体的に行なう業務であり，その業務において発生した事故については看護師の法的責任が単独でも問題とされる（鈴木［1987］12）。

この「療養上の世話」の一つに**患者管理**がある。患者のなかには，入院中に病院内または病院外で自殺したり，自招事故により死亡する者もいる。こうしたおそれをもつ患者の看護にあたっては，患者の行動を管理し，事故の発生を未然に防止することが求められよう（菅野［1997］19）。**ケース・3-3**で患者Ａは自殺している。看護師Ｙにはいかなる法的責任が問われるであろうか。

2 自殺関与罪

自殺はその未遂も含めて，自殺者自身は処罰されない。人の生命はその人自身に属するものであり，生命の放棄も自立した個人による一つの選択と考えられるからである。条文上も，殺人罪（刑法199条）の客体である「人」は自己以外の「他人」に限られ，自殺を処罰する構成要件は存在しないと解されている。

このように，自分を殺害しても殺人罪が成立することはない。しかし，生命は本人だけが左右しうるものであり，他人の死に干渉し原因を与えることまでは許されない。自殺の決意が，必ずしも

本人の自由な意思によるものとは限らないとすればなおさらである。そこで刑法は，自殺をそそのかしたり（教唆）手助けする（幇助）行為を自殺関与罪として処罰する（刑法202条前段）。

それでは，他人が自殺することを知りながら，これを放置したという場合，自殺関与罪（特に自殺幇助罪）が成立するであろうか。例えば，妻が自殺しようとしているのに，これを見て見ぬふりをした夫は，不作為による自殺幇助とされるのであろうか。夫婦間の協力義務（民法752条）を根拠にして，夫は妻の自殺を防止する義務を負うという考え方もあるかもしれない。しかし，自殺の放置は，積極的な自殺の援助（例：毒薬を渡す）に比べて，必ずしもその違法性が高いとはいえまい。放置する行為は，刑罰というサンクションを科すほどのことではなく，犯罪にはならないといえよう（斉藤 [1982] 108）。

これに対して，精神障害者を監護する義務のある看護師等が，自殺をあえて防止しなかった場合は，事情が異なる。自殺を防止すべき強度の作為義務が認められ，自殺幇助罪が成立する余地もあると解されている（大塚 [1984] 47，さらに斉藤 [1982] 109参照）。

3 業務上過失致死罪

もっとも，自殺関与罪は故意犯である（刑法38条1項参照）。過失で他人の自殺を惹き起こしたり，他人の自殺を援助することになったとしても，本罪が成立することはない。この場合には，過失致死罪（刑法210条，211条1項前段——業務上過失致死罪）の成立が問題とされるにとどまる（斉藤 [1982] 114）。

ただ，過失致死罪の規定は，みずからの自由な意思で自殺する者の生命までも保護するものではない。むしろ法秩序は，人がみずからの自由な意思で自殺しようとするとき，これを禁止してはいないのであり，このような人の死亡はもはや過失致死罪による守備範囲を超えている（規範の保護目的の理論[*]）。

それゆえ，**ケース・3-3**で，患者Aがみずからの自由な意思で自殺を決意したのであれば，この自殺について看護師Yに過失があったとしても，Yが処罰されることはない。これに対し，患者Aに自由な自殺意思が認められない場合，その自殺について看護師Yに過失があれば，理論上，Yは（業務上）過失致死罪の刑事責任を問われることとなる（斉藤 [1982] 115-116）。

　＊規範の保護目的の理論：行為者が一定の注意義務に違反した場合，その注意義務を定めている規範が，具体的に惹起された結果まで保護範囲としているかどうかを検討する。そして，当該結果が規範の保護目的に含まれていると判断される場合には，その結果について行為者に過失責任を問うが，そうでない場合には責任を否定する。過失責任を目的論的な観点から制限していく理論である（斉藤 [1982] 259，263）。

4 刑事上の過失と民事上の過失

以上のように，患者の自殺について看護師に過失が認められる場合，理論的には（業務上）過失致

死罪が問題となるケースもありうる。ただ，**刑事上の過失**は，国家刑罰権発動の前提であるから，刑罰を科すに値する高度な注意義務違反が要求され，その認定にも格別の慎重さが要求されよう。目下のところ，患者の自殺について，看護師を含めた医療側の刑事責任が問われたケースは見受けられないようである（中山・泉編著［1993］273〔須之内克彦〕）。

これに対して，患者の自殺について医療側の民事過失が追及されたケースは少なくない。**民事上の過失**は金銭的損害賠償の根拠であり，被害者の救済を図るためには，比較的軽微な落ち度であっても，これを責任の根拠となしうるのである（藤木［1969］224）。

刑事上の過失が否定されたからといって，民事上の過失までもが否定されるとは限らない。そこで，さらに看護師の民事過失について，以下に考察をすすめていこう。

5 看護師の民事過失と医師・病院の責任

一般に医療事故においては，看護師等の補助者の過失が認定された場合も，この補助者の過失が同時に医師さらには病院開設者の**債務不履行責任**ないし**使用者責任**として構成されることが少なくない（➡第4章　民事責任）。被害者の損害の補填を主たる目的とする民事裁判の場合には，賠償能力の高い医師または病院自体の責任を問うことで，その目的は達成されるからである（菅野［1997］265）。

この点を患者の自殺についてみていこう。患者が自殺したことについて民事法上の責任を問うためには，その前提として，当該患者の自殺を防止すべき具体的な義務が医療側になければならない。この医療側の義務は，診療契約上または不法行為法上の義務として構成される（飯塚［1989］115）。そして，看護師に看護・看視義務違反等が認められる場合は，これを根拠として医療側の債務不履行責任あるいは不法行為責任を追及することができる。

例えば，精神病院に入院中の患者が寝巻の帯を用いて自殺したケースで，担当医師が患者の帯を取り上げなかったこと，（准）看護師が患者の異常な挙動について監視を続けなかったことを過失と認定し，病院の債務不履行責任を認めた判例がある（福岡地裁小倉支判昭49・10・22判時780号90頁[*]）。

したがって，精神科医としては，初老期うつ病患者を入院させてその看護・治療にあたるに際しては，少なくとも……看護上の注意義務を尽してこれに当たるべきものであり，もし，故意過失により被告〔＝病院経営者〕ないしその看護・治療上の履行補助者がこのような注意を尽くさなかったために患者の自殺を防止しえなかったとすれば，被告は初老期うつ病患者の治療看護を目的とする診療契約上の債務（看護義務）の本旨に従った履行を怠ったものとして，債務不履行を免れないものと言わなければならない。

そこで，これを本件についてみるに，……准看護婦訴外Nは，……B〔＝自殺した患者〕が看護上の要注意者であることに思いを致し，同人の異常を察知し，同人に適切な言葉をかけてその様子をみる等して，引き続き同人の監視を続けるべきであったのに，そのようなこともせず，そのまま，その場を立ち去った点，右Nの看護上の過失は否定できず，したがって，同人を看護義務履行の補助者として使用する被告も責任を免れない。

＊もっとも，本件の第二審は，医師が帯の着用を許した措置および看護師の巡回にはいずれも落ち度がないとして，第一審判決を取り消した（福岡高判昭54・3・27判タ388号143頁）。判決は，准看護師Nの注意義務について次のようにいう。本件の場合，患者Bの「不自然な挙動に注目し，患者の自殺企図を想起し，適切な問答を交したり，監視を続けたり或は医師に患者の挙動を通報して指示を求める」といった「臨機応変の措置を期待することは，……現実の看護業務の問題としては過大な期待を寄せるものであって不当であると，いう外はないのである」。

　また，自殺念慮を有するうつ状態の患者が，抑制帯をほどいて首吊り自殺したケースで，看護師の抑制方法に過失があったとして，病院の不法行為責任を認めた判例がある（東京地判平7・2・17判時1535号95頁）。

> ……看護婦らは教科書に従い抑制したものと認識していることが認められるが，仮に，教科書どおりの抑制であったとすれば，容易にほどけることはないはずであるから，同人らの認識は別として，その抑制過程には，特定はできないものの何らかの問題があり，ひいては，抑制方法に過失があったと言わざるを得ない（過失の認定としては，抑制のどこかの過程に過失があったという程度の認定で足りるものと考える）。
> 《中略》
> 　以上の認定のとおり，被告（抑制もしくは再抑制を行った者ら）には，抑制帯の抑制方法に過失があったと認められ，それにより，Cは，自殺を図り，死亡するに至ったのであるから，被告は，民法715条，709条によりCの死亡によって生ずる損害について，賠償する義務を負う。

　患者の自殺が予見可能であったにもかかわらず，適切な措置がとられなかった場合，看護師さらには医師・病院の民事上の過失が問われないとも限らない。患者と常日ごろ接する看護師に期待される役割は大きい。患者の自殺・自招事故を防止すべく，看護師は患者を注意深く見守り看護しなければならない。「患者の状態の観察とそれに基づく看護判断」こそは，専門職としての看護師の独自の業務なのである（菅野［1997］265）。

　ここで**ケース・3−3**を整理しておこう。入院患者Aの自殺について，担当看護師Yの刑事責任としては，理論上，自殺関与罪（故意犯）・業務上過失致死罪（過失犯）の検討がなされることになる。一方，民事責任としては，看護師Yの看護・看視義務違反等（過失）を根拠として，医療側の損害賠償責任を追及することができよう。ただ，こうした民事上の過失と刑事上の過失がただちに一致するわけではない。法的責任は，その制度の目的から相対的に判断されるべき事柄なのである。

3 異常死体等の届出義務と黙秘権

ケース・3-4

医師Xは手術を誤り患者Aを死亡させた。Xには医師法21条に基づく届出義務があるだろうか。

医師法

21条◆ 医師は，死体又は妊娠4月以上の死産児を検案して異状があると認めたときは，24時間以内に所轄警察署に届け出なければならない。

保健師助産師看護師法

41条◆ 助産師は，妊娠4月以上の死産児を検案して異常があると認めたときは，24時間以内に所轄警察署にその旨を届け出なければならない。

1 異常死体・異常死産児の届出義務

　医師は，死体または妊娠4か月以上の死産児を検案して異状があると認めたときは，24時間以内に所轄の警察署に届け出る義務があり（医師法21条），これに違反すると，50万円以下の罰金に処せられる（医師法33条の2）。

　この届出義務は，犯罪捜査の端緒を得ることを目的としたものと一般に理解されている。医師は，異常死体に遭遇する可能性が高い。それが仮に犯罪にかかわるものだとすると，できるだけ早期に捜査を開始し，犯人の逃亡や証拠の隠滅を防止しなければならない。そのため，「24時間以内」という限定まで付して医師に届出の法的義務を課し，さらにこれを罰則で担保したものとされるのである。

　また，医師と同様に独立開業が認められている助産師についても，医師法21条と同趣旨の規定が設けられている。妊娠4か月以上の死産児を検案して異常があると認めたときは，24時間以内に所轄警察署に届け出をしなければならないとされ（保助看法41条，死産の届出に関する規程3条，4条，11条），その違反に対しては，医師の場合と同じ重さの刑罰が定められている（保助看法45条）。

2 異常（異状）の概念

　届出義務に関する立法趣旨が上述のようなものだとすると，異常（異状*）というのは，病理学的な視点からではなく，むしろ法医学的な視点から判断されることになる。明らかな病死と認められない状態はすべて「異状」とされ，❶外因死（例：自殺・他殺，不慮の事故死），❷死因の明らかでな

い死，さらに❸死亡前後の状況に異常がある死体（例：死体として発見された場合）は，いずれも異常死体とされるのである（石津・高津編［2000］264〔柳田純一〕）。

> ＊医師法21条は死体等に「異状」があると認めたときと規定するが，一方，保助看法41条は死産児に「異常」があると認めたときと定めている。趣旨を同じくする法規の間で文言の統一性を欠いていると思われるが，この点，「異状」とは形態的・状態的に異常なものをいい，正常でない不自然死の死体を意味するには，むしろ「異常」の文言を用いるのが妥当であるとの指摘がなされている（大野編［1995］163〔大野真義〕）。

3 検案の対象

この異常かどうかの判断は，死体等を「**検案**」することで行なわれる。一般に検案とは「医師が死者の外表検査により死因や死因の種類を判定する業務」と理解されているが（匂坂編［1997］97），その死者に，診療中の患者であった者が含まれるか否かについては見解が分かれている（芦澤［2004］132参照）。かつては，医師がみずから診療中であった患者の死体は検案の対象にならないとする見解が支配的であった。こうした考え方は，「死亡診断書」と「死体検案書」の区別を根拠としている。医師は，みずからが診療していた患者が死亡したときは死亡診断書を，それ以外の者が死亡したときは死体検案書を作成するのが原則であり，この区別からすると，診療中の患者であった者は届出義務の前提となる「検案」の対象には含まれないというのである。

しかし，死亡診断書と死体検案書の区別は書面の体裁上のものにすぎず，記載事項に違いはない。また，犯罪捜査の端緒を得るという医師法21条の目的からしても，診療中であった患者の死体を検案の対象から一律に除外し届出義務を不要とすることは合理性を欠いている（芦澤［2004］133，川出［2004］7）。例えば，犯罪の被害者が病院に搬送され，その後に死亡したとしよう。短時間でも診療をしたからといって担当医に届出義務が生じないとなると，警察官はおよそ犯罪捜査の端緒を得ることが不可能となるのである。それゆえ，診療中の患者であった者について死後検分することも医師法21条にいう「検案」にあたるとみるべきであり，また，最高裁判所も，「死体の『検案』とは，医師が死因等を判定するために死体の外表を検査することをいい，当該死体が自己の診療していた患者のものであるか否かを問わない」と明言している（最判平16・4・13判時1861号140頁——後述の「広尾病院事件」）。

4 黙秘権の保障

しかし，検案の対象がこのように広く理解されるとなると，医師は，みずからが診療中の患者を誤って死亡させた場合，さらには患者を故意に死なせた場合にも，届出義務を負うのだろうか*。日本国憲法は，「何人も，自己に不利益な供述を強要されない」権利（**黙秘権ないし自己負罪拒否特権**）を保障している（38条1項）。自己が刑事責任を問われるおそれのある事項についてまで供述を強要することは，人間性を無視する残酷なものであって，個人の尊厳を損なうからにほかならない。**ケース・3-4**の医師は，業務上過失致死罪の刑事責任を問われるおそれがある。そのような医師に

まで届出義務を課すことは，この憲法38条１項に反することにはならないだろうか。

　この点，最高裁判所は，届け出るべき内容が「届出人と死体とのかかわり等，犯罪行為を構成する事項」にまで及ぶものではないこと，医師にはその資格に伴う「社会的責務」があることなどを理由として，「死体を検案して異状を認めた医師は，自己がその死因等につき診療行為における業務上過失致死等の罪責を問われるおそれがある場合にも，本件届出義務を負うとすることは，憲法38条１項に違反するものではない」との判断を示している（最判平16・4・13判時1861号140頁――「広尾病院事件[**]」）。しかし，たとえ届出事項が限定されていたとしても，そもそも異常死体の届出それ自体が，捜査機関に対して自己の犯罪が発覚する端緒を与える可能性をもつことは否定できない（佐伯［2004］73，芦澤［2004］135）。また，一定の資格・身分があるからといって，黙秘権の自己否定ともいうべき事態を果たして正当化することができるのであろうか（川出［2004］10）。国民の生命や健康に資することこそが医師の「社会的責務」であって，刑事司法への協力は医師の資格と本来無関係とも言いうるのである（高山［2006］9）。

　　*この点，日本法医学会は，1994年に，「『異状』死ガイドライン」を公表し，「診療行為の過誤や過失の有無」を問わず，「診療行為に関連した予期しない死亡，およびその疑いがあるもの」は，およそすべて「異状」死として届出義務の対象としている。また，日本外科学会は，2004年に「診療行為に関連した患者の死亡・傷害の報告について」と題する次のような声明を発表している。診療に従事した医師は，「医師に求められる高い倫理性」が要求されることから，重大な医療過誤が強く疑われ，または医療過誤が明らかな場合，医師法21条が対象とする死亡の事案だけでなく，重大な傷害の事案についても，「速やかに所轄警察署への報告を行うことが望ましい」というのである。

　　**広尾病院事件：生理食塩水と消毒液を間違えて準備した看護師とこれを漫然と投与して患者を死亡させた看護師が業務上過失致死罪に問われた。もっとも，最高裁判所で争点となったのは，病院長が，異常死体について届出の指示をしなかった点であった。病院長自身は死体を検案したわけでもなく，また業務上過失致死罪で立件されるおそれも極めて少ない。それゆえ，広尾病院事件が憲法38条１項をめぐる憲法論を議論するのにふさわしい事件だったかどうかについては疑問も提起されている（樋口［2007］146）。

5　適用違憲

　医師法21条は，異常死体を検案した医師一般に対して届出義務を課すものであり，医療事故による死亡に関与した医師のみを義務づけの対象としているわけではない。それゆえ，届出義務の規定それ自体が憲法38条１項に反するとまではいうことができない。

　しかし，医師法21条の規定そのものは合憲だとしても，診療行為について業務上過失致死罪等の刑事責任を問われるおそれのある医師にまで同条を適用するとなると，この個別具体的な適用に関して憲法違反（**適用違憲**）の疑いがなお残るであろう（佐伯［2004］71，川出［2004］11[*]）。

　　*これに対して，国民には医療事故の原因を「知る権利」があるという観点を加味して，かろうじて合憲とみる見解も有力に主張されている（加藤編著［2005］578〔甲斐克則〕）。

4 終末期医療

ケース・3-5

　22歳のAは事故で脳障害となり，1年以上意識が回復しない状態が続いている。医師は，Aの両親に彼は永久的な植物状態に陥っていると告げた。Aの両親は，このような状態で生き続けることをAは望まないであろうから，医療処置を止めてほしいと言っている。

1　問題の所在

　患者には実施される医療行為について説明を受け，その医療に応じるか否かを決定する権利（自己決定権）がある（➡第6章　看護と患者情報の取扱い）。ところが，患者は医師より勧められた治療を受けるより自然な死を迎えたいと願うことがある。このような場合，患者の自己決定権を認める医師や看護師は，どう対処すればよいのだろうか。**ケース・3-5**で，患者Aの医療処置を止めることはAを死に至らしめることになる。医療専門職者は生命・健康の維持増進を職責としており，死に至らしめる行為は法的にも道義的にも許されることではない。当然，Aの両親の申し出を断るとして，それは果たして最善の医療行為であるのか，また医療専門職者が断ったとしてAの両親がAを死に至らしめる行為を行なった場合はどうか，さらにA自身が死を望んでいることが明らかであるとされた場合はどうか等終末期医療のあり方については，**安楽死・尊厳死**問題として，その是非についてしばしば議論となる。

　上の**ケース・3-5**で患者（側）が望んでいるのは，尊厳死なのか，安楽死なのか。どちらも患者が希望し延命措置より死を迎えるほうを選択するという共通点がある。だが，対象となる患者の状態および医師の手段に次のような違いがある（石原 [1997] 302-305参照）。

	安楽死（euthanasia）	尊厳死（death with dignity）
概　念	激しい肉体的苦痛を除去・緩和することによって安らかに死に致す行為。	死期をいたずらに引き延ばすにすぎない医療干渉を差し控える行為。
対象となる患者の状態	激烈な肉体的苦痛のある末期患者に限定。	人格性を損失した状態。植物状態も含んだ，肉体的苦痛を伴わない場合も含まれる。
医師の手段 （安楽死の類型）	①純粋安楽死：医学的な苦痛除去処置が生命の短縮を伴わないもの。 ②間接的安楽死（狭義の安楽死，または治療型安楽死）：医学的な苦痛除去処置の副作用として，生命が短縮されるもの。 ③積極的安楽死：医学的な苦痛除去処置が直接的に生命を絶つもの。 ④不作為による安楽死（消極的安楽死）：積極的な治療・延命措置をせず生命を短縮させるもの。	患者の意思（治療処置の拒否）を前提とし，死期をいたずらに引き延ばすにすぎない医療干渉を差し控える。 ①延命措置の差し控え（withhold） ②生命維持装置の撤去（withdraw） ③蘇生を行なわない：DNR 　（Do Not Resuscitate）

いずれも，医療専門職者の対応により死を迎えさせることを認めなければいけない状況ではあるが，その対応によっては，それが殺人行為にあたるものとそうでないものとがある。

ケース・3-5で患者A自身が医療処置の中断を望んでいることが明らかであるとすると，尊厳死問題となるであろうが，Aの意思は明らかでなく両親の申し出であるとするとどうか。

2 積極的安楽死

■ ケース・3-6

多発性骨髄腫のYは，末期の状態であり，数日前より昏睡に陥っている。Yの家族らは，担当医TにこのようなYの姿をみていられないので何とかしてほしいと何度も懇願した。遂にT医師はYに致死量の塩化カリウムを静脈注射し死亡させた。（東海大学付属病院事件――横浜地判平7・3・28判時1530号28頁）

安楽死の法的問題は，当該苦痛除去・緩和のための処置が治療行為なのか，また，その処置が生命の短縮とどの程度の関連性を有するかによって異なる。先の表①の「純粋安楽死」が法律上問題になることはない。だが，その他の②～④類型については，人為的に生命を短縮することになるので，いずれも殺人罪（刑法199条）・同意殺人罪（刑法202条後段）に問われうる。その適法性については，以下のように解されている（石原［1997］336-348）。

刑 法

202条◆ 人を教唆し若しくは幇助して自殺させ，又は人をその嘱託を受け若しくはその承諾を得て殺した者は，6月以上7年以下の懲役又は禁錮に処する。

類 型	通 説	理　　　由	批判および反対論
間接的安楽死（狭義の安楽死）	適法と解す	治療行為説： 医師の治療行為により正当化される。 ・医師の行為は社会的に承認された正当な治療行為であり，生命の短縮は危険性にとどまる。 ・形式的には殺人罪の構成要件に該当するが，実質的には治療行為として違法性が阻却される。	＜批　判＞ ・医師が故意に死を惹起しているのに，なぜそれが治療行為といえるのか。…場合によっては人を殺すことも治療行為に入るとする新しい治療行為概念を採用することは好ましいことではない。
積極的安楽死	適法と解すのは困難	・医療技術の進歩により，苦痛が除去・緩和されるようになり，ただちに殺す必要がなくなった。 ・違法性は阻却されないが，行為者の具体的な状況に則して期待可能性の不存在が認定され責任が阻却される場合がある。	＜安楽死肯定説＞ ・人道的倫理主義：苦痛に対する「人間的同情」に基づく行為が普遍的な人道的要請ないしは社会的倫理の要請と合致する限りは適法である。 ・人道的合理主義：生命の短縮を伴うとしても苦痛のない生の方が本人にとって幸福であり，そうさせることが人道的である。 ・人権論：生命・身体に関する自己決定権を承認する。

消極的安楽死	適法と解す	・作為義務不存在説：医師は患者との医療契約によって治療の義務を負うが，患者が措置を明示的に拒絶している場合，医師は措置を行なう契約上の義務を有していない。 ・安楽死理論による違法性阻却説：患者の拒絶の意思があったとしても，医師には条理上治療を行なう作為義務があるが安楽死理論により正当化される。	

　安楽死問題では，特に**ケース・3−6**のように直接生命を絶つ「**積極的安楽死**」が問題となる。以下は，積極的安楽死の事件である。

（1）山内事件（名古屋高判昭37・12・22高刑集15巻9号674頁）

　この事件は，激痛を訴える父親を，息子が牛乳に農薬を混入して与え殺害したというものである。この判決で，違法性の阻却される六つの安楽死要件が示された。

---

①病者が現代医学の知識と技術からみて不治の病に冒され，しかもその死が目前に迫っていること。
②病者の苦痛が甚だしく，何人も真にこれを見るに忍びない程度のものなること。
③もっぱら病者の死苦の緩和の目的でなされること。
④病者の意識がなお明瞭であって意思を表明できる場合には，本人の真摯な嘱託または承諾のあること。
⑤医師の手によることを本則とし，これによりえない場合には，医師によりえないと首肯するに足る特別な事情があること。
⑥その方法が倫理的にも妥当なものとして認容しうるものなること。

　本件では，これら要件のなかで⑤と⑥の要件が欠けるとされ，被告人である息子を有罪とした（同意殺人罪：懲役1年，執行猶予3年）。

　本件以降に発生した家族の手による積極的安楽死（ロープ，手等による扼殺，包丁による殺傷，等）の事案でも，⑤および⑥の要件が充たされていないとされ，いずれも有罪判決が下されている（鹿児島地判昭50・10・1判時808号112頁，神戸地判昭50・10・29判時808号113頁，大阪地判昭52・11・30判時879号158頁等）。このようななか，「医師の手による」積極的安楽死が起こった。

（2）東海大学付属病院事件

　これは**ケース・3−6**の事件である。この判決では，「積極的安楽死」が適法と解されるには，以下の四つの要件を充たさなければならないとされた。ここでは，先の⑤要件である「医師の手によること」という文言は含まれていない。だが，本件で示された要件の③により，他の医療的代替手段を尽くした後に苦痛除去の目的で安楽死を実行できるのは，当然医師ということになるだろう。

---

①患者が耐えがたい激しい肉体的苦痛に苦しんでいること。

---

②患者の死が避けられず，かつその死期が迫っていること。
③医師により苦痛の除去・緩和のため容認される医療上の他の手段が尽くされ，他に代替手段がない事態に至っていること。
④生命の短縮を承諾する患者の明示があること。

本件では，上記②，④の要件が欠けるとされ，被告医師を有罪とした（殺人罪：懲役2年，執行猶予2年）。

この事件では，塩化カリウムを準備していた被告医師に対し看護師が警告を発している。しかし，被告医師はそれを無視した。もし被告医師が自身の行動を省みていれば，あるいは，看護師が被告医師の行動を引き止めることができたとしたら，このような事件は起こらなかったかもしれない。

ところで，もし医師が致死量の注射を準備をするよう看護師に指示した場合，看護師はそれに従わなければならないのだろうか。もちろん，はっきりとこれを拒否しなければならない。もし看護師が医師の違法行為に協力するならば，医師との共犯関係が問われ，当該看護師も刑事責任を追及されるだろう。このような状況に遭遇した看護師は，このことをすぐに上司に報告し，事件発生を未然に防がなければならない。

今日の医療の場では，肉体的苦痛に対してはかなり有効な疼痛コントロールがなされており，上記①から④の要件を充たす合法的な積極的安楽死が成立するのは難しいといえそうである。

安楽死問題では，欧米で問題となっている肉体的苦痛ではなく精神的苦痛による安楽死は許容されうるのか，安楽死を望む患者に医師が致死量の薬を患者に与え患者の判断でそれを使用するという「**自殺関与型安楽死**（自殺幇助型安楽死）」は適法と解されるのかという課題がなお残されている。

3 尊厳死（治療中止）

冒頭の**ケース・3-5**は，尊厳死の問題である。「**尊厳死**」は，無益な延命措置を拒否し人間らしく自然に死にたいという患者の意思を尊重し，過剰な治療を開始しない，あるいは中止するというものであり，「自然死」とか「品位ある死」とも呼ばれる。

医師は患者が生きている限り保護すべき義務があり，患者の治療拒否に従いその患者を死なせた場合，その責任を追及される。尊厳死は，安楽死と同様，形式的には犯罪（殺人罪，同意殺人罪など）にあたるものである。しかし，患者本人の意思として延命措置を拒否している以上，それを無視することもできない。患者の同意がなくなされた医療処置は，インフォームド・コンセント違反に問われうる（➡第6章　看護と患者情報の取扱い）。安らかな死を求める，残された人生を意味あるものにしたい，ということで延命措置を拒否することは，個人の尊厳や幸福追求を保障する**憲法13条**の保障するところである。このようなことから，今日では，尊厳死は患者本人の自己決定権を根拠に正当化されている。

13条◆　すべて国民は，個人として尊重される。生命，自由及び幸福追求に対する国民の権利については，公共の福祉に反しない限り，立法その他の国政の上で，最大の尊重を必要とする。

　ここで**ケース・3-5**に立ち戻って検討しよう。患者Aは意思を表明できない状況にある。もしAが事前にリビング・ウイル（生前遺言）により書面で意思表示していれば，彼の意思を尊重することができる。だが，Aはそのようなものを残していない。

　先の東海大学付属病院事件で，治療行為の中止が許容される一般的な要件が示されていた。この判決によると，患者の意思は，本人の明確な意思表示がなくても推定的意思で足り，事前の文書による意思表示や家族の意思からそれを推定できることで足りるとされており，家族の代行意思を認めていた。しかし，尊厳死は患者本人の自己決定権により正当化されるのだとすると，たとえ家族や近親者であろうとも，本人以外の者による代行意思は認められるべきではないだろう。もっとも，もし意識があればAは中止を求めるであろう状況で，A自身の意思表示がないため認められないというのも不合理なことである。Aの両親は，Aの意思として延命のための医療処置の中止を求めることができよう。ただし，これをA本人の意思と推定するかどうかは中止を求められた医師の適切な判断が求められる。しかし，この事件以降も，医師の適切な判断の難しさを物語る事件が続くことになる（富山県射水市民病院，川崎協同病院事件等）。

　2007（平成19）年に，裁判所は，川崎協同病院事件控訴審判決（東京高判平19・2・28判タ1237号153頁）において，患者の自己決定権と医師の治療義務の限界についてより慎重な考えを示した。

　本件は，医師が，気管支喘息の重積発作で低酸素性脳損傷となり昏睡状態の患者に，回復を諦めた家族の要請に基づき気管内チューブを抜管，事情を知らない准看護師に筋弛緩剤を投与させ窒息死させたという事件である（最三決平21・12・7刑集63巻11号1899頁判タ1316号147頁）。裁判所は，治療中止を適法とする根拠とされる自己決定権について，医師が患者本人の治療中止を求める意思を確認すること，治療中止を求める家族の意思と本人の意思とただちに同視できるかどうかを判断することはできないことから，「自己決定権による解釈だけで治療中止を適法とすることには限界がある」ことを認め，尊厳死法の制定ないしはガイドラインの策定が必要であるとする。

　この判決後の平成19年5月，厚生労働省は，「終末期医療の決定プロセスに関するガイドライン」を公表した。これは，患者の意思にかなった治療の原則を基本に，医学的妥当性と適切性を確保しつつ，患者の意思の確認できる場合とできない場合＜「家族の推定する患者の意思」，それも不明な場合は，「患者にとっての最善の治療方針」＞とを分けて，治療方針の決定手続きを示すものである。その方針決定については，医師が独断で行動することのないよう，他の医療専門職者とから構成される医療・ケアチームで行うこと，患者との十分な話し合いを行なった上で患者が意思決定を行ない，その合意内容を文書にまとめておくこと等とされ，この指針に則ることでこの問題に一応の解

決策を与えている。

　Aは，「回復の見込み」はないが「死が避けられない末期状態にある」とはいえず，栄養や水分の補給を続ける限り生き続けるだろう。このような状況で，**栄養・水分補給の中止はとりわけ問題視される。**現在では，栄養・水分補給の中止も自然な死を迎えるために必要であると考えられている。このことは，欧米の尊厳死裁判で認められてきたことである。だが，このような患者のケアにあたる看護師らは患者が飢餓死に至るのを認めることはできないと良心的拒否を行なったり，また，栄養・水分の中止を求める家族と裁判で争うことが起こっている（塚本 [1994] 22頁以下参照）。栄養や水分を中止することになったとしても，看護師は“食”に関するケア以外の患者ケアを続けなければならない（民法644条，697条）。そのため，患者が「脱水」，あるいは「飢餓」により死亡するまで，通常のケアを続けなければならず，このことが一層看護師らの倫理的ジレンマとなっている。

4　死亡診断補助

　看護師であれば，人の死亡事実を確認することができる。死亡事実の確認は，医学的な心肺の停止および脳機能の死を確認する瞳孔反射を加えた三徴候で確認する。法文上，死を定義しているのは死産だけであり（「死産の届出に関する規程」昭和21年9月30日厚生省令42），死亡したか否かの判断は法でなく医学基準による。人の死はその人の社会的，法的権利義務を失わせる。そこで法は，医師に死亡診断書を交付する義務を課し，死亡届の提出の際にはこれを提出することとしている（戸籍法86条2項）。死亡診断書は，法的問題（民事・刑事，保険金査定等）の証拠書類や参考資料になる。また死亡診断書は，死因統計作成にとって重要な基礎資料になる。法が医師に診断書を交付する義務を課すのは，死亡に関する真実を科学的に正確に記入することを求めるからである（医師法20条）。近年，医師が不在の地域や医師の確保が困難な地域では，患者が住み慣れた場所から遠く離れた病院に入院するよう求められることがある。速やかに医師の死亡診断書の交付を受けるためであるが，一方，在宅で看取りケアを受けたとしても，死後診察を待つために遺体を長時間保存しなければならないという事態も生じている。

　2016（平成28）年，医療の規制緩和として，看取りの場にいる看護師を介して死亡診断を行なうことを認める閣議決定（平成28年6月2日閣議決定「規制改革実施計画」）がなされた。これを受けて，2017（平成29）年，厚労省は，「情報通信機器（ICT）を利用した死亡診断等ガイドライン」を発した。看護師は，ICT を用いて医師が死亡診断書を交付するために必要な情報を提供しなければならない。実施要件の一つとして，看護師は法医学等に関する一定の教育を受けるよう求められている（要件(d)）。看護師は，死亡事実の確認だけでなく，異状死でないことを証明できる情報についてアセスメントを行ない，的確に情報を提供しなければならない。異状死の報告を怠ること，虚偽の診断書の交付は，処罰の対象である。臨終の場で遺族ケアを行ないつつ，遺族の感情に流されることなく，客観的なアセスメントを行なわなければならない。

5 脳死と臓器移植

ケース・3-7

> 看護学生Nは，臓器提供意思表示カード（ドナーカード）の1番目である「脳死後及び心臓が停止した死後のいずれでも移植のために臓器を提供」するに○をつけた。このことを知ったNの母親は，2番目である「心臓が停止した死後に限り」移植をすることを認める方に修正するよう求めている。

　臓器の提供は，本人による生前の明確な意思表示を尊重することで行なわれるので，提供を拒否する明確な意思表示があれば，提供することができない。本人による意思が明示的に示されていない場合には，遺族に提供の承諾を求めることもある。一方，本人の提供意思が示されていたとしても，遺族が提供を拒否していれば，この遺族感情に配慮して，やはり臓器提供を行なうことはできない。本事例では，Nが提供に対する自らの意思を表示していても，遺族である母が提供を否定することもありうる。臓器移植の意思表示について事前に話し合いをもって意思確認を行なうことが望ましい。

　Nの母は臓器移植を否定しているのではなく，脳死による臓器移植に反対している。心臓を移植するためには，心停止後の心臓では適性がなく，かといって生前に心臓を摘出することはできない。1997（平成9）年，厚生省（当時）による「臨時脳死及び臓器移植調査会」の議論の末，脳死を人の死とすることを定めた臓器の移植に関する法律（臓器移植法）が成立した。しかし，本人の明示の意思表示と家族の承諾がある場合にのみ臓器提供ができるとされていたこと等からドナーカードは普及せず，また本人の意思表示ができる年齢を考慮して提供者が15歳以上とされたことで小児患者の移植は実施できない状況が続いていた。そのため，2010（平成22）年，改正臓器移植法が施行され，今日では小児からの臓器提供が認められ，また本人の意思が不明であっても家族の承諾があれば脳死状態での臓器移植も可能とされている。

1条◆ この法律は，臓器の移植についての基本的理念を定めるとともに，臓器の機能に障害がある者に対し臓器の機能の回復又は付与を目的として行われる臓器の移植術（以下単に「移植術」という。）に使用されるための臓器を死体から摘出すること，臓器売買等を禁止すること等につき必要な事項を規定することにより，移植医療の適正な実施に資することを目的とする。

6条◆ 1項：医師は，次の各号のいずれかに該当する場合には，移植術に使用されるための臓器を，死体（脳死した者の身体を含む。）から摘出することができる。

一 死亡した者が生存中に当該臓器を移植術に使用されるために提供する意思を書面により表示している場合であって，その旨の告知を受けた遺族が当該臓器の摘出を拒まないとき又は遺族がないとき。

二 死亡した者が生存中に当該臓器を移植術に使用されるために提供する意思を書面により表示している場合及び当該意思がないことを表示している場合以外の場合であって，遺族が当該臓器の摘出について書面により承諾しているとき。

2項：前項に規定する「脳死した者の身体」とは，脳幹を含む全脳の機能が不可逆的に停止するに至ったと判定された者の身体をいう。

　脳死に関しては，医療者が臓器移植を進めるため脳死判定を行なおうとしているのではないかという移植医療に対する不信感をもつ者もいる。背景となるのが，1968（昭和43）年，札幌医科大学附属病院における事件である。心臓外科医である和田教授は，水難事故に遭った21歳の青年の心臓を18歳の患者に移植したが，提供を受けた患者が83日後に死亡した。青年は本当に死んでいたのか，実験的医療ではなかった等さまざまな疑念が生じ，和田教授は医師らによって殺人罪，業務上過失致死罪等について刑事告発されることとなった。結局のところ，和田教授は嫌疑不十分で不起訴処分となったが，強引な移植医療が社会に対して移植医療への不信を招いたことで，1990年代に入るまで日本では心臓移植が行なわれることはなかった。

　このような経緯を経て慎重な議論の末に臓器移植法は成立した。臓器移植法による脳死とは，**法的脳死判定基準**を用いて判断される。臨床徴候を認めた医師には，正確な診断に努めるよう求められている（臓器の移植に関する法律施行規則2条）。

法的脳死判定基準

　脳死（以下「判定」という。）判定は，脳の器質的な障害（器質的脳障害）により深昏睡（ジャパン・コーマ・スケールで300に該当する状態）及び自発呼吸を消失した状態と認められ，，かつ器質的脳障害の原因となる疾患（原疾患）が確実に診断されていて，その原疾患に対するすべての適切な治療を行なった場合であっても回復の可能性がないと認められる者について行なう。ただし，次に該当する者は除外される（同法2条1項）。

①生後12週（在胎週数が40週未満であった者にあっては，出産予定日から起算して12週）未満の者

②急性薬物中毒により深昏睡及び自発呼吸を消失した状態にあると認められる者

③直腸温が摂氏32度未満（6歳未満の者にあっては，摂氏35度未満）の状態にある者

④代謝性障害又は内分泌性障害により深昏睡及び自発呼吸を消失した状態にあると認められる者

　脳死判定にあたっては，次の各号に掲げる状態が確認され，かつ，当該確認の時点から少なくとも6時間（6歳未満の者にあっては，24時間）を経過した後に，次の各号に掲げる状態が再び確認されることをもって行なうものとする。

①深昏睡
②瞳孔が固定し，瞳孔径が左右とも4ミリメートル以上であること
③脳幹反射（対光反射，角膜反射，毛様脊髄反射，眼球頭反射，前庭反射，咽頭反射及び咳反射をいう。）の消失
④平坦脳波
⑤自発呼吸の消失

　ただし，自発運動，除脳硬直，除皮質硬直またはけいれんが認められる場合は，判定を行なってはならない（同法2条2項）。

5 暴　力

ケース・3−8

　患者Nへの面会を求められた看護師Aは，彼らをNの病室に案内した。ところが，彼らはNを見るなりNを大声で罵倒し始めた。あわてたAは彼らに退室を求めたところ，彼らはAに威圧的に近づいてきて，つばを吐きかけた。

　保健医療福祉施設においても，看護師（を含む施設内職員）は上司・同僚・来訪者だけでなく患者・ケア対象者からも暴力（殺人，傷害，威嚇・脅迫，いじめ・嫌がらせ等）を受けることがある。むろん暴力行為は許されるべきではない。もし看護師Aが面会者の暴力により負傷した場合，その者たちは傷害罪（刑法204条）に問われよう。また負傷しなかったとしても，面会者による行為が暴行と認められれば，暴行罪（刑法208条）に問われることになろう。暴行罪の「暴行」とは，他人に対し，不法に有形的攻撃を加えることであり，典型的には殴る，蹴るなどがこれにあたるが，つばを吐きかけたり，強い音響を加えたりする行為も暴行に含まれると解されている。

　加害者の行為が暴行という犯罪行為であるか否かは，警察への通報や告訴から捜査が始まる（➡第2章　刑事責任）。しかし，暴力を受けた看護師は，自分の対応や看護において不手際があったのではないかと自責の念に駆られ相手を責めることに消極的になるため身体への切迫した危険（殺人，傷害）が存在しない限り，事を荒立てない対応をとりがちである。しかしその後，暴力を受けた後のケアが不十分なため，暴力の怖さから職業意欲を喪失してしまうことにつながっていくという指摘もなされている。院内暴力による被害は，未だその実態が把握できておらず，そのため上司や管理者も暴力防止対策に積極的に取り組んでいないという状況がある。

犯罪の類型	刑法	条文
傷害罪	204	人の身体を傷害した者は，15年以下の懲役又は50万円以下の罰金に処する。
暴行罪	208	暴行を加えた者が人を傷害するに至らなかったときは，2年以下の懲役若しくは30万円以下の罰金又は拘留若しくは科料に処する。

　暴力に遭遇した看護師が，加害者の攻撃に対する措置を考慮する時間は，一瞬である。しかし，そこには適切な判断が求められる。攻撃に対し強く反撃することが過剰防衛（刑法36条2項）となることもある。そこで，日頃から，予見可能な暴力に関して一応の対応策を想定しておくことが大切になる。まずは，暴力は犯罪行為にあたることを認識し，すぐさま適切な人や機関に連絡をとることができるようにしておかなければならない。加えて，犯罪が成立するかどうかは，構成要件該当性が問われるので，暴力に遭遇した看護師は，事実を冷静に観察し，報告と同時に，可能な限り速やかにその場面を記録にとどめておくことが重要である。

■ ケース・3-9

　看護課長Pは，異動先の病棟に着任し，患者ケアに努めている。ある日，高齢の患者の肥厚した爪をニッパーで切除し，爪床部分に軽度出血を生じさせた。以前から同病棟に勤務していた看護師らは，その状況を虐待だと判断し，上司に報告をした。Pは業務上過失傷害罪で起訴された。（福岡高判平22・9・16判タ1348号246頁）

　ケース・3-9は，患者の虐待事件として看護師が逮捕されたが，その後無罪判決に至ったという看護者にとって衝撃的な事件である。ことの発端は，同僚である看護師の内部告発を受け，取材のため病院を訪れた記者に，病院側が虐待の疑いがあると応じる記者会見を行なったことによる。その後，検察が看護課長Pを業務上過失傷害罪で起訴し，地裁は懲役6月（執行猶予3年）の有罪判決を下した。本件裁判での重要な争点は，Pが患者の爪床から爪甲を離し爪床を露出させた行為について，これを看護師の正当な業務行為と評価できるかどうかであった。高裁は，Pの行為を看護目的でなされ，看護行為（フットケア）として必要性があり，手段，方法も相当といえる範囲内の正当業務行為であり，正当な看護行為であったと認めた。その後検察が上告を断念し，控訴審の無罪判決が確定した。

　一転無罪の勝因は，Pの爪切り後の写真によりPの行為は適切になされていた事実が示されたこと，これを認める医師や看護の専門家の証言を得ることができたことにある。さらに，事件発覚後から日本看護協会がPを全面的に擁護するとしたことは，大きな支援であった（上田［2010］1-4）。

　本件では，Pと内部告発を行なった同僚との関係，高齢者や認知症患者あるいはその家族への説明の在り方，病院内での調査・改善前に病院外に情報が提供されたこと等について問題が残される。また，本件では，逮捕後に行なわれた捜査によるPの精神的な苦痛やその苦痛から逃れようとした応答が裁判で不利益をもたらすことも学ぶことができよう。

　さらに本件では，無罪を勝ち取ることですべてが解決するわけではないことも示されている。P

は無罪判決後，再び看護職である自信と名誉を取り戻すため，逮捕後解雇された病院に懲戒解雇撤回を求め提訴せざるをえず，病院側が解雇を撤回し退職とすることで和解となった。本件の検証を通じて得られる教訓を活かし，看護ケアの向上，適切な看護管理を行なおうとする提言がなされている（井部［2010］59-60）。

【参考文献】

莇立明・中井美雄編『医療過誤法』（1994）青林書院。

芦澤政治「1　医師法21条にいう死体の『検案』の意義，2　死体を検案して異常を認めた医師がその死因等につき診療行為における業務上過失致死等の罪責を問われるおそれがある場合の医師法21条の届出義務と憲法38条1項」『ジュリスト』1278号（2004）有斐閣，132-135頁。

飯田英男『刑事医療過誤Ⅱ〔増補版〕』（2006）判例タイムズ社。

飯塚和之「精神病患者の自殺と医療側の責任」『年報　医事法学4』（1989）日本評論社，111-117頁。

石津日出雄・高津光洋編『標準法医学・医事法（第5版）』（2000）医学書院。

石原明『医療と法と生命倫理』（1997）日本評論社。

井部俊子「北九州ケア事件からの教訓——看護管理者が認識しておくべきこと」（2010）『日本看護管理学会誌』Vol. 14，No. 2，59-60頁。

植木哲『医療の法律学（第3版）』（2007）有斐閣。

上田國廣「看護行為を巡る法律問題——北九州爪ケア事件の判決から考えること」（2010）日本看護協会「看護職賠償責任保険制度」第10回特別講演会，1-4頁。

大澤資樹「ICTを利用した死亡診断に関するガイドライン策定に向けた研究　平成28年度総括・分担研究報告書」厚生労働行政推進調査事業費補助金（厚生労働科学特別研究事業）（2017）。

大谷實『新　いのちの法律学』（2011）悠々社。

大塚仁『刑法各論上巻〔改訂版〕』（1984）有斐閣。

大野真義編『現代医療と医事法制』（1995）世界思想社。

大橋將『看護法のすすめ』（2019）アスパラ，83-90頁。

加藤一郎『不法行為〔増補版〕』（1974）有斐閣。

加藤良夫編著『実務医事法講義』（2005）民事法研究会。

川出敏裕「医師法21条の届出義務と憲法38条1項」『法学教室』290号（2004）有斐閣，4-12頁。

菅野耕毅『看護事故判例の理論』（1997）信山社。

厚生労働省医政局政策統括官（統計・情報政策担当）『死亡診断書（死体検案書）記入マニュアル』（2017）平成29年度版。

斉藤誠二『刑法講義各論Ⅰ〔新訂6版〕』（1982）多賀出版。

佐伯仁志「異状死体の届出義務と黙秘権」樋口範雄編著『ケース・スタディ　生命倫理と法』（2004）有斐閣，69-73頁。

匂坂馨編『法医学小辞典』（1997）南山堂。

鈴木峰三郎『ナースのための「医療過誤」のはなし』（1987）医学書院。

高山佳奈子「異状死体の届出義務」宇津木伸ほか編『医事法判例百選』（2006）有斐閣，8-9頁。

塚本泰司「患者の自己決定権と医療者の良心的拒否」『年報　医事法学9』（1994）日本評論社，22-29頁。

中山研一・泉正夫編著『医療事故の刑事判例〔第二版〕』（1993）成文堂。

樋口範雄『医療と法を考える』（2007）有斐閣。

樋口範雄『続・医療と法を考える』（2008）有斐閣。

藤木英雄『過失犯の理論』（1969）有信堂高文社。

松村格・都築廣巳・神田宏・野﨑和義『刑法総論』（1998）ミネルヴァ書房。

虫明満編『人のいのちと法』（1996）法律文化社。

柳井圭子「暴力的患者からの防護における法の役割」『産業医科大学雑誌』第31巻第 1 号（2009）23-35頁。

4章
民事責任

1 一般原則

1　問題の所在

　このケースで，Ｆは看護師Ｔによる注射がもとで運動障害等を起こしているが，一般に，患者に対する医療事故には多種多様のものがある。投薬や器具の取扱いを誤るといった診療上の事故もあれば，患者が転落したといった療養上の事故もある。また生じた損害も，軽度の障害から不可逆的な障害・死に至るものまでさまざまである。そのような場合，看護師にはいかなる責任が問われるのであろうか。本章では，この点を特に民事責任について考察していこう。

2　損害賠償責任

　民事責任は損害の補塡を目的とした制度である。被害者に生じた損害を加害者に賠償させることで，損害の公平な配分が図られる。刑事責任と異なり，加害者の故意・過失により賠償額に差異が生じることはない。この民事責任（＝損害賠償責任）には，**債務不履行責任**と**不法行為責任**がある。

1　債務不履行責任

　契約が守られないこと（契約違反）を債務不履行といい，それによって生じた損害は債務者が負担しなければならない（**債務不履行責任**——民法415条）。債務者は，みずからの意思で履行を約束した以上，それを怠ったときは責任を引き受けることになってもやむを得ないとされるのである[*]。

　この債務不履行には，①**履行遅滞**（例：リンゴの引き渡しが遅れた場合），②**履行不能**（例：引き渡す約束のリンゴを食べてしまった場合），③**不完全履行**（例：引き渡したリンゴが腐っていた場合）という三つの類型がある。医療の場面でも，①履行遅滞（例：約束時間に往診しない場合），②履行不能（例：医師が患者を殺害した場合）を考えられないわけではないが（高田・小海［1985］36），診療契約上の債務不

履行といえば，通常は③不完全履行の場合である。履行はなされたが，それが不適切であったとされるのである。

 ＊債務不履行による損害を賠償する方法は，原則として金銭賠償であり（民法417条），賠償の範囲もその債務不履行によって通常生じる損害を限度とする（民法416条）（▶本章■参照）。また，この金銭賠償という方法は，不法行為による損害の賠償にも用いられる（民法722条1項）。

> ### 民　法
> 415条◆1項：債務者がその債務の本旨に従った履行をしないとき又は債務の履行が不能であるときは，債権者は，これによって生じた損害の賠償を請求することができる。ただし，その債務の不履行が契約その他の債務の発生原因及び取引上の社会通念に照らして債務者の責めに帰することができない事由によるものであるときは，この限りでない。

2　不法行為責任

　契約の不履行に基づく損害賠償が債務不履行責任であるのに対して，**不法行為責任**（民法709条）は契約関係の有無を問わず広く一般市民の受けた損害を補塡するための制度である。損害は故意または過失のあった者が負担する（▶コラム：過失責任主義）。例えば，他人の物を盗んだ場合，失火で隣家を焼失させたような場合，加害者には損害賠償の責任が生じる。

> ### 民　法
> 709条◆故意又は過失によって他人の権利又は法律上保護される利益を侵害した者は，これによって生じた損害を賠償する責任を負う。

コラム　過失責任主義

　故意・過失のない限り損害を賠償する責任はない。このように故意または過失に基づいて他人に損害を与えた場合にのみ加害者が損害賠償責任を負うという原則を，**過失責任主義**と呼ぶ。他人に損害を与えた以上，たとえ過失すらなくても損害を賠償しなければならないとすると，人は安心して行動することができない。そこで個人の自由な活動，とりわけ企業活動の自由を保障するために，過失責任主義が近代法の基本原則とされる。

　もっとも，企業活動に伴う公害や大規模な事故が発生した場合，過失責任主義を貫くと公平を欠く結論となることも少なくない。例えば薬害により被害を受けた場合，個人である被害者が特定の企業の過失を立証することは容易でない。そこで近時は，被害者を救済し損害の公平な負担を図るために，加害者に故意・過失がなくても責任を問う**無過失責任主義**が立法上も登場するようになった（例：大気汚染防止法25条，製造物責任法3条）。

3 債務不履行責任と不法行為責任

　債務不履行責任と不法行為責任が，一つの加害行為から発生する場合も少なくない。例えば，タクシーの運転手が乗客を目的地に運ぶ途中，不注意で事故を起こし乗客を負傷させたとしよう。運転手と乗客との間には運送契約（目的地まで安全に乗客を運ぶという契約）が成立しているのであるから，運転手には，その契約に違反したという債務不履行責任を問いうるが，一方，過失により乗客を負傷させたという不法行為責任も問題としうるのである。

3　医療過誤

1 法律構成

　医療機関の不適切な治療により患者に生命や身体の侵害が生じた場合（医療過誤）も，民事法上，債務不履行責任と不法行為責任の両者が問題となりうる。医療機関が**医療契約**を果たさなかったという点では債務不履行であるが（➡️コラム：医療契約の当事者），過失により患者の生命・身体を侵害した点では不法行為とみることもできるのである。最近の医療過誤訴訟では両者の責任が併せて追及されることが多い。

> ### コラム　医療契約の当事者
>
> 　患者が医療機関に対し診療を依頼し，医療機関がこれを承諾すると，契約が成立する。これが医療契約（診療契約）であり，医療機関が個人開業医であれば，その医師と患者とが契約当事者となる。この医療契約の性質については，一般に**準委任**と理解されている。
>
> 　民法には契約など**法律行為**の依頼について**委任**の規定があり（民法643条），例えば不動産の売買を業者に依頼したような場合には委任契約が成立する。しかし，医療行為は診療等の**事実行為**であって，法律行為にはあたらない。それゆえ，医療契約は「法律行為でない事務」（民法656条）として，準委任契約とされる。もっとも，準委任にも民法の委任に関する規定が準用される結果（民法656条），医師には受任者として善良な管理者の注意義務（**善管注意義務**──民法644条）が生じる。医師としての専門的な知識や経験に応じた注意義務が要求されるのである。
>
> 　この法的義務の違反が**医療過誤**である。医療過誤は，（準）委任契約から生じる善管注意義務を果たさなかった点で，**債務不履行**（特に不完全履行）として構成される。
>
> 　なお，国公立病院や医療法人などで治療を受ける場合は，病院開設者（国・地方自治体，法人としての病院）と患者との間に医療契約が成立するのであって，実際に治療にあたる医師との間に契約関係が生じるわけではない。担当医師は，病院開設者が医療契約を履行するにあたっての補助者（履行補助者➡️本章■3■2■参照）にすぎない。それゆえ，このような場合，損害賠償の請求は，担当医師ではなく病院開設者に向けられることとなる。
>
> ＊　法律行為と事実行為：例えば，タバコの購入は法律行為であるが，それを吸う行為は事実行為である。タバコの売り買いを約束すると（売買契約），売り主にはタバコの引き渡し義務，買い主には代金の支払い義務が発生する。このように法的効果（権利義務の変動）を直接の目的とする行為が法律行為にほかならない。

これに対して，タバコを吸うという行為は，法的効果の発生を目的としているわけではない。この行為の法的効果は当事者の意思と無関係であり，法がそれをどう評価するかによって決まる。こうした行為は事実行為と呼ばれる。

2 医療従事者の責任

　医療過誤の場合，刑事法上の責任，行政法上の責任を追及されるのは，法に違反した行為者本人であり，その行為者が看護師であればこの看護師が責任を問われる。しかし，以下にみるように，民事法上の責任は，看護師自身に対してでなく，その看護師を雇用している医療機関に対して追及されるのが通常である。

　まず，**債務不履行責任**を追及する場合，患者側は医療契約の当事者である医療機関（個人開業医，病院開設者）を相手とするのであり，その債務を履行するために使用されている看護師（履行補助者）の不適切な行為で損害が発生したときは，常に医療機関が債務不履行責任を負う（➡コラム：履行補助者の行為と損害賠償責任）。

コラム　履行補助者の行為と損害賠償責任

　例えば，売り主が買い主に商品を届けるにあたって運送業者を用いたとしよう。この場合，売買契約の当事者は売り主と買い主であり，運送業者は，売り主が商品引き渡し債務という契約上の義務を履行するにあたっての補助者という立場にある。このように，債務者（商品の引き渡しについては売り主）が債務の履行のために使用する者（運送業者）を**履行補助者**といい，その者の行為が原因で商品の破損などの債務不履行が生じた場合，債務者は債権者（設例では買い主）に対して債務不履行責任を負う。債権者と債務者との契約で第三者（履行補助者）に履行を依頼することが予定されており，債務者が第三者の行為をみずからの履行行為の手段として用いる意思決定をしている以上，この第三者の行為は，債務者自身による履行行為の一部として評価されるのである。今日の取引では，債務の履行にあたって債務者本人以外の者が使用されることも少なくない。履行補助者を使用したことで生じた結果について債務者本人の責任を追及することは，こうした取引の実態にも合致するものといえよう。

　医療機関の内部で現実の医療に関与する個々の医療従事者（例：医師，看護師等）も履行補助者にとどまり，たとえその者の医療行為に不適切な点があったとしても，この医療従事者個人に対して債務不履行責任を追及することはできない。医療の提供について患者と直接の権利義務関係に立つのは医療機関であり，この医療機関がみずからの判断と責任において医療従事者を用いた以上，その者の行為についても医療機関自身が責任を問われることとなる。

　次に，**不法行為**により民事責任を問う場合は，**使用者責任**の規定（民法715条）によりその看護師を使用している医療機関またはその開設者である国や地方自治体（県・市町村）の責任を追及することができる（➡コラム：使用者責任と報償責任の原理）。損害賠償を請求する場合，被害者側にとっては加害者本人よりも資力のある医療機関等に請求するほうが有利だからである。

民　法

715条◆1項：ある事業のために他人を使用する者は，被用者がその事業の執行について第三者に加えた損害を賠償する責任を負う。ただし，使用者が被用者の選任及びその事業の監督について相当の注意をしたとき，又は相当の注意をしても損害が生ずべきであったときは，この限りでない。

コラム　使用者責任と報償責任の原理

　他人を使用して事業をする者（使用者）は，その他人（被用者）が仕事の上で第三者に与えた損害を賠償しなければならない。例えば，タクシーの運転手が勤務中不注意で通行人を負傷させたとする。この場合，直接には通行人に対する運転手の不法行為であるが，タクシー会社も賠償責任を負う（民法715条1項本文）。タクシー会社（使用者）は運転手（被用者）を雇用して事業を拡大し利益を得ている。それにもかかわらず，事業活動に伴う不法行為について運転手のみが責任を負担するのは不公平である。そこで，「利益の帰する者に損失もまた帰する」という報償責任の原理に基づいて，使用者にも責任が追及されるのである。ただし，使用者が被用者の選任および監督について十分注意を払っていたことを証明すれば使用者責任は問われない（民法715条1項ただし書）。

　医療過誤においても，この使用者責任という特別な不法行為責任を医療機関（使用者）に対して追及することができる。医療機関は補助者を使用するとき，補助者に対し監督責任を負うのであり，補助者のなした不法行為については医療機関の責任も併せて追及されるのである（なお，後掲，広島地裁呉支判昭36・4・8判時259号32頁参照）。

　もっとも，医療の場では，医師や看護師らがみずからの専門的知識と技術に基づいて業務を遂行しているのであり，そうだとすると使用者責任の規定を適用しうるのかという疑問もあろう。

　この点については，病院開設者に使用者責任を認めた次のような判決が参考となる。

> 「病院開設者は……医師，看護婦を選任（雇傭）するにあたり，その業務を適正に遂行し得る人格，識見，技能を有するかどうかを充分に配慮すべきは勿論，業務に従事せしめるにあたっても，右の点のほか，日常の勤務の態度，成績等の全般を通じ，業務遂行に的確な素質，能力を有するか否か，誠実かつ慎重に職務に尽くしているか否かを監督し，また医療業務について必要な知識，技能を修得，錬磨する機会を与えて素質の向上を計る等，医療分野に立入らなくとも間接に医師，看護婦に当該業務を適正，かつ慎重に行わしむることにつき手段・方法があるわけである。したがって使用者責任の規定は本件のような場合被告に適用があるというべきである」（広島地裁呉支判昭36・4・8判時259号32頁）。

　ケース・4-1では，原告であるFは，病院の院長が看護師に注射の仕方を注意しなかったとして，病院設置主体であるY県に対し使用者責任を追及した。判決は，院長の過失は否定したが，看護師の過失を認め，Y県に561万円の損害賠償を命じた。

　なお，使用者責任の規定では，使用者（病院開設者）または監督者（院長）が被害者に賠償金を支払った場合，この使用者または監督者は，賠償金に相当する金額の返還を被用者（看護師）に求めること（求償権の行使）が可能であるとされている（民法715条3項，国家賠償法1条2項）。しかし，通常，

医療機関は損害賠償保険に加入しており，看護師の行為に対する賠償の支払いもそこからなされることになる。このような事情から，実際には看護師に求償されることはほとんどないともいわれている（高田［1994］4）。

2 過 失

債務不履行責任であれ不法行為責任であれ，医療過誤による損害賠償請求が認められるためには，①医療機関の注意義務違反（過失），②過失行為と損害との因果関係，③損害の発生という三つの要件が必要である。以下に，これらの要件を順にみていこう。

1 過失の意義

■ ケース・4-2

　Aは脳出血で倒れX市立病院に入院していたが，入院中，褥瘡を発症しその後死亡した。Aの家族は，この褥瘡が病院看護師らの不適切なケアにより生じたものであり，それにより機能回復訓練も遅れ，ひいては死に至ったとして，X市に対し損害賠償請求訴訟を提起した。（名古屋地判昭59・2・23——判例集未登載）

医療過誤をめぐる争いでは医療従事者の注意義務違反が問題となるが，その判断は，債務不履行責任を追及する場合にも不法行為責任を追及する場合にも同じ内容のものと理解されている。以下にみるように，過失（不法行為責任の要件）の前提となる注意義務は当該状況下におかれた専門家の義務として客観的に構成されることから，それは，（準）委任契約上の注意義務（➡前掲コラム：医療契約の当事者）と同一のものとなる。また，両者の間に差異を設けることは，患者の生命・健康と直接的なかかわりをもつ医療の性格からすれば，不合理ともいいうるのである（河上［1999］363，澤井［2001］188）。

ケース・4-2は「褥瘡裁判」として広く注目を集めた事件であり，入院患者の褥瘡を防止できなかったことが看護上の過失といえるかが争点とされた。Aの家族は次のように主張する（高田［1996］83以下による）。

X市立病院はAの入院と同時にAの夫と診療契約を締結し，これにより病院勤務の医師・看護師を履行補助者としてAの全身管理を尽くし，健康回復のため，可能な最善の医療を施すべき義務を負った。それにもかかわらず病院の医師・看護師らは褥瘡予防措置を施さずAの仙骨部に重篤な褥瘡を発生させるという不完全な医療を給付し（債務不履行），そのためAは損害を被ったというのである。

業務上の注意義務を民法は「善良な管理者の注意」（400条，644条等）という文言で示している。この注意義務に違反することが**過失**であるが，ここにいう注意義務は二つの要素から成り立っている。第一は「結果の発生を予見すべき義務（**結果予見義務**）」であり，第二は「結果の発生を回避すべき義務（**結果回避義務**）」である。例えば，手術に際し血液型の異なる血液を輸血して患者が死亡したとしよう。そのような輸血をすれば死の結果が生じることもありうると認識していなかったとすれば結果予見義務の違反であり，そうした認識は有していたが血液型の確認を怠って輸血したとすれば結果回避義務の違反である。

　ただ，法は不可能を要求するものではない。予見不可能な結果や回避不可能な結果については責任を問われない。結果予見義務は結果の**予見可能性**を，結果回避義務は結果の**回避可能性**を前提とするのである。

2　過失の認定

　ところで，注意義務の内容である結果予見義務や結果回避義務の有無を判断するにあたって，その基準はどこに求めるべきか。

　民事法上要求される注意義務は，医師や薬剤師，臨床検査技師など，各々の専門的な職務の平均人を標準とした抽象的なものである。

　以下は，医師に関する合理的な注意義務の基準として考慮すべき要素を示したものであるが，その基準は看護師の場合も同様に考えることができよう。

①当時の医療水準
　「人の生命健康を管理すべき業務に従事する者は，その業務の性質に照らし，危険防止のため実験上必要とされる最善の注意義務を要求される」（最判昭36・2・16民集15巻2号244頁——いわゆる"輸血梅毒事件"）が，このような注意義務の基準となるべきものは，「学問としての医学水準」ではなく，「診療当時のいわゆる臨床医学の実践における医療水準である」（最判昭57・3・30判時1039号66頁——いわゆる"未熟児網膜症訴訟"）。

　この訴訟では，未熟児網膜症を発症させたことに注意義務違反があったかどうか，すなわち，光凝固法による治療を行なう義務や転医を含めた説明を行なう義務を怠ったかどうかが争われた。最高裁判所は，上のように述べて医師の注意義務を否定したのである。判決では，厚生省の研究班による報告書が当時の医療水準を示す指標とされたが，一般には，何をもって当時の医療水準とすべきかを決することは容易でない。

　しかし，注意義務の基準となる医療水準は一律に判断されるべきでなく，他の要因も考慮されるべきである（根本編［1990］187〔飯田隆〕）。近年，最高裁判所は，医療機関に要求される医療水準を決定するにあたって，「当該医療機関の性格，所在地域の医療環境の特性等の諸般の事情を考慮す

べきであり，右の事情を捨象して，すべての医療機関について診療契約に基づき要求される医療水準を一律に解するのは相当でない」（最判平7・6・9判時1537号3頁）と判示している。

②医療環境の特性

医師の注意義務違反の有無を判断する際には，当該医師の行為時の環境（状況）も考慮される。

・当該医療機関の性格

高度先進医療を行なう医療機関と一般診療所とを一律の医療水準で判断すべきではないとする判決は少なくない。というのも，「（特に，大学病院のように）日頃から専門医としての研究の機会に恵まれ，人的・物的な医療設備の充実した，また他の医師の協力が直ちに得られやすい環境のなかで診療に携わっている医師については，一般の開業医よりも高度な注意義務が課せられている」からである（仙台地判昭52・11・7判時882号83頁）。これに対して，一般開業医院の過失の有無については，「一般開業医院において，実験されている（本件注射実施）当時の医療水準によって決すべき」とされる（大阪地判昭61・6・12判時1236号105頁）。

医療法では，制度として高度先進医療を担う特定機能病院が認められている（➡第9章　医療の提供）。専門病院等と一般開業医院との医療水準の差異について，未だ最高裁判所の判例はみられないが，専門病院や大学病院等にあっては，高度な医療の提供とともに，一般開業医院に比べて高度な注意義務が求められることになるであろう（植木ほか［1996］65-66〔植木哲〕）。

・所在地域の医療環境

眼科の診療設備をもたない離島のある村で，産婦人科を専門とする診療所医師が緑内障の診断を下すことができなかったとしても，それは当該医師の注意義務違反（過失）とはいえないとする判例がある（東京高判昭41・5・27医療過誤民事裁判例集158頁）。医師の注意義務を問題にする場合，「地域的環境による制約」も無視することはできないのである（高松高判昭58・2・24判時1087号77頁）。

ここで，**ケース・4-2** について看護師に過失があったかどうかを検討してみよう。このことは，以下の問いにかかっている。

---

①看護師にはどのような注意義務があるのか。
②看護師はAに褥瘡が発症することを予測していたか（結果予見義務）――予測すべきであったのに予測していなかったとすれば，結果予見義務違反があり，過失が認められる。
③看護師は予測されたAの褥瘡発症に対しどのようなケアを行なっていたか（結果回避義務）。――たとえ褥瘡の発症を予測していたとしても，看護水準に見合う予防的ケアがなされなかったのであれば，結果回避義務違反があり，過失が認められるであろう。

第一に，看護師は，「厚生労働大臣の免許を受けて，傷病者若しくはじょく婦に対する療養上の世話又は診療の補助を行うことを業とする者」（保助看法5条）である。当然，看護師は，「療養上の

世話」または「診療の補助」を行なう際，患者の利益を損なわないように行為するという善管注意義務を負う。

第二に，Aは脳出血により倒れ，意識不明の状態で入院し，一週間後も意識状態は入院当初と比べ大きな変化がみられなかった。看護師らは事件当時，意識障害あるいは麻痺のある患者には褥瘡予防のため，原則として2ないし3時間間隔の体位交換，1日1回全身清拭（汚染時は部分清拭），褥瘡好発部位の乾燥・マッサージを行なっていたという。このような事実からすると，看護師らはAの褥瘡発症を十分に予測していたといえよう。

第三に，結果回避義務であるが，原告は，褥瘡を予防するためには，「敷布団，寝巻等は材質を選び，日光を当て乾燥を保つと同時に身体をたえず清拭して清潔に保ち，体位の変換を頻繁に行ない，適宜円座を用いる等して圧迫摩擦を避けるように努め，発赤等初期症状が顕れた場合にはそのほかに1日5回ないし6回温湯で清拭し，アルコールを塗布してマッサージを施し，亜鉛華澱粉を散布して十分乾燥させる等積極的手当が必要であり，これらにより褥瘡の発生，悪化の防止は可能」だと主張した。

これに対し判決（名古屋地判昭59・2・23）は，褥瘡の原因，予防用具の活用を含めた褥瘡の発生に関する研究結果，効果的な体位変換の報告等を検討し，次のように述べた（唄・宇都木・平林編[1996] 122）。

当該病院では，事件当時「特別に右〔褥瘡〕予防を目的とした態勢を整え，実行しようとの積極的な姿勢が十分であったとはいえ」ず，「医療担当者らの一層の工夫，努力が望まれる状況にあったことは否定できない」。しかし，当時の病院の看護基準からすると，看護業務は相当多忙であり，そのなかで付添人の協力を仰ぎ，ある程度の看護を委ねたとしても，「直ちにこれを不当視することはでき」ず，「病院の医療担当者らはAに対し現状に相応する一応の褥瘡予防措置をとっていたことは十分推認できる」。

また，円座等予防用具については「その使用により万全の予防が期待できるものでないうえ……Aの右期間時の精神的・身体的状況が十分に明確にできない本件にあっては，予防用具を使用しなかったことをもって直ちに医師及び看護婦の落ち度とすることはできない」。Aの状況からすると，「Aの場合予防のため必要な看護レベルは相当高度のものであると推測できるのであり，本件医療担当者らに対し努力目標としては格別，そこまでの法的義務を課すことは妥当でない」（判決文要約）。

第一審判決では看護師らの過失が否定され，病院（市）の責任も否定されたが控訴審では，病院側が慰謝料支払義務を認めて和解が成立した。その後，褥瘡により腎機能が悪化し死亡したことを理由とする損害賠償請求事件において，看護体制を理由に実施困難であったとする病院側に対し，裁判所は実施可能な看護体制の医療機関に転医させる措置を講じなかったことも病院側の過誤とした（東京地判平9・4・28判タ949号192頁）。なお本件は，看護体制を理由とする医療従事者の姿勢を厳しく非難している点を付記しておく。

3 因果関係

1 意 義

ケース・4-3

　Aは左顎下側頚部に腫瘍が生じるに至ったため，国立M病院で診察を受けた。これを担当した同病院外科医Yは，抗生剤（マイシリン〔ペニシリンとストレプトマイシンの混合製剤〕40万単位）の注射を看護師Zに指示した。Zが指示どおり注射をしたところ，Aは帰宅途中身体に異常を覚え，注射後2時間ほどで死亡した。Aの家族は，医師Yが抗生剤使用上の注意義務を尽くさなかったとして，国に対し損害賠償を求めた。（東京地判昭44・6・6判時571号26頁）

　債務不履行・不法行為に基づく損害賠償請求責任が認められるためには，問題とされる医療行為と損害の発生との間に原因・結果の関係すなわち**因果関係**が存在しなければならない。**ケース・4-3**で，裁判所は医師および看護師の注意義務違反を認定したが，これらの過失とAの死亡との間に因果関係は認められないとして，原告の請求を棄却した。第一審は概略次のように判示した（控訴審においても，原告の控訴を棄却）。

> 　医師Yは，ペニシリン製剤を投与するにあたって問診等の事前注意義務は尽くしているが，投与後の安静および観察の注意義務を怠っている。また，看護師Zについても，「Aに対してマイシリンを注射した後特別に一定時間〔一般の医師の間でも注射後15分ないし30分間の安静と観察が必要とされていた──筆者注〕安静にしているよう指示せず，Aが任意に休んで帰るのにまかせていたものと認められ」，この点に注意義務違反がある。ただ，この事件では，Aのショック症状が発生したのが40分後であったと推定される。そうであれば，仮に投与後の注意義務が尽くされていたとしてもショック症状の観察ができなかったであろうことから，「これらの違反と患者の死亡との間には因果関係を認めえない」。

　因果関係は，**事実的因果関係**と**法的因果関係**に分けることができる。事実的因果関係は「あれなければ，これなし」という条件関係の判断であるが，現実には，ある行為を原因として生じる損害は無限に広がる。そこで，事実的因果関係を前提としつつも，生じた損害のうちいかなる範囲で賠償を認めるかという法的評価がなされる。これが法的因果関係の判断であり，損害賠償の対象はその原因から通常生じるであろう損害（相当因果関係の認められる損害）に限定される。

　通常の訴訟では，事実的因果関係は明らかで，法的因果関係としてどの範囲の責任を認めるかということが問題となる。これに対して，医療過誤訴訟では，医学上不明な点が少なからず存在することもあって，事実的因果関係の存否それ自体が争いの対象となることが多い。

2 立証責任

　一般の民事訴訟では，因果関係の主張立証責任は原告となる患者側が負担しなければならないと解されている。しかし，医療過誤訴訟において，被告である医療機関の側から高度に専門性をもつ科学的な論争が提起された場合，医学に素人である通常の患者がこれに反論し因果関係を立証することは容易なことではない。加えて，医療現場の密室性・閉鎖性も，原告による立証の妨げとなっている。そのため医療事故に関しては，判例・学説上，因果関係の立証責任を軽減する努力がなされている。

1　蓋然性説

　因果関係の証明は，歴史的事実として証明されれば足り，科学的にまで証明される必要はないとした判決がある。

> 　「裁判上における証明は，科学的証明とは異なり，科学上の可能性のある限り，他の事情と相俟って因果関係を認めて支障はなく，その程度の立証でよい。科学（医学）上の証明は，論理的必然的証明でなければならず，反証を挙げ得る限り未だ立証があったと言えまいけれど，裁判上は歴史的事実の証明として可能性の程度で満足する外なく従って，反証が予想される程度のものでも立証があったと言い得るのである」（東京地判昭30・4・22下民集6巻4号748頁——いわゆる"輸血梅毒事件"）。

　ここには「可能性の程度」という判示がみられるが，これは以下にみる最高裁判決（いわゆる「ルンバール事件」判決）と同様，蓋然性説の立場を明らかにしたものといえよう。

> 　最高裁は，ルンバール（腰椎穿刺）の施術後15分ないし20分後に患者がけいれん発作を起こし重篤な後遺障害を負ったという事案で，「訴訟上の因果関係の立証は，一点の疑義も許されない自然科学的証明ではなく，経験則に照らして全証拠を総合検討し，特定の事実が特定の結果発生を招来した関係を是認しうる高度の蓋然性を証明すること」である（最判昭50・10・24民集29巻9号1417頁）と判示している。

　この蓋然性説によれば，原告（患者）側は因果関係の蓋然性を立証すれば足り，被告（医療者）側がこれに対する反証をあげない限り，因果関係の存在が認められることになる。

2　疫学的因果関係

　疫学的因果関係とは，統計学的手法により解明された結果を資料にして認定される因果関係である。例えば，いわゆる「水虫レントゲン事件」では，水虫の治療のために照射したレントゲンにより皮膚がんにおかされたという訴えについて，放射線照射と皮膚がんの発生に関する医学統計から因果関係が認められている（最判昭44・2・6民集23巻2号195頁）。

3 「期待権」侵害論

　以上のように原告側による因果関係の立証責任を軽減したとしても，それでもなお医療者側の過失行為と結果との因果関係を認めることが困難な場合がある。例えば，末期がん等で患者の症状が致命的なまでに悪化しており，かりに医師に誤診等の過失がなかったとしても，すでに手遅れであったような場合である。このような場合，被害者の救済はいかにして図られるのであろうか。

　判例には，医療者が適切な医療行為を「期待」した患者の信頼を裏切った（期待権の侵害）として損害賠償を認めたものがある。

> 　「診療契約における債務不履行としての因果関係立証のレベルでの問題としては，ある不行為の一つ又は数個（本件では……被告の……過失）とある結果（本件ではH子の死亡）との因果関係を積極的に認定しえないとしても，ある不行為の一つ又は数個（本件では……過失）さえなければ，即ち十分な患者管理のもとに診察・診療行為さえなされていれば，ある結果（本件ではH子の死亡）も生じなかったかもしれないという蓋然性がある以上，十分な患者管理のもとに診察・診療をしてもらえるものと期待していた患者にとってみれば，その期待を裏切られたことにより予期せぬ結果が生じたのではないかという精神的打撃を受けることも必定というべく，右にいう患者の期待（これを期待権といってもよい。）は，診療契約において正当に保護されるべき法的権利というも過言ではない」（福岡地判昭52・3・29判時867号90頁）。

　この期待権侵害論は，因果関係の立証ができなかった場合にも，なお医療者側の損害賠償責任を肯定するための方策であるが，ただし，こうした考え方には消極的な判決もみられる（東京高判昭52・3・28判タ355号308頁，東京地判昭56・10・27判時1046号70頁など）。

4 損害の範囲

1 通常生ずべき損害

　裁判では，被告（医療者側）の責任が認められると，次に損害に対する賠償額の算定がなされる。民法上，損害賠償の範囲は，行為者の過失により生じた損害のうち相当と認められるもの（相当因果関係のあるもの）に限られると一般に解されている（民法416条参照——これは，債務不履行についての規定であるが，不法行為の場合にもこの規定が類推適用される〔大判大15・5・22民集5巻386頁〕）。

民　法
> 416条◆1項：債務の不履行に対する損害賠償の請求は，これによって通常生ずべき損害の賠償をさせることをその目的とする。

2項：特別の事情によって生じた損害であっても，当事者がその事情を予見し，又は予見することができたときは，債権者は，その賠償を請求することができる。

　医療過誤訴訟でも賠償請求は，通常，伝統的な損害賠償請求方式により行なわれる。損害賠償請求が認められるのは，現実的損害のみである。現実的損害は，次のように分類される。

①財産的損害：財産に生じた損害	
積極的損害：被害者が現実に支出した費用やもの	消極的損害：将来得べかりし利益
(内容) ・治療関係費（医療費・薬代・入院費・治療器具費，交通費，食費，日用雑貨費等） ・付添費用（医師の指示により付添の必要のある場合，日常生活上の介護を要する場合） ・葬式費用（死亡時）	(内容) ・休業補償 ・逸失利益 　死亡時：「平均余命（厚生省による）」から生存可能な年数を推定し，その間の給料（昇給率を入れて）を算定し，そこから生活費など必要経費を控除した金額（ただし，これは一時に受領するため，その間の中間利息が差し引かれる） 　障害時：通常，「身体障害等級表」を参考に算定された金額
②非財産的損害：加害行為によって与えられた精神的苦痛という損害	
(内容) ・慰謝料（具体的な事情により妥当な額を算定）	

2　過失相殺

■　ケース・4-4

　4歳のHと3歳のS子兄妹は，Y病院の5階（19号室と23号室）に入院していた。S子はHの部屋に行き，その病室の窓側に置かれたHのベッドの上で遊んでいた。S子が見舞いに来た父の姿を見かけ窓に手をかけたところ，網戸がはずれS子は下の中庭に転落し死亡した。両親は，病院側がベッドの位置に配慮する義務を怠ったとして損害賠償を請求した。（盛岡地判昭47・2・10判時671号79頁）

　医療過誤では，損害の発生や拡大について，加害者のみならず被害者にも落ち度が認められることがある。そうした場合は，公平の見地から加害者の負担する賠償額の軽減が図られる。これが民法の定める**過失相殺**の制度である（民法418条，722条2項）。判例にも，患者が病状の悪化を医師に適宜報告しなかったこと，安静の指示に従わなかったこと，理由もなく入院するのを先延ばしにしたことなどから，患者側の過失割合を4割として過失相殺した事例がある（長野地裁松本支判昭47・4・3判時682号56頁）。

　ケース・4-4では，医師・看護師に過失があったとして病院側の使用者責任が認められた。前の

患者の治療の都合で移動したベッドを正規の位置に戻さずにおいたこと，病室に出入りする医師・看護師はベッドの位置に気をつけるべきであったことなど，患者に対する安全確保の責任上当然果たすべき注意義務に違反しているというのである。だが，付添人がベッドを窓につけたこと，ベッド上にいるＳ子に対する注意を怠ったことについては被害者側にも過失があるとして３割の過失相殺が認められている。

5 医事紛争の処理

　医療事故がもとで，民事責任の有無や損害賠償額をめぐって患者側と医療機関側との間に争いが生じたとき，どのような方法で解決したらよいのだろうか。

> ### コラム　医療事故・医療過誤・医事紛争
> 　医療事故とは，およそ医療行為を原因として患者の生命・身体に有害な結果が生じた場合の総称である。医療行為に過失があったかどうかを問わず，したがって医療機関に法的な責任が生じないケースも含まれる。この医療事故のうち，事故の原因として医療機関側に何らかの過失があるとみられる場合を医療過誤という。医事紛争は，こうした医療事故・医療過誤をめぐって生じるトラブルである。

①示　談

　争いの解決方法として，まず示談が考えられる。これは裁判所の手を借りずに当事者間で互いに話し合って解決する方法であり，その多くが裁判外の和解（民法695条）という性質をもつ。都道府県医師会に設置されている「医事紛争処理委員会」も，会員である医師個人から委任を受けて紛争処理にあたるが，そこでの解決も示談である。

　示談が成立すると，通常，当事者は示談書（和解契約書）を作成し，その書面に記載された内容に拘束される（民法696条）。後日，紛争が蒸し返されないためであるが，ただし，示談の際に予想できなかった事態がその後発生したような場合，その点についてまで示談の効力が及ぶことはない（最判昭43・3・15民集22巻3号587頁──交通事故の後遺症損害について）。

②調　停

　当事者間の話し合いを基本とするが，これに裁判所が関与するものとして，調停という制度がある。調停（民事調停）は簡易裁判所で行なわれる。裁判官のほかに2人の調停委員が加わって組織された調停委員会が仲立ちをして，当事者相互の譲り合いにより紛争の解決を図るのである（民事調停法1条）。

　調停の結果，当事者間に合意が得られると，その合意内容は調停調書に記載される。この調書は

判決と同じ効力をもち，相手方が記載された内容を履行しなければ強制執行をすることもできる。

③訴　訟

　調停が成立しなかった場合，紛争の解決は訴訟（民事訴訟）に委ねられることになる。調停が当事者間の合意を得る手続きであるのに対し，訴訟では裁判所によって強制的に紛争の解決が図られる。訴訟は訴えの提起に始まり，法廷での審理を経て，判決の言い渡し・確定によって終了する。

> **コラム　原告・被告，被告人**
>
> 　この訴えを提起した者が**原告**，その相手方が**被告**とされる。刑事裁判では罪を犯したとして起訴された者を「被告人」と呼ぶが，これは民事裁判にいう「被告」とは全く異なる。

　訴えの提起は，原告が訴状という書面を作成して，裁判所に提出することで行なわれる。訴状には，当事者の住所・氏名のほか，「訴訟で何を請求するのか」（請求の趣旨）・「なぜ請求するのか」（請求の原因）など原告の主張を記載する。

　法廷では両当事者の主張・立証について審理がなされる。この主張・立証を弁論といい，口頭で行なう建前となっている（口頭弁論）。

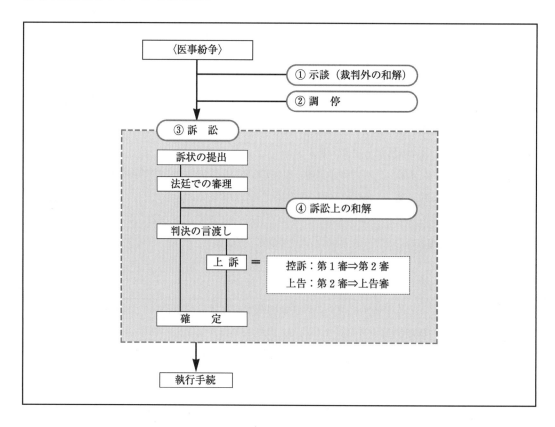

当事者双方の主張・立証が尽くされると口頭弁論は終結し，判決が言い渡される。判決に不服があれば**上訴**（控訴・上告）することができるが，その申し立ては判決正本を受け取ってから14日以内とされており（民事訴訟法285条，313条），これを過ぎると判決は**確定**する。判決が確定すると，その内容を変更することは許されず，また同じ内容の訴えを重ねて提起することもできない。確定した判決は当事者に対して強制力をもち，例えば金銭の支払いを命ずる判決の場合，相手方がこれに従わないときは強制執行の手続きをとることができる。

④訴訟上の和解

このように訴訟は，通常，判決が確定することで終了するが，判決をまたずに訴訟が終了することも少なくない。その一つとして**訴訟上の和解**という制度がある。これは①でみた裁判外の和解とは異なり，訴訟の途中に裁判所が仲介して行なわれるものである。多くの場合，裁判所の勧めにより和解手続きに入り，当事者相互の話し合いがもたれる。和解が成立して和解調書が作成されると，それは確定した判決と同じ効力をもつ（民事訴訟法267条）。

6 ADR と医療事故紛争

1 裁判外紛争処理

医療事故をめぐる紛争が増大する今日，医療者と患者・家族との間のトラブルを裁判によらないで処理する仕組みに関心が高まっている。一般に，この仕組みは**裁判外紛争処理**（ADR：Alternative Dispute Resolution）といわれ，裁判所の関与するもの（例：民事調停，家事調停）がある一方，行政機関の関与するもの（例：消費生活センター），民間団体の組織するもの（例：各種 PL〔製造物責任〕ADR，弁護士会の仲裁センター）など，設置主体も多様である。

2 ADR 法と裁判準拠型 ADR

このうち民間の ADR については，2007年 4 月より ADR 法（「裁判外紛争解決手続の利用の促進に関する法律」）が施行され，その利用の拡充・活性化が図られている。ADR の業務に対して法務大臣が認証を付与することで事業者の質を担保するとともに（同法 5 条），認証を受けた団体の行なう紛争解決については，それが不調に終わっても裁判への途が閉ざされないよう時効の中断を認めるなど（同法25条），制度の利便性を高める措置が講じられているのである。

ここにみられる ADR は，「法による紛争の解決のための手続」として定義されていること（同法 3 条 1 項），認証という仕組みを採用していること，認証の要件として「弁護士の助言」を得る体制

を求めていること（同法6条5号）などからすると，ミニ裁判的なものを志向しているように思われる（裁判準拠型ADR）。裁判は多大な時間やコストを要することから，手続きを簡略化することで広く紛争一般の効率的処理を図ろうというのである。

3　医療事故紛争と対話自律型ADR

　もっとも，こうした制度設計に対しては，とりわけ医療事故紛争の処理をめぐって批判も少なくない。医療事故が生じたとき，被害者である患者側が強く求めるのは，「真相の究明」・「医療者側の誠実な対応」・「事故の再発防止」などであるが，しかし，これらのニーズは必ずしも裁判や法的な解決によって満たされるわけではないからである（中村［2007］39）。

　そのため，裁判準拠型から一定の距離をおき，むしろ当事者のニーズに視点を据えたADRを追求する動きが強まっている（対話自律型ADR）。それは，中立的第三者が患者側と医療者側の対話・交渉の仲立ちを行ない，合意による解決を目指す方式であるが，あくまでも当事者の「自律的な問題克服能力，自己治癒能力を信頼し，回復を促していく」ことから「ケアの理念に基づくシステム」ともいわれている（和田・中西［2006］7-8, 25-26）。

　医療や福祉の現場もまた，ケアの世界にほかならない。そこでの紛争を処理するにあたって，裁判準拠型と対話自律型のいずれが効果的であろうか。その制度設計を個々の紛争の実態に即して解明していくことが今後の課題となろう。

【参考文献】
莇立明・中井美雄編『医療過誤法』（1994）青林書院。
石原寛編『医者と患者の法律相談』（1995）青林書院。
植木哲・斉藤ともよ・平井満・東幸生・平林勲『医療判例ガイド』（1996）有斐閣。
内田貴『民法Ⅱ──債権各論』（1997）東京大学出版会。
加藤一郎『不法行為（増補版）』（1974）有斐閣。
河上正二「診療契約と医療事故」磯村保・鎌田薫・河上正二・中舎寛樹『民法トライアル教室』（1999）有斐閣，352-373頁。
金川琢雄『現代医事法学〔改訂第2版〕』（1997）金原出版。
菅野耕毅『医療過誤責任の理論──医事法の研究Ⅰ』（1996）信山社。
菅野耕毅『看護事故判例の理論──医事法の研究Ⅳ』（1997）信山社。
倉田卓次監修『要件事実の証明責任──債権総論』（1986）西神田編集室。
澤井裕『事務管理・不当利得・不法行為（第3版）』（2001）有斐閣。
鈴木峰三郎『ナースのための「医療過誤」のはなし』（1987）医学書院。
高田利廣『看護業務における責任論』（1994）医学通信社。
高田利廣『事例別　医事法Q&A』（1995）日本医事出版社。
高田利廣『看護過誤判例集』（1996）日本看護協会出版会。
高田利廣『看護婦と医療行為　その法的解釈』（1997）日本看護協会出版会。

高田利廣・小海正勝『病院・医療の法律相談』（1985）ぎょうせい。

田中実・藤井輝久『医療の法律紛争』（1986）有斐閣。

中村芳彦「対話型医療事故紛争 ADR について」『法学セミナー』631号（2007）日本評論社，38-42頁。

根本久編『医療過誤訴訟法——裁判実務大系17』（1990）青林書院。

野田寛『医事法　中巻』（1994）青林書院。

唄孝一・宇都木伸・平林勝政編『医療過誤判例百選〔第二版〕』（1996）有斐閣。

和田仁孝・中西淑美『医療コンフリクト・マネジメント——メディエーションの理論と技法』（2006）シーニュ。

5章
看護師の過失

1 連絡ミス

この章では，看護師の民事上および刑事上の過失が問われた（看護業務上，問われうる）代表的な事例を取り上げる。

1 問題の所在

チーム医療では，各専門職者が相互に協力し協働で患者にあたるのであり，より良い医療を提供するためには，その患者の情報を共有し活用することが必要である。重要な情報を得た者は，それを適切な時に，適切な方法で，適切な者に，適切に連絡をしなければならない。また，患者が自分になされる医療に参加できるよう，患者との情報を共有できることも大切なことである（➡図5-1参照）。

ところが，医療の場では，各医療関係者が適切な連絡（指示・指導・報告など）をとらなかったことにより患者に損害を与えることがある。このような連絡ミスは，訴訟では，医療者側の過失と認められることがある（➡患者への説明については，第6章　看護と患者情報の取扱い）。

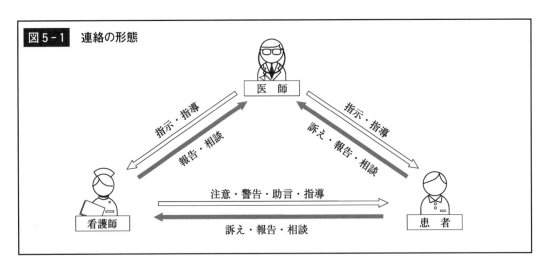

図5-1　連絡の形態

2 患者への指導

ケース・5-1

クッシング病と脳幹障害によりT病院に入院していたXは，遊戯療法として行なわれているボール遊びに参加していた。Xは，そこに参加している看護師Uとボールの取り合いになり，Uとともに転倒し

医師や看護師が患者への指導を怠ったために患者に重篤な障害を生じさせることがある。例えば，頭部外傷の場合，初診時には重篤な障害となる徴候がなく患者を帰宅させるとしても，もし特定の症状が生じればすぐに受診するよう警告しておくことが重要である。同じように患者に対する指導や注意・警告・指示等という連絡ミスによる事故は，診療の場面に限らず，「療養上の世話」においても起こりうる。

患者への連絡ミスにより予見しうる障害が患者に生じた場合，訴訟になることがある。

ケース・5-1の事件で，Xの担当医は治療の一環である運動について担当看護師に過激な運動をさせないよう指示していた。だが，裁判官は，担当医師が上機嫌で常になく張り切ってボール遊びをしているXに対し，運動を差し控えるよう看護師を通じてXに注意をしなかった点，患者とともに遊ぶ看護師に事故が発生しないよう注意をしなかった点に，担当医師としての注意義務を怠った過失があるとしたのである。

結論としては，Xが運動療法へ参加することは本人の自由意思であったこと，本件事故は通常ボール遊びに付随することが予測されるものであること，Xの受傷は重傷ではなかったことなどから，Xの請求は退けられたのである。なお，本件では，患者の運動に関し，看護師が注意を怠ったことについては，原告側の訴えがなく裁判では触れられていない。

看護師の業務を定めている保助看法では，保健師や助産師には保健指導を行なう義務が定められているが，看護師にはそのような規定はない（→第8章　看護師の法的位置づけ）。そのため，患者指導を怠ったことにより看護師に法的責任を追及できるとはいいがたい。しかし，この事件で発生した事故は，運動療法中であるとはいえ，患者の「療養上の世話」に関することである。看護師が患者の療養上の世話を徹底するには，看護師による患者指導は不可欠である（鹿内［1990］218）。もし看護師が患者Xは日常生活においても転倒により骨折する危険性があることを認識していたとすれば，医師の指示がなくても，Xに指導する義務は医師だけでなく看護師にもあったと考えられる。

保健師助産師看護師法

2条◆ この法律において「保健師」とは，厚生労働大臣の免許を受けて，保健師の名称を用いて，保健指導に従事することを業とする者をいう。

3条◆ この法律において「助産師」とは，厚生労働大臣の免許を受けて，助産又は妊婦，じょく婦若しくは新生児の保健指導を行うことを業とする女子をいう。

5条◆ この法律において「看護師」とは，厚生労働大臣の免許を受けて，傷病者若しくは

じょく婦に対する療養上の世話又は診療の補助を行うことを業とする者をいう。

3 医師への連絡

　腰椎麻酔により虫垂摘出術を受けたPは手術終了の10分後に病室に戻された。看護師UとSは付き添っている両親にひととおりの指示を与えて退室した。

　その後，Pは「鼻がつまって苦しい」と訴え，母親はそのことを再三S看護師に伝えたが，看護師Sからは大丈夫だと取りあってもらえなかった。ところが，Pはショック状態に陥っており，知らせを聴いたU看護師と医師が駆けつけたが，Pは間もなく死亡した。両親は，S看護師に過失があるとして（その病院の開設者である）医師に対し債務不履行による損害賠償を請求した。（東京地判昭53・10・27判タ378号145頁）

　観察の結果は，情報として伝えられないと意味がない。術後など，患者の状態が急変する危険性のある場合，その管理を行なう看護師には，観察能力だけでなく判断能力が求められる。「異常があると認めたとき」には，速やかに医師に連絡をとり指示を得なければならない。もちろんその間にも患者に対する適切な処置を行なわなければならない。

保健師助産師看護師法

　　37条◆1項：保健師，助産師，看護師又は准看護師は，主治の医師又は歯科医師の指示があった場合を除くほか，診療機械を使用し，医薬品を授与し，医薬品について指示をしその他医師又は歯科医師が行うのでなければ衛生上危害を生ずるおそれのある行為をしてはならない。ただし，臨時応急の手当をし，又は助産師がへその緒を切り，浣腸を施しその他助産師の業務に当然に付随する行為をする場合は，この限りでない。

　ケース・5-2の事件で，医師には，麻酔の副作用に対する対策について患者管理を十分尽くさなかったため，呼吸抑制の症状を初期の段階で把握し，それに対し適切な処置を講ずることができなかったという過失がある。また，S看護師には，術後管理について，患者側から呼吸抑制の症状をうかがわせる訴えがあったにもかかわらず，その意味するところについて慎重な配慮をすることなく，かつそれに対して適切な処置をとらなかったという過失があるとされた。本件判決は，両者の過失とPの死亡との因果関係を肯定し，債務不履行（不完全履行）に基づく損害賠償を認めたのである。

　このように本件では，S看護師に対し術後の経過観察についての過失が認定されている。たしかに，患者の状態を母親にまかせ一度も患者を観ようとしなかったS看護師には，責任があったといえよう。術後の管理として，患者の状態を観察し異常を早期に発見することは看護師にとって基本的なことである。また，術後，患者への適切な措置がとれるよう医師の指示が出される。看護師は

医師の術後指示を確実に行なうこと，そして指示に対しては，適宜**報告**をする義務がある。チーム医療では，**医師への連絡・報告**を，患者のどのような状態で，どの時期に行なうべきか，これらも看護判断として適切になされなければならないのである。

　さらに本件では，Ｓ看護師は，母親への対応についても問題がありそうである。医療過誤訴訟では，看護師らが何らかの行為をした（作為）ことにより生じた損害に対する責任追及はもちろんのこと，看護師が行なうべきことを行なわなかった（不作為）ことにより生じた損害に対しても責任を追及することができる。まさに，Ｐや母親に対するＳ看護師の責任は，不作為により重大な被害を生じさせたことによるものといえよう。

　看護師が，専門職者として，患者や患者の家族（本件では特に母親），看護師同士，看護師と医師，それぞれの関係において適切な連絡をとることは基本的なことである。それを怠ることは道義的にはもちろん，法的にも責任を追及されるであろう。

コラム　医師への連絡・報告

　一般的に，「報告」という言葉は，医師の指示に基づいて行なわれた医的行為の結果について知らせる場合に用いられる。医師の指示に対し看護師は報告義務があるとされるのである。その方法は口頭でも書面でもよいとされている。他方，「連絡」という言葉は，患者の急変時，異常が予測されるときに知らせる際に用いられる（石井［1992］15）。

　ところで，保助看法37条にいう「指示」は，①診療補助行為を行なうべきことを命ずる指示，②その診療補助行為を行なう過程における指揮監督としての指示とに分けられる。

　看護業務である「診療の補助」は，医師の指示に従ってなされなければ，保助看法37条違反になる。ただし，①の指示を受けて診療補助行為を開始したが，その過程で指揮監督としての指示が必要かどうか（すなわち，②の指示），実施している診療補助行為の性質により異なる。当該行為が，医師または歯科医師により行なわれるのでなければ衛生上危害を生ずるおそれのあるようなものであれば，指示を受けずに行なうことは保助看法37条違反となり，そういう危害を生ずるおそれのないものであれば，指示を受けなくとも同条違反とはならない（菅野［1997］51）。

　肺炎と気管支喘息が強く疑われて入院した2歳7か月男児が，種々の薬剤を投与されたが様態は改善せず，翌朝呼吸停止を来し死亡したことで，当該両親が，主治医に対しては不法行為に基づく損害賠償を，病院に対しては債務不履行に基づく損害賠償を請求した事件がある（富山地裁高岡支判平13・2・28判時1761号107頁）。

　本件事案は，死亡前日午前7時50分に救急車で搬送された患児の処置を行なっていた主治医が，午後4時30分頃，看護師より「喘鳴あり」という報告を受けていたにもかかわらず夜間担当医に経過と検査結果を伝えたのみで看護師らに対処や容態の報告を指示することもないまま午後5時に帰宅したことは，主治医と夜間担当医との間の意思疎通が欠けておりその結果救命措置の機会を逸した，と裁判所が認めたものである。裁判所は，主治医が『アレルギー疾患治療ガイドライン』に沿った一連の措置を行なっていたことは認めつつ，小児科の他の医師に比べて格段に患児の病態を

把握しており第一に責任を負うべき主治医は，夜間もみずから患者を観察するか，看護師に報告を指示するか，少なくとも夜間担当医との間で事前に綿密な打ち合わせを行ない治療に遺漏のないようにしておくべきであった，として損害賠償請求を認めるとした。

　本件事案は，医師間の連絡に関するものではあるが，当該医師が看護師に報告指示をしなかったことも問題としている点は，留意すべきものであろう。

②　注意義務の水準

　前章では，看護師の過失責任が問われた「褥瘡裁判」での看護師の実際の看護ケアについて注意義務の水準を検討した。ここでは，それ以外の注意義務についてみてみよう。

1　看護判断能力

ケース・5-3

　R県立R高校一年のKは，授業中突然気分不良を訴え，保健室に運ばれた。保健室では看護師の免許をもつ養護教諭Sは，Kの病状を一過性の暑気中りと判断し，Kの頭を冷やしながら様子を観察していた。その後Kが眠り特に異常も認められなかったので，Sは用務を果たすため保健室を離れた。約30分後Sが帰室したところ，Kの容態は急変しており，Sはすぐに他の職員や校医に連絡をしKの蘇生に努めた。だが，Kは死亡した。Kの両親はR県（代理監督者）に対し不法行為に基づく損害賠償（慰謝料）の支払いを求めて提訴した。

　裁判所は，養護教諭Sの看護判断には過失があるが，Kの死因とSの措置との間に相当因果関係を認めることはできないので，Kの両親の主張を認めることはできないとした。（徳島地判昭47・3・15判時679号63頁）

　医療過誤訴訟では，しばしば看護師の**看護判断**の過失の有無が争われることがある。だが，その多くは，医師による看護師への不適切な（不十分な）指示によるものとされ，看護師の判断の適否が直接に問われることはまれである。しかしながら，医療提供の場が医療機関だけでなく，地域や家庭にも拡大している現在，社会的にも看護師の高度な判断能力と適切な措置が求められている。そうであれば，今後は個人として看護師が看護判断の適否に対する責任を追及されることにもなるであろう。

　ケース・5-3の事件は，**養護教諭**の注意義務についてかなり厳しい過失の基準を示した判決として注目された事件である。だが，この事件で，養護教諭について裁判所が示した看護の判断能力は，看護師の看護判断能力にも適用されるものであると思われる。以下は，裁判所が養護教諭の過失ありとした判決部分である。

「Ｓは，Ｋが授業中，冷汗をかき，顔色を青くして，気分が悪いと訴えて，級友につれられながら保健室へ来た上，少量の嘔吐をしたのに対し，二，三の質問と体温，脈拍の測定をしただけで，それに特段の異常が認められなかったことに安心し，一過性の暑気当り，食当りのものもあるが，危険な恒久性のものもあることを職業上の知識として承知しながら，簡単に前者の場合と判断して全く怪しむことなく，ただ備付けベッドに寝かせて，頭をタオルで冷やす程度の措置にとどめ，安静にしておれば，やがて回復すると考えたことは，例え，当人がその後特段苦しみを訴えず，静かに寝入ったとしても，充分非難に値し，殊に，前記のような状態で入って来たＫを保健室に独り置いて外出し，目をはなし，少なくとも半時間も空室にしていたことは，養護教諭としては日頃の油断，軽率のそしりを免れないものである。（中略）およそ人の健康に携わる者は，漫然日常性の中に埋没して，おのれの義務を放てきすることは許されない。日々あらたな心構えを求めることはあながち無理とは考えられない。（中略）生徒の救急看護に当ることを職務とする養護教諭としては，（中略）〔このような場合は〕，やはり体温，脈拍の測定，簡単な問診はもとより，その後も細心の注意を払い急変に備え，少くとも半時間も病人の側を離れるようなことなく，必要とみれば，臨機の措置，すなわち医師への連絡，担任教師，家庭への連絡等をする心構えでおり，無事気分回復を見届けるのが当然である。もし，かかる義務もないと言うのであれば，保健室など無い方がましである。（中略）学校の養護教諭たる者は，その職務の特殊性の故，個々の生徒について，場合によっては，その保護者以上の予見能力をもってその病状推移について注意を払うべき義務が存すると解すべきである（注：傍点は筆者による）。
　以上の通りであるから，本件の場合，養護教諭ＳがＫの病状を漫然一過性の暑気当りと考え，場合によっては死に至る内因性症状であることもある点を知りながらこれに思いをいたさず，（但し，その判断までも求めるのは無理），半時間もその側を離れ，よってその病状急変にさいし，臨機の措置をとらなかった点は不法行為法上の過失と言わねばならない」。

ここで，裁判所が示した養護教諭の過失について，整理してみよう。

① 養護教諭Ｓの職務とは：養護教諭の注意義務
　　一般に養護教諭は学校に専属し，「児童生徒の養護をつかさどる」教育職員であり（学校教育法37条12項，70条１項），その職務内容のなかには一般的な生徒の保健管理のほか，「生徒の救急看護に従事する」ことも当然含まれると解されている。
② Ｓには予見義務があったか。
　　Ｋの症状は，一過性の暑気中（あた）り，食中りによるものもあるが，場合によっては死に至る内因性のものによることもあることは，養護教諭の職業上の知識として承知していなければならない。
③ Ｓには結果回避義務があったか。
　　生徒の救急看護にあたることを職務とする養護教諭としては：
　　体温，脈拍の測定，簡単な問診はもとより，その後も細心の注意を払い急変に備え，少なくとも半時間も病人の側を離れるようなことなく，必要とみれば，臨機の措置，すなわち医師への連絡，担任教師，家庭への連絡等をする心構えでおり，無事気分回復を見届けるのが当然である。

　すでに述べたように，患者やクライアントに異常が認められるときには，看護師は医師に連絡をとらなければならない。ここで，看護師の判断として異常を認めるということは，患者は息をしていない等といった誰がみても異常というレベルのものではなく，専門的知識に基づいた看護師の判断によって，医師に知らせる必要性を判断できるレベルのことをいう。このような判断能力は，一

般的に看護師が当然備えていなければならないとされている（石井［1992］135）。そうであれば，本件でKの症状から危険な状態を予見しえなかった，そしてその危険を回避しなかった養護教諭Sに過失が認められた点は妥当であったろう。

2　経　験

　前章でみたように，裁判所は，当該看護師が事件当時の看護水準に照らして注意義務を果たしていたかどうかにより過失の有無を判断する。また，判例上，大学病院や総合病院に勤務する医師は，開業医より高度な注意義務が求められる。

　このことからすると，ある専門性が認められている看護師（例えば，ある研修や講習を受けて一定領域において特定の資格が認められている場合など）は，通常の看護師より高度な注意義務が要求されることになるだろう。

　では，看護師が医療事故を起こした際，「私は免許を得たばかりです」，「それを行なうのは初めてだったので」ということは，被害者への抗弁となりうるだろうか。

■ ケース・5-4

　H医師は，患者Pを担当している新人の看護師Wに対し，Pに筋肉内注射をするよう指示した。看護師Wは注射に関しては見学のみで実際に行なったことはなかったが，そのことを誰にも言わなかった。彼女はできる限り自分で行なうべきだと決心しPに注射をした。だが，Pは，その注射後指が動かなくなったと言っている。

　2000（平成12）年に生じた看護過誤事件がある。これは，A看護師（看護師1年目）は，17歳の患児の装着している人工呼吸器の加温加湿器チェンバー内に滅菌精製水を補充する際に，誤って消毒用エタノールを持参・補充し，その後ケアにあたった他の看護師らも誤りに気づかず病室に置かれたエタノールを補充（注入）し続け，当該患児が病状の悪化と急性エタノール中毒により死亡した，というものである。A看護師は，運び込みと注入という二つの場面で看護師として最も基本的な注意義務を怠ったとして，業務上過失致死罪（禁錮10か月，執行猶予3年）にあたるとされた（京都地判平15・11・10判例集未登載）。死亡した患児の両親は，刑事事件だけでなく病院と各看護師と医師を相手に損害賠償請求訴訟を提起した。そこで，病院や看護師側は，事故当時の病棟は看護師の人員不足であり，経験の乏しい看護師が多く配置されていたと主張したが，裁判所は，それらにつき「そのような状況があるからといって，そこで勤務する看護師らに対する医薬品の確認をすべき注意義務が免れるものではない」として病院側の主張は認められないとした（京都地判平18・11・1判例集未登載）。看護師としての実務経験が豊かであるかそうでないかにより，認められる注意義務水準が異なることにはならない。患者には，一定の水準に達した看護を受ける権利があり，それに達していない看護により生じた損害についてはその責任を追及しうるのである。

ケース・5-4で，Pが看護師Wの不法行為責任（民法709条）を追及した場合，P（原告）は看護師Wの過失によりPの障害が生じたことを立証できれば病院側に責任ありとされるだろう。その際，彼女が経験のない処置を行なったことは彼女の看護師としての責任を軽減することにはならない。

　緊急の救命事項を除いて，看護師は，看護師としての能力と技量の範囲外である業務を単独で行なうべきではない。看護師Wは，彼女に指示した医師や同僚の看護師に対しそのような処置を初めて行なうことを言い損ねたことについては責任があるだろう。また，そのような処置を行なう能力があるかどうかは，自分自身で判断すると同時に，他の者の評価も受けることが必要である。看護師は常に，自分の能力に適した看護業務が安全に行なえるように努めなければならず，経験のない処置を行なう場合や判断の難しい状況に直面した場合には，適切な指導者（監督者）に相談し助言を求めることが重要である。

3 責任の所在

1 問題の所在

　看護師個人の不注意や不適切な手技による医療事故を未然に防ぐためには，医療チーム内での協力がなければならない。しかし，他の者の不注意が引き金となり，実際に患者のケアにあたっている看護師が患者に重大な被害を与える場合もある。

　先の急性エタノール中毒患児の看護過誤事件は，一人目の看護師が誤って病室内に持ち込んだエタノールを，他の3人の看護師もそれを使用したことにより引き起こされたものである。チーム医療においては，ある者の不注意が引き金となり，患者のケアにあたっている者がその他の者の不注意の結果として患者に重大な被害を与える場合がある。刑事事件では，事故にかかわった者は起訴されるであろうが，民事事件ではその性質上，本件事案のように，各看護師の不法行為責任だけでなく病院に対する債務不履行責任を問うことになろう。当該判決では，エタノールを誤注入した4名の看護師に対し損害賠償金の支払いを命じた。ちなみに，同時に訴えられていた当該病棟の看護師長と副師長は，各看護師が注意義務を履行する（ラベルの確認）と信頼することには合理性があったと認められている。

2 看護学生

■ **ケース・5-5**

　看護学生Kは，内科病棟で実習している際，気管カニューレの交換を見学した。その翌日，Kは指導

看護師から気管カニューレ交換を行なうよう指示された。Kは実施にあたって，必要物品の点検と注意事項について説明を受けた。しかし，Kが患者に実際に行なっているとき，指導看護師は他の患者の処置にあたっていた。Kは実施後，その指導看護師に点検してほしいと申し出た。忙しい彼女はあとでみるからと言った。Kは，咳込んでいる患者をみて不安になった。

このケースで，看護学生Kの責任を考えるにあたっては，以下の点を検討しなければならない。

①　気管カニューレの交換は，彼女の能力の範囲内のものであったのか。

②　彼女の技術の水準は，看護師が確認すべきようなものであったのか。

Kは学生であり無資格者である。しかし，各々の教育機関の臨地実習の取り組みのなかで，看護学生であっても看護チームの一員として積極的にケアに参加することがある。その場合であっても，患者への安全が損なわれることがあってはならない。そのためにも，看護学生による事故を防ぐための十分な指導体制がとられていなければならない。看護学生による事故については，その指導者（看護師や教員）が**指導監督義務違反**による責任を問われることになるだろう。

ケース・5-5の場合，Kはカニューレ交換の実施にあたり手順や注意事項についての知識は有していたが，そのことからただちに，彼女が確実にこれを実施できる能力があったとはいえない。また，無資格者である看護学生に，このような処置を行なわせることについては賛否両論あることだろう。本件で，看護学生Kにそのような処置を行なわせるとしたら，指導にあたる看護師は，Kがそれを適切に実施するよう指導監督する義務を負っていたといえよう。このような指導監督を怠った点について，この看護師は責任を追及されることになるだろう。

また，Kは実施後に確認を求めているが，そのことでKは免責されることになるのだろうか。この点については，実施にあたり看護師の指導のない状況で，また，緊急にその処置が必要ともいえない状況で，一人でこれを行なったKの行為は非難を受けることになるだろう。もしも，看護学生が患者へ重篤な被害を生じさせたならば，患者側はその学生を相手に訴訟を提起することもできる。もっとも実際は，賠償資力の乏しい学生に賠償請求をすることはなく，実習指導者の責任（民法709条）か，**実習受託病院**の責任（民法715条による使用者責任）が問われることになるだろう。さらに，看護学校には，在学契約関係から生ずる**教育指導義務**があり，学校側の責任も免れないといえよう（鹿内［1990］182）。

3　不服従

看護師の過失による医療事故を分析すると，①知識不足，②正確さを欠いた看護技術，③ケアレスミス（不注意），④看護の倫理上の問題，⑤看護管理上の問題，といった五つの要因があり，各要因が直接的な原因となる場合と，各要因が複合的に関連して事故が発生する場合とがあるといわれている（石井［1992］28-31）。ここで取り上げる「不服従」は，看護の倫理上の問題として④で指摘

されるものである。

　保助看法37条によれば，看護師が医療行為である診療の補助行為を行なうことができるのは，医師の指示があった場合と，緊急時の処置の場合である。
　しかし，ある状況では，医師または歯科医師の指示に率直に従うことができない場合もある。次の事例は，看護師がしばしば直面する状況を単純化したものである。

■ ケース・5-6

　看護師Mは医師より，ある薬を患者に投与するよう指示された。Mはその薬を初めて扱うので，同僚の看護師にその薬について尋ねたが，彼女はよくわからないと言う。そこで，Mはその薬を患者に与える前に，薬剤部に問い合わせようとした。しかし，そのことを知った医師は立腹した。Mはその医師に，薬を患者に与える前にはその薬について知っておく必要があると説明するが，医師は，Mに指示通りにせよと言う。

　この事例は，投薬に関する看護師の責任についてのものであるが，このような状況以外にも，医師の指示にすぐに従えないことがある（例えば，ある処置を行なう際，「このことを患者に伝えてはならない」といった指示を受けたときなど）。
　ケース・5-6では，看護師Mが問題となっている薬に関して，もっと情報を得ようとするのは与薬の6原則にかなうことである。看護師は，正しい目的（Right purpose）で，正しい薬（Right drug），正しい量（Right dose）を，正しい方法（Right route）により，正しい時間（Right time）に，正しい患者（Right patient）へ与えることが求められている。
　看護師Mは，その薬が患者にとって適切かどうかを確認することなく薬を投与すべきではない。看護師が薬を投与する際，薬の効果，副作用等の適切な観察を行ない，もし患者の状態に何らかの変化があれば，それに対応することも看護の業務だからである。裁判では，「私は指示に従って行なっただけだ」ということは，十分な抗弁とはならないだろう。
　彼女が単に医師の指示によるというだけで投与した結果，その患者に重篤な被害が生じた場合，彼女は看護師としての注意義務に反したということで，民事責任さらには刑事責任を追及されることもあるだろう。

　看護師が医師の指示に懸念が生じる状況とは，その指示に従うことが患者にとってよいことかどうか不安のあるときであろう。その場合には，指示した医師にこの不安を伝えるべきである。もし，その不安が無視されるならば，上司や他の医師の助言を求めることも必要だろう。その際，自分のとった行為の理由を詳細に記録しておくことは重要である。
　もちろん看護師が医師の指示に背く場合，患者の観点からやむを得ない理由がなければならない。万一，看護師の態度が合理的でなければ，あるいは，そのために患者に被害が及ぶことになれば，

その看護師は，そのことの責任を問われ，訴訟や懲戒処分にかけられることになるだろう（➡懲戒処分については，第7章　看護と労働法）。

4　緊急時

　緊急の場合には，通常の業務のような時間的余裕はない。そのため，通常の注意義務の水準が期待できず何らかの危険性を伴うことがある。しかし，そのような危険性は，その処置を行なわなかったために患者が死亡する危険性と比較衡量すると小さな危険性でなければならない。

> ### ■ ケース・5-7
>
> 　患者が多量の出血で ICU に運ばれてきた。その患者の血液型がO型とわかり，看護師Kはすぐに輸血の準備を行なうよう担当医より指示された。Kは，傍にいた同僚の看護師Gに輸血の準備を頼んだ。Gは急いでいたため，不注意にも他の患者のために取り寄せていたB型の血液を準備し，Kに渡した。Kはそれを確認せずに輸血を始めた。患者は容態が急変し亡くなってしまった。看護師GとKの責任はどうなるのか。

　このような場合，GとKの両者にそれぞれ個人的な過失責任があるとされるだろう。緊急の場合であっても，輸血の際，その患者の血液に関する情報と輸血パックのラベルを確認することは困難なことではない。また，それらを確認したことで患者の処置が遅れることにはならないし，むしろ，それらの確認を怠ることにより生じる危険性のほうが大きい。この場合，緊急時であったことは患者側への抗弁にはならない。

　また，看護師Kには，「看護師Gが私に誤った血液を渡したのだ」という抗弁は成り立ちそうもない。たとえ自分自身が準備を行なっていないとしても，患者に実際に輸血を行なう看護師は，安全に輸血がなされるよう確認を怠ってはならないからである。

　たとえ緊急時であっても，不明確な，あるいは納得のいかない指示がなされたならば，それを確認することが必要である。たしかに，緊急時には**救命処置**が求められ，指示を確認できない状況もある。訴訟では過失判断においてそのことが考慮される事情と認められることがあるかもしれない。しかし，そうであっても，看護師として単に「指示に従った」という抗弁が成り立つことはないだろう。

　現在，看護の独自性・主体性が求められている。そうであれば，個々の看護師が自分の責務を認識し，看護師としての判断で行なった看護については個人として責任を果たしていかなければならないのである。そのため，看護師個々人が，判例上示された看護水準を満たすことを当然とし，次の規定にみられるように，みずからにより高い基準を課し看護業務を遂行することが望まれているのである。

また，看護師は専門職者としての自己の研鑽に努めなければならないのである。

　毎年1000件程，医療事故を理由とする損害賠償請求訴訟が起こっている（参照　最高裁ホームページ各種委員会・医事関係訴訟委員会 http://www.courts.go.jp/saikosai/about/iinkai/izikankei/toukei_01.html）。医療を担う専門職者に対し，法は，危険防止のために経験上必要とされる最善の注意を尽くす義務を求めている（最判昭36・2・16民集15巻2号244頁）。医療事故は医療専門職者が守るべき生命・健康に重大な被害を与えることになることを思えば，当然のことであろう。医療事故の義務違反においては，医療技術上，確認ミスや説明および連絡不足等基本的な注意が足りなかったことから引き起こされていることが多い。個々の看護師が基本的な注意を徹底することはもちろんのことである。

　しかし，事故の遠因となる医療関係者の激務による過労状態への事故防止対策については，個々の看護師や病院側の対応だけでは限界があり，国として検討しなければならないことでもある（第5次医療法改正へ　➡第9章参照）。訴訟の増加やメディアの扇動による医療への理不尽な攻撃が医療を崩壊させるとする指摘もある（小松［2007］8）。国が掲げる「良質かつ適切な医療の提供」がなさ

れるために，万一看護師側に不注意があってもそのことにより事故につながらない対策を講ずることも健康権を保障する国の大切な義務であろう。

【参考文献】
莇立明・中井美雄編『医療過誤法』（1994）青林書院。
石井トク『医療事故　看護の法と倫理の視点から』（1992）医学書院。
植木哲・斉藤ともよ・平井満・東幸生・平林勲『医療判例ガイド』（1996）有斐閣。
菅野耕毅『看護事故判例の理論——医事法の研究』（1997）信山社。
小松秀樹『医療の限界』（2007）新潮社。
鹿内清三『訴訟事例に学ぶ　医療事故と責任』（1990）第一法規。
鈴木峰三郎『ナースのための「医療過誤」のはなし』（1987）医学書院。
B. ダイモンド（柳井圭子・岡本博志訳）『看護の法的側面（第 4 版）』（2006）ミネルヴァ書房。
高田利廣『看護業務における責任論』（1994）医学通信社。
高田利廣『事例別　医事法 Q&A』（1995）日本医事出版社。
高田利廣『看護過誤判例集』（1996）日本看護協会出版会。
高田利廣『看護婦と医療行為　その法的解釈』（1997）日本看護協会出版会。
唄孝一・宇都木伸・平林勝政編『医療過誤判例百選〔第二版〕』（1996）有斐閣。
日山恵美「エタノール誤注入と看護師の責任」『医事法判例百選』（2006）有斐閣，226-227頁。
R. M. ワクター／K. G. ショジャニア（福井次矢監訳）『新たな疫病「医療過誤」』（2007）朝日新聞社。

6章
看護と
患者情報の
取扱い

1 一般原則

1 患者情報取扱い過程

　大学歯学部の学生Xは HIV 感染症の診断を受け，同じ大学の医学部付属病院に受診していた。Xは，感染事実と学業継続意思を大学側に伝えた。大学はXの臨床実習参加の可否を含めた対応策を検討しており，同大学病院検査部長である教授に問い合わせ，Xの承諾を得ることなくカルテの記載に基づき病状の説明を受けた。Xは病院に対する不信，また大学を退学せざるを得なくなったという精神的損害を被ったとして診療契約上の守秘義務違反およびカルテ保管義務違反に基づく損害賠償請求を行なった。
（東京地判平11・2・17判時1697号73頁）

　患者の身近で生活を支える看護師は，患者の健康情報だけでなく家族背景，家族歴，また社会経済状況を含めた他人に知られたくない私的な情報（患者情報）を取り扱う。以下，その取扱い過程である（➡図6-1）。

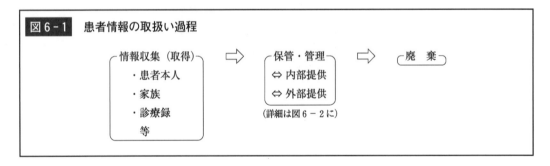

図6-1　患者情報の取扱い過程

情報収集（取得）　⇨　保管・管理　⇨　廃棄
・患者本人　　　　　⇔ 内部提供
・家族　　　　　　　⇔ 外部提供
・診療録
　　等　　　　　　（詳細は図6-2に）

　このように患者情報を取り扱う際に，基本となる義務が守秘義務（秘密保持）である。看護師も保助看法により患者情報の取扱いに関して守秘義務が定められている（保助看法42条の2　➡第8章　看護師の法的位置づけ）。適切な看護を行なうためには，患者個人の必要なかつ正確な情報を取得しなければならない。しかし，看護師が情報の保管管理をずさんにし，勝手に情報を書き換えたり第三者に提供するとしたら，患者は安心して情報を提供できない。ゆえに，適切な看護ができないことになるのである。守秘義務が課せられているから，患者は信頼して秘密を打ち明けるのである。守秘義務は，ナイチンゲール誓詞のなかでも示されているように（「取り扱える人々の私事のすべて，我が知り得たる一家の内事のすべて，我は人に漏らさざるべし」），伝統的な看護師の行為規範である。そして，この守秘義務は，看護師の倫理だけでなく，法的な義務でもあり，これに違反した者は，6か月以下の懲役または10万円以下の罰金に処せられる（同法44条の4）。

保健師助産師看護師法

42条の2◆ 保健師，看護師又は准看護師は，正当な理由がなく，その業務上知り得た人
の秘密を漏らしてはならない。保健師，看護師又は准看護師でなくなった後におい
ても，同様とする。

＊助産師は，刑法134条の規定により守秘義務が課せられている。

　また，資格法ではなく，状況や状態に対する秘密保持を定める法律もある。例えば，母体保護法
33条，精神保健及び精神障害者福祉に関する法律53条2項，感染症の予防及び感染症の患者に対す
る医療に関する法律74条1項等である。
　看護師はそのような秘密となる患者情報を知り，それを保管管理する上で，活用，適切な者へ情
報提供することによって，患者に適切な看護を提供することができる。そこで，患者情報の提供と
守秘との調整が問題となる。患者情報の利用提供は，守秘義務に反しないのか。また，**ケース・6-**
1のような場合，Xが臨床実習を行なうことによって実習対象となる患者の安全を考慮する必要が
あるとの大学側の反論をどのように考えるか。

2　守秘義務の例外

　保助看法42条の2によると，処罰の対象は，「正当な理由がなく」秘密を漏らした者である。す
なわち，「正当な理由」があれば，守秘義務違反には問われない。一般的には，本人の同意のある
場合，法令上届出義務がある場合（例えば，感染症の予防及び感染症の患者に対する医療に関する法律12条
の医師の届出），そして第三者に被害が及ぶ場合には，守秘義務が免除されると解されている。
　法解釈上，このような守秘義務免除を認められる場合があるが，守秘義務の正当化の範囲や対象
について明確な基準はなく，情報を取得した者が裁量により判断しなければならない。守秘義務は
患者との信頼の義務（confidentiality of duty）であり，患者との信頼確保に優る利益があるか，という
ことが正当化の判断の指標になろう。
　法文上，守秘義務を免除されている場合がある（高齢者虐待の防止，高齢者の養護者に対する支援等に
関する法律7条〔養護者による高齢者虐待に係る通報等〕）。

高齢者虐待の防止，高齢者の養護者に対する支援等に関する法律

7条◆1項：養護者による高齢者虐待を受けたと思われる高齢者を発見した者は，当該高
齢者の生命又は身体に重大な危険が生じている場合は，速やかに，これを市町村に
通報しなければならない。
2項：前項に定める場合のほか，養護者による高齢者虐待を受けたと思われる高齢者を
発見した者は，速やかに，これを市町村に通報するよう努めなければならない。
3項：刑法（明治40年法律第45号）の秘密漏示罪の規定その他の守秘義務に関する法律

　虐待防止に関しては，この他にも児童虐待防止法，障害者虐待防止法（→第10章　医療保障）も同様に守秘義務を免除しているので，虐待ではないかという疑いをもつ場合には，その疑いの根拠となる対象の状態を記録し，適切な対応を図りつつ法の定めのある適切な人や機関に速やかに通報しなければならない。

　ところで，守秘義務違反の秘密漏示罪は親告罪であり，被害者の告訴がなければ罪に問われることはない。だが，**ケース・6-1**のように，正当な理由がなく秘密を暴露した場合，診療契約上の債務不履行として民事上の損害賠償請求がなされることがある。

3　民事上の責任追及

　ケース・6-1において本件開示がなされた当時は，個人情報保護法制が整備されておらず，原告Xは，診療契約上の債務不履行責任を追及した。通説判例上，医療従事者は患者に対し「診療上知り得た患者の秘密を正当な理由なく第三者に漏らしてはならない」という診療契約上の付随義務があるとされている。本件事案の争点は，本件開示が正当な理由に基づくものか，またXの黙示的承諾があったといえるか等であった。大学側は，Xは感染事実を大学側に開示していたこと，臨床実習において，対象患者からのまた対象患者への感染を予防する必要性があったこと，患者や指導教官の理解を得られるかどうか，Xが精神的・体力的に臨床実習を履修することができるかどうかを判断するためXの病状を把握する必要性があったこと，さらに病院側が開示した大学側の教授は，Xの支援体制の中心人物であり，その情報が歯学部外に公表されることはないと信頼をした上での開示であり，プライヴァシー保護の観点から情報提供先は相当であったことを抗弁とした。裁判所は，諸般の事情を考慮し，本件開示は正当な理由があり，開示行為には違法性ないし過失はないと判示した。診療上の義務は，患者の診療上の利益に対するものであり，Xの健康に対する情報をXの利益があるように取り扱われなければならないとする大学側の主張が認められたのである。ただ本件事案は，情報提供先は内部である病院ではなく，外部である大学であり，個人情報保護法制が整備された今日，後述の自己情報コントロール権からすると，X本人の同意なく開示してはならなかったという批判がなされることになる（飯塚［2001］281以下）。

② 個人情報保護法

1 趣 旨

■ ケース・6-2

　病院は，近くで発生した交通事故による多くの負傷者のケアに追われていた。病院には家人の安否を気遣う電話がひっきりなしにかかっている。病院側は，電話による対応はできないとするが，電話では収容患者の存否だけでも応えてほしいと訴えられている。

　患者情報の秘密保持については，患者情報を保管管理する看護師ら医療従事者に守秘義務が課せられていることに加えて，**個人情報の保護に関する法律**（以下本文内は，個人情報保護法）によって医療施設もまた診療情報の適正な保管管理を行なわなければならない。

個人情報の保護に関する法律

　1条◆　この法律は，高度情報通信社会の進展に伴い個人情報の利用が著しく拡大していることに鑑み，個人情報の適正な取扱いに関し，基本理念及び政府による基本方針の作成その他の個人情報の保護に関する施策の基本となる事項を定め，国及び地方公共団体の責務等を明らかにするとともに，個人情報を取り扱う事業者の遵守すべき義務等を定めることにより，個人情報の適正かつ効果的な活用が新たな産業の創出並びに活力ある経済社会及び豊かな国民生活の実現に資するものであることその他の個人情報の有用性に配慮しつつ，個人の権利利益を保護することを目的とする。

　なお，個人情報保護法は，民間の医療機関に適用されるものであり，公立病院である場合，その自治体（県および指定都市）の個人情報保護条例が，また国立病院や独立行政機関である場合には，行政機関の保有する個人情報の保護に関する法律や独立行政法人等の保有する個人情報の保護に関する法律が適用されることになる。以下，本文では総称して，「個人情報保護法」という。

　個人を特定する個人情報はそれを保管管理（保有）する事業者等にとって多様な利用価値がある。だがそれは，情報の主体である個人に多大な損害を与えることがある。そこで個人情報保護法は，個人情報の有用性を認めつつ保有する事業者等に一定の義務を課している。とりわけ患者の診療情報は，健康・医療情報という秘匿性の高い情報であると同時に，有用性の高い情報でもある。例として，国民の健康管理，医学研究，医学教育，また雇用や保険加入の際の資料等である。そこで，患者の診療情報を保有する医師をはじめとする医療従事者は，個人情報保護法が保護する患者の情報の権利利益を守り，情報の守秘と適正かつ適切に提供利用することとの調整を行なわなければならない。

2　情報主体者の権利利益

　一般的には，個人情報保護法が保護する情報主体者の権利利益は，自己情報コントロール権（現代的プライヴァシー権）であるとされる。情報を取得しそれを保管管理するものに対し，自身の同意なく開示提供しないこと，取得した際の目的以外に利用提供させないこと，情報の誤りを正すよう求めることができること等，情報のコントロール権は本人自身にあることが保障される。個人情報をデータにしファイルに保存するものは個人情報保護法が適用され，個人の情報に対する権利を侵害した場合，処罰される。患者情報を保有する医療機関は，個人情報保護法に則った情報の取扱いを行なわなければならない。一般的には，情報の利用提供先を内部と外部に分けて考えられている（➡図 6 - 2 ）。

図 6 - 2

　　内部提供・利用―当該個人の同意を得る必要はないが，利用提供については通知公表する必要あり。
　　外部提供・利用―あらかじめ当該個人の同意を得ない限り情報の提供利用はできないが，同意を得なくとも第三者提供の許される例外的場合を明記すること。

　また個人情報保護法上，本人の同意が不要となる例外が定められている。

▎個人情報の保護に関する法律

　　23条◆ 1 項：個人情報取扱事業者は，次に掲げる場合を除くほか，あらかじめ本人の同意を得ないで，個人データを第三者に提供してはならない。
　　一　法令に基づく場合
　　二　人の生命，身体又は財産の保護のために必要がある場合であって，本人の同意を得ることが困難であるとき。
　　三　公衆衛生の向上又は児童の健全な育成の推進のために特に必要がある場合であって，本人の同意を得ることが困難であるとき。
　　四　国の機関若しくは地方公共団体又はその委託を受けた者が法令の定める事務を遂行することに対して協力する必要がある場合であって，本人の同意を得ることにより当該事務の遂行に支障を及ぼすおそれがあるとき。

　ケース・6 - 2 の問題は，病院は患者本人の同意なく特定の人の安否情報を提供してよいか，ということである。しかし，実際の事例に遭遇すると，このような原則論で簡単に情報提供の是非を判断できるわけではない（樋口 [2007] 113以下）。厚生労働省は，判断の指標として，事例集付医療・介護関係事業者へのガイドラインを公表しており，病院側はこれを基に提供の是非を判断することになる（「医療・介護関係事業者における個人情報の適切な取扱いのためのガイドライン」平成29年 4 月14日通知，同年 5 月30日適用）。それによると，診療記録か介護関係記録に記載された病歴や診療の過程で知りえた患者の身体状況，病状，治療等診療情報，健康診断の結果や保健指導内容，障害の事実等は

「要配慮個人情報」（個人情報保護法2条3項）にあたり，取得や第三者提供には，原則として本人同意が必要である（前述ガイドライン「第三者提供の例外」を参照，厚生労働省HP）。

コラム　要配慮個人情報

　2015年，改正個人情報保護法が施行され，患者情報の取扱いが厳格化されることとなった。改正法により個人情報のなかでも人種，信条，社会的身分，病歴，犯罪歴，犯罪による被害事実等，本人に対し不当な差別，偏見その他不利益が生じうる情報に対しこれを「要配慮個人情報」として，特に配慮した取扱いを行なわなければならないとされた。その要点は，同意なく要配慮個人情報を収集しないこと，利用目的を変更しないこと，オプトアウトの禁止である。オプトアウトとは本人の同意なく情報を第三者に提供し，本人の求めがあれば第三者への提供を停止することであり，ただし，学術研究に利用する場合は適用除外とされている。

　一方で，医療分野の IT 化促進の必要性や，新たな研究開発力の強化が求められている。そこで，2017（平成29）年，要配慮個人情報に該当する医療情報を匿名加工情報（ビッグデータ）として，医学研究や新薬開発等に活用できるよう医療分野の研究開発に資するための**匿名加工医療情報に関する法律**（次世代医療基盤法，また医療ビッグデータ法ともいう）が成立した。本法により，高い情報セキュリティを確保する等，一定の基準を満たし，十分な匿名加工技術を有すると国が認定した認定匿名加工医療情報作成事業者にオプトアウトによる要配慮個人情報の提供が可能となった。医療機関が情報を認定匿名加工医療情報作成事業者に提供したときは，提供した年月日，当該事業者の名称および住所その他必要事項に関する記録を作成保存しなければならない（個人情報保護法25条，次世代医療基盤法32条）。大量の医療情報を活用することで，AI（人工知能）を活用した診断支援システムの構築，革新的な疫学的研究などにも活用されることが期待されている。包括医療が推進されており，さらに医療・介護分野の情報通信技術が活用されることになるであろう。

3　本人開示請求権（記録の開示）

　診療情報を含む患者情報は，記録され保管管理されている（➡第9章　医療の提供）。個人情報保護法によって認められた情報主体である本人は，その情報に対する自己情報コントロール権を有するものと解されるため，これを根拠に記録開示を求めることができる（個人情報保護法28条1項）。

個人情報の保護に関する法律

　　28条◆1項：本人は，個人情報取扱事業者に対し，当該本人が識別される保有個人データの開示を請求することができる。
　　　2項：個人情報取扱事業者は，前項の規定による請求を受けたときは，本人に対し，政令で定める方法により，遅滞なく，当該保有個人データを開示しなければならない。ただし，開示することにより次の各号のいずれかに該当する場合は，その全部又は一部を開示しないことができる。
　　一　本人又は第三者の生命，身体，財産その他の権利利益を害するおそれがある場合
　　二　当該個人情報取扱事業者の業務の適正な実施に著しい支障を及ぼすおそれがある場合

　従来，患者は診療情報が記載された記録類を見ることは認められていなかった。健康上の情報を秘密にしてきた伝統的な医療倫理の考え方においては，医療人でない患者自身もまた秘密にすべき対象であった。しかし近時，患者の権利意識の向上，インフォームド・コンセントの普及，医療の場の情報公開の求め等により患者本人も自身の医療に参加すべき者であり，秘密にする理由はない。国はカルテ開示を認める法策定を検討していたが，それは実現せず，個人情報保護法を適用することによって患者本人の開示請求権を認めるとしたのである。これを受け，多くの医療機関が本人開示請求に応えるべく本人死亡時の遺族からの開示請求の対応も含め，開示手続きを整備している。個人情報保護法には不開示とされる例外事項が定められているが，法の趣旨は原則開示であり，不開示の決定は慎重に行なわなければならない。福祉サービス申請者が要介護者の生活指導記録表の開示を求めた事案で，裁判所は担当ワーカーの主観的判断の含まれる所見部分も開示することが原則であるとしている（東京高判平14・9・26判時1809号12頁）。

　診療情報の開示にあたって記録を作成保存している医療従事者は，その記録に関する質問に真摯に対応することも重要である。患者側と医療者側の対立がある場合，患者だけでなく患者の家族や患者の代理人が診療情報の開示を求めることがある。訴訟になれば，患者側は**文書提出命令**の手続き（民訴法223条）をとることにより，問題の医療情報を法廷に持ち出させることができる。また，裁判を起こす前であっても，**証拠保全**の手続き（民訴法234条-242条）をとることにより検証することができる。

3 インフォームド・コンセント

ケース・6-3

　肝臓がんで手術を受けたほうがよいと言われたHは，入院し手術を受けることに同意した。だが，彼女は，輸血に関しては，所属する宗教団体の教えに反するので受けたくないと言っている。彼女は，看護師たちにも輸血をするぐらいなら手術を断るつもりであり，輸血をしない病院側の責任を問わないという免責書にサイン（署名・捺印）をしたと言っている。（参考；民集54巻2号582頁）

1　患者の自己決定権

　人は自分の"体"をどうするかについて，みずからで判断し決定する権利（**自己決定権**）がある。この権利は，医療を受ける場合にも保障されなければならない。たとえ治療行為であっても，患者が同意をしていなければ，その治療行為は違法なものとされる。そのため，本人の同意のない**医的**

侵襲を行なった医師は，緊急時または，法律により強制的に入院治療が行なわれる伝染病といった特別な場合を除いて，法的責任を追及される。刑事上は，傷害罪（刑法204条），その結果，患者が死亡すれば傷害致死罪（刑法205条）の罪責を問われる。また，民事上は，損害賠償の責任（不法行為，債務不履行）が発生する。

コラム　自己決定権——法的根拠

　憲法13条は，国民の生命・自由・幸福追求権を保障している。この規定は，個人の人格を前提とし自己実現を確保しようとするものであり，基本的人格保障の総則的規定として，憲法14条以下の具体的な規定にない権利をカバーするものである。幸福追求（自己実現）にとって必須・具体性のあるもの（人格権，プライヴァシー権等）は，13条で保障されていると解される。

　自己決定権は，憲法上明示的には保障されていないが，幸福追求権を根拠に承認された権利として，自分の人格にかかわる事柄は他に干渉されずみずから決定・行動できる権利として，一応の保障がなされている。憲法13条の「公共の福祉に反しない限り」という内在的制約があり，自己決定権も「他に迷惑をかけない限り」という制約が付される。

憲　法

　13条◆ すべて国民は，個人として尊重される。生命，自由及び幸福追求に対する国民の権利については，公共の福祉に反しない限り，立法その他の国政の上で，最大の尊重を必要とする。

　患者の自己決定権を保障するためには，決定しうるだけの判断資料が必要となる。その一つが，上述の記録開示請求権の保障であるが，それ以前に医師によって，患者に現在の状態，適切な治療法とその危険性，代替的治療法について説明がなされなければならない。これを保障するものがインフォームド・コンセントである。医師は医療行為を行なう前に，患者の同意を得るための前提として，説明をしなければならない（最判昭56・6・19判時1011号54頁）。自己決定権に基づく患者の同意（承諾）は，医師から勧められる医療行為を受けるという意思表示である。医師が，患者の同意を得るため虚偽の説明をしたり，故意に情報を与えなかった場合，この医師には損害賠償責任が生ずる。

コラム　医的侵襲——その正当化根拠——専断的治療行為

　医師による手術など，治療行為として患者の身体を侵害する行為が医的侵襲である。その正当化根拠については争いがあり，治療行為の社会的相当性を強調する立場からすれば，患者の意思に基づかない「専断的治療行為」も，それが医学上適切なものである以上，許容されることになる。例えば，医師が胃潰瘍と偽って胃がん患者の胃を全部摘出したとしても，傷害罪その他の犯罪とはならない。これに対して，患者の自己決定権を重視する立場からすれば，その意思に反する専断的治療行為には犯罪性が認められよう。

2 同意について

1 同意能力

どのような方法であれ，それが患者の承諾の意思表示であれば，有効とされる（▶本章**4**）。

2 同意する

　手術や特殊な治療といった侵襲性の大きな医療処置に関しては，患者は書式による署名・捺印という明示的な同意が求められる。この同意書は，患者が同意したことを示す証拠として価値のあるものである。同意書をとる場合，当該医師は患者が何について同意を行なったかを，（手術・処置について，使用される麻酔および薬剤，その効果と副作用など）診療録等に明らかに示しておく必要がある。また患者とのトラブルを防ぐためには，同意書自体に医師の説明内容を記しておくとよい。

> **ケース・6-4**
>
> 看護師が血圧計をもってベッドサイドに立ったので，患者は何も言わす腕を出した。

　もっとも侵襲性・危険性の少ない通常の処置やケアに対しては，簡単な説明に患者は口頭で同意を示している。また，言葉による明確な同意はなくとも，**ケース・6-4**のように同意したと受け止められる態度を示す（黙示の同意）ことがある。ただ，看護師が行なおうとしているケアと患者の同意した内容との間にずれが生じることもないわけではない。**ケース・6-4**で，看護師は単に血圧計をもっていただけであり，実際は採血をしようとしていたとすると，腕を出されたことで採血への同意ありと勝手に思い込んでしまうことになる。そのためにも，看護師は自分の行なおうとしている処置またはケアについて説明をし，患者の意思を確認しなければならない。そして，可能な限り，患者から口頭による明確な同意を得ることが望ましい。

3 同意しない

> **ケース・6-5**
>
> Ｐは，血管系の疾患により左下肢を切断せざるを得ないと説明された。同時に，もしその手術を受けなければ，おそらく生命に危険が及ぶであろうと告げられた。2日後，Ｐは，足を失ってまで生きていたくないので手術は受けないと，担当医および受持看護師に言った。

　説明には，身体侵襲の違法性阻却事由のため同意の前提としてなされるだけでなく，自己決定権を尊重する同意の前提という側面があることは留意しておかなければならない。すなわち，自己決定権を尊重すると**ケース・6-3**のように，説明の結果，患者は同意をしないという決定を行なうことも認めなければならないからである。しかし，このことは，**ケース・6-3**のように医療者を困惑

させることがある。

　ケース・6-3は，がん患者が宗教的理由から輸血拒否の意思表示をしていたにもかかわらず，担当医師団が手術の際，この患者に輸血をしたという裁判を素材としたものである（最判平12・2・29民集54巻2号582頁）。

　患者側は，この担当医師団に対し，治療方針についての説明義務違反を理由として損害賠償を請求した。裁判所は，一審（東京地判平9・3・12判例未登載）では患者側の請求を認めなかったが，高裁（東京高判平10・2・9判時1629号34頁）では，医師の説明義務違反であるという患者側の主張を容れ，不法行為に基づく損害賠償責任を担当医師団に対し認めた。すなわち，救命のため輸血をするという説明に患者が納得せず，絶対に輸血をしない（絶対的無輸血）という考えをもっていることを医師が認識していた以上，医師は，輸血以外に救命手段がない事態になった場合には輸血をするという治療方針（相対的無輸血の治療方針）を説明し，入院治療を継続するかどうか，特に本件手術を受けるかどうかの選択の機会を患者に与えるべきであったが，これを怠った点で責任があるとしたのである。

　この高裁判決は，患者の同意を「各個人が有する自己の人生のあり方（ライフスタイル）は自らが決定することができるという自己決定権に由来するもの」として位置づけ，その同意を得るにあたって必要な情報は開示され説明されるべきであるとの前提に立つ。そして，担当医師団が治療方針について説明を怠ったことの違法性は明らかであり，患者は本件輸血によって医療における自己決定権および**信教の自由**（憲法20条）を侵害されたとして，この患者の被った精神的苦痛を慰謝するよう命じたのである。最高裁判所は，「患者の輸血拒否という明確な意思表示を有している場合，このような意思決定をする権利は，人格権の一内容として尊重されなければなら」ないとして，そのような固い意思を有している患者に対し医師が他の救命手段がない場合には輸血する方針をとっていることを説明しないで輸血をしたことについて医師の不法行為責任を認め，患者の被った精神的苦痛を慰謝するよう命じたのである。

　もっとも，患者が医師の勧める治療処置を拒否する場合，看護師は，次のことを確認する必要がある。

---

　①患者が疾患または手術をどのように認識しているのか。
　②患者は術後の生活にどのような不安や心配をいだいているのか。
　③患者の決定は，精神的な混乱なく冷静になされたものなのか。

　患者が医師の説明を誤って認識しているとすれば，医師は再度わかりやすく説明をしなければならない。その際，他の治療処置があれば，それらについても説明を行なうべきである。また，**ケース・6-5**においてPが手術を拒否する要因として下肢切断後の生活に対する不安があるのであれば，看護師は術後の経過，機能訓練，装具の使用に関する説明および日常生活上の指導を行なわなければならない。そして，可能な限り，医師と協働で患者を説得すべきである。

しかし，患者の決定が個人的な事情を含めて冷静に行なったものであれば，最終的には，患者の意思を尊重しなければならない。それが患者の自己決定権を保障するということである。ただしその際，説明の内容についてはもちろんのこと，この間の医療者側の対応および患者の反応についても，詳細に記録にとどめておくべきである。また，できる限り，患者が自分の意思により同意を拒否したということを書面に具体的に記してもらう必要がある（免責書）。

3　患者への説明

ケース・6-6

　舌がんの治療のため入院していたCは，医師から舌のできものをとるため手術を受けたほうがよいと説明された。Cはすぐに同意書に署名・捺印した。受持看護師であるKは，Cが手術後すぐに仕事に復帰するつもりでいることを知った。だが，Cの手術は，舌の一部を切除するため，術後に言語障害と嚥下障害が起こると予測されている。Kは，Cがそのようなことを知らずに手術に同意をしているのではないかと感じている。看護師Kは，法的にどのような立場にあるのであろうか。（参考；秋田地裁大曲支判昭48・3・27判時718号98頁）

　医療の場ではインフォームド・コンセントという理念が定着した背景に，裁判によって診療契約の付随義務（民法415条）として，また適切な医療を提供する医師の努力義務（医療法1条の4）として説明義務が存在することが明らかになったことにある。そこで，医師がどの程度説明を行なえば，説明義務を果たしたことになるのか。

　一般的に，医師の説明内容としては，患者の状態，予定された治療法・治療法の危険性・代替可能な治療手段・治療しない場合の予後等があげられており，義務違反の有無についての基準は，診療当時の医療水準によって判断される。ただ，近時，診療当時は未確立な療法であったが，患者本人がその療法を希望していた場合，当該療法の適応可能性があることやそれを実施していた医療機関の名称・所在を説明しなかったことにつき医師の責任を認めた事案がある（最判平13・11・27判時1769号56頁）。

　この事案のように，説明したとする医師と説明が足りないとする患者側との争いは後を絶たない。説明内容および程度の差は，医師にとっては，侵襲性の大きな処置や手術を行なう同意を得る前提として行なう説明であっても，それは患者にとっては，同意を行なうか否かという自己決定権を担保するための説明になるというギャップから生じる。無用な争いにならないよう診療にあたる医師は，当該患者が自己決定のために必要な情報として，どのような事柄に関心をもち，それらをどの程度わかりやすく提供する必要があるかということについて洞察することが求められている（加藤[2006] 114）。

　ケース・6-6では，看護師Kが法的責任を追及されることはないだろう。しかし，このケースに

限らず，看護師は，手術がどのようなもので，どのような経過をたどるか等，患者がよく理解していないまま同意書にサイン（署名・捺印）をしている場に遭遇することがある。インフォームド・コンセントを尊重する看護師は，法的責任がないからといって，そのような状況を見過ごすことはできない。このケースの場合，看護師Kは，患者Cが手術について，また手術後の経過について誤って理解していることに気づいたならば，Cに適切な説明を与えるよう担当医師に相談しなければならない。知った上で同意を行なうということが患者の権利として認められているのであり，看護者は，可能な限りその権利が守られるように配慮すべきなのである。

4 病名の告知

■ ケース・6-7

　36歳の男性Gは，胃にポリープができたとして切除手術を受けた。しかし，Gは，胃がんであり手術によっても腫瘍を完全に取り除くことができなかった。手術前，担当医はGの妻にGの病状を説明した。その際，妻は担当医に，Gにはこのことを告げないでほしいとお願いした。担当医は，Gに手術は成功したと伝えた。そして，その担当医は，看護師たちにG本人には病状を明かさないよう指示した。しかし，Gの担当看護師Dは，Gがケアの際に「自分はがんだろう，そうであればはっきり知らせてほしい。」という場に遭遇している。

　インフォームド・コンセントとして，患者は説明を受ける権利が認められているとしても，これは絶対的な権利というわけではない。患者に同意能力が欠如している，緊急事態である場合には，本人以外の者に，あるいは事後に説明されることもある。また個人情報保護法の例外事由と同様，本人または第三者に危害を及ぼしうる場合には，医師の裁量によりすべてをありのままに説明する必要はなかったとされることがある（最判平7・4・25民集49巻4号1163頁。ただし，この事案は，がんの確定診断のための入院検査を勧めるための告知である）。

　従来の医療慣行では，予後の良くない病気に罹患している場合，患者の健康や合理的判断を損なう可能性が大きいとのことで，告知を避けることが一般的であり，裁判においてもそれを支持する判決が出されていた。しかし今日，告知問題は，告知をするか否かということではなく，告知の時期や方法・内容等，他の誰にどのように行なうか等に移りつつある。

　ケース・6-7のように，告知の精神的・身体的影響の程度，また告知後，家族のサポートの必要性等から，本人への告知前に，家族に対し病状説明を行なうことが少なくない。裁判実務上，どのように説明するかは医師の裁量であり，医師が家族のみに説明したことに対し患者が当該医師の責任を問う事案も今のところない。

　もっとも患者本人にがん告知すべきでないと判断した医師が，患者は病弱な妻に知らせることに消極的であったことから説明（家族への連絡を含め）を怠ったことに対し，遺族（患者の子どもたち）

が医師の責任を追及した事案では，裁判所は一定の限定の下で，この訴えを認めるとした（最判平14・9・24判時1803号28頁）。以下，最高裁が示す医師の説明義務についてである（なお，反対意見もあり）。

> 「患者が末期的疾患にり患し余命が限られている旨の診断をした<u>医師が患者本人にはその旨を告知すべきではないと判断した場合には</u>，患者本人やその家族にとってのその診断結果の重大性に照らすと，当該医師は，診療契約に付随する義務として，<u>少なくとも，患者の家族等のうち連絡が容易な者に対しては接触し，同人又は同人を介して更に接触できた家族等に対する告知の適否を検討し，告知が適当であると判断できたときには，その診断結果等を説明すべき義務</u>を負うものといわなければならない。なぜならば，このようにして告知を受けた家族等の側では，医師側の治療方針を理解した上で，物心両面において患者の治療を支え，また，患者の余命がより安らかで充実したものとなるように家族等としてのできる限りの手厚い配慮をすることができることにより，適時の告知によって行われるであろうこのような<u>家族等の協力と配慮は，患者本人にとって法的保護に値する利益</u>であるというべきであるからである」（下線は筆者による）。

　もっとも，個人情報保護法の施行により，健康情報という本人のプライヴァシーにかかわる情報を患者本人の同意なく家族に提供することの是非は常に問われることになろう。患者中心の医療を実施するために当該患者にあたる医療チームのスタッフには，患者情報の情報提供・利用（共有）が認められており，医療チームだけではできない家族サポートを担う者には，情報を共有すべきと判断した場合には，まずは本人を説得しなければならない。その場合，情報提供者（医師）は，患者のサポートになる家族は誰であるかを，患者と相談しなければならない。

　また，医師の告知方法や告知後の対応等に医師の配慮義務があると主張する者もある。家族は本人への告知に反対していたが，治療の必要性から本人への告知が必要とする医師は，告知の方法については家族を同席させてほしいという希望をいれ，家族同席の上で本人に告知を行なった。しかしその後，家族は心配した通り患者が自殺したとして当該医師を訴えた。裁判所は，当該医師らの告知方法は妥当であったとして，原告の訴えを退けている（埼玉地判平15・10・30判タ1185号252頁）。

　では，**ケース・6-7**のように告知しないとする家族と医療者側の判断が本人の思いと異なる場合はどうか。

　医師がG本人には病名告知を行なわないということであれば，患者Gにかかわる医療スタッフも，Gに対し言動を統一しなければならない。しかし，患者に接する機会の多い看護師は，患者から自分の本当の病名または状態について，直接的，あるいは間接的に尋ねられることがある。その場合，当該看護師はスタッフ間での取り決めに従ってGに接しているが，それがかえって患者の権利に反しているのではないか，と思い悩むことがある。

　通常，担当医が，真実を説明することは当該患者にとって望ましいことではないと判断すると，その患者のケアにあたる医療スタッフは，当該医師の指示に従って行動しなければならない。看護師の単独行動により，医療者に対する患者の信頼を損なうことになってはならないからである。また，医療チームの一員である看護師が勝手に行動すれば，職場の規律を破ったとして懲戒処分を受

けるかもしれない（➡第7章　看護と労働法）。患者には知る権利があるとしても，そのことにより看護師が医師または他の医療スタッフの見解を無視してよいというものではない。

　しかし，もし看護師が，患者Gは真実を知りたいと思っていると感じた（知った）ならば，その看護師は担当医にそのことを伝えGと話し合う機会をもつよう調整していく必要があろう。看護師が，患者の認識レベルや理解度，情報を得る必要性や情報への対処能力などについて，担当医と意見を異にする場合，あるいは，患者の変化に気づきその患者にはかえって真実を知らせるほうがよいと判断した場合，その担当医と話し合い，そこで患者に対する自分の考えを十分に伝え，医師とともに（場合によっては家族も含めて）説明内容を再検討することが大切である。ただし，担当医が結論を変えないという決定を下せば，看護師はそれに従わなければならない。

4　同意能力

　インフォームド・コンセントの原則は，患者に同意能力がある限り，医師は説明をした上で同意を得なければならない，というものである。そこで，以下の者に対して，**同意能力**をどのように判断すればよいのか，という問題がある。

1　意識不明の者

　交通事故で病院に運び込まれた意識不明の患者に対しては，同意を求める余地はない。このような場合，救命処置を優先するよう医師の判断で治療を決定実施することは，むしろ医師の義務から当然のこととされるであろう（**推定的承諾**あるいは**事務管理**〔民法697条〕）。

　本人が，疾病や精神的混乱などにより意思能力を欠いている場合には，後見人による同意を得なければならない。

2　未成年

　一般的に，未成年者（20歳未満。2022年より，18歳未満）の医療については，親または後見人（親権者）の承諾が必要となる。しかし，未成年者であっても，本人に治療行為を理解し判断する能力があれば，同意能力があるとみなされる。

　法律により，同意能力を年齢で区分している国もあるが（例えば，イギリスでは，18歳未満は未成年者であるが，16歳以上の者については医療に関する同意が成人と同様に取り扱われている），わが国ではそのような規定はない。

　現在のところ年齢の基準としては，15歳程度を同意能力ある者と考えられている。もちろん，年

齢だけで同意能力を決められるものではなく，本人に同意能力があると医師または親が判断すれば，同意を得る必要があるであろう。

3　精神障害者

　「精神保健及び精神障害者福祉に関する法律」（精神保健福祉法）には，インフォームド・コンセントに関する規定はおかれていない。しかし，本人に同意能力があれば，精神障害者であっても自己決定権は保障されるというのが原則であることはいうまでもない。患者本人の同意能力が十分でない場合には，精神保健指定医の診察の結果，医療および保護のため入院が必要であると判断される場合に限り，家族等の代諾あるいは強制的に入院となる形態が定められている（➡第10章 **3**-3）。爆発型・意志薄弱型精神病質および慢性アルコール中毒症であった患者に，本人の同意を得ないで"ロボトミー手術"を行なったことは違法であるとした判決がある（札幌地判昭53・9・29判時914号85頁）。同じく**ロボトミー事件**として，患者本人に拒否する態度がみられたにもかかわらず，父の同意書により手術を行なったことを違法としたものもある（名古屋地判昭56・3・6判時1013号81頁）。

【参考文献】
莇立明・中井美雄編『医療過誤法』（1994）青林書院。
飯塚和之「HIV 感染症に関する情報の開示と守秘義務違反」『年報医事法学16』（2001）日本評論社，281-285頁。
石原寛編『医者と患者の法律相談』（1995）青林書院。
医療記録の開示をすすめる医師の会編『医師のための医療情報開示入門』（1999）金原出版。
大谷實『精神保健福祉法講義』（1996）成文堂。
加藤良夫「頭蓋骨陥没骨折開頭手術と説明義務」『医事法判例百選』（2006）有斐閣，114-115頁。
患者の権利法をつくる会編『カルテ開示――自分の医療記録を見るために』（1997）明石書店。
佐久間修「医療情報と医師の秘密保持義務」『現代医療と医事法制』（1995）世界思想社。
田中実・藤井輝久『医療の法律紛争』（1986）有斐閣。
田村（柳井）圭子「看護婦の『患者情報』の取り扱いについて」『西南女学院大学紀要』（1997）Vol. 1，36-45頁。
日本医事法学会編『年報　医事法学14』（1999）日本評論社，16-116頁。
日本医事法学会編『年報　医事法学16』（2001）日本評論社，8-108頁。
樋口範雄『医療と法を考える』（2007）有斐閣，180-200頁。
樋口範雄「家族に対するがんの告知」『医事法判例百選』（2006）有斐閣，120-121頁。
丸山英二「本人に対するがんの告知」『医事法判例百選』（2006）有斐閣，122-123頁。
米丸恒治「歯学部学生の HIV 感染に関する情報の開示」『医事法判例百選』（2006）有斐閣，48-49頁。

7章
看護と労働法

1 労働者の保護

1 職場のルール

ケース・7-1

　J病院の外科病棟は，手術患者だけでなく緊急入院による患者も多く，看護師らが定刻に業務を終えることはまれである。看護師長Mは現状では事故が起きるかもしれないと病院長に対し警告し改善を求めた。だが，その後も病院側の対応はない。彼女は，再度，病院側に改善要求を提出した。
　ある日，Mは，病院側より解雇を言い渡された。

　働いていると，このようなケースに出会うこともある。看護師も賃金によって生活する**労働者**であることに変わりはない。医療現場で働く労働者として，労働法の基本的な知識が求められる。また，管理者となった場合，スタッフから助言を求められることもあろう。そのためにも，労働法の知識は不可欠である。

　労働法という名称の法律が「六法」に載っているわけではない。労働法は，労働者が働く際に適用されるルールの総称である。

　この職場のルール＝労働法の基本にある考え方は，労働者の保護である。資本主義社会では，本来，契約は当事者間の自由な意思によるものとされ（**契約自由の原則**），どのような形式・内容の契約を結ぶかは当事者の自由な判断に委ねられる。しかし，現実には，労働者と使用者との経済的な格差は明らかである。使用者に有利な契約（例えば，長時間労働・低賃金）が結ばれ，労働者は「人間らしい暮らし」を脅かされることにもなりかねない。労働者保護のためには，契約自由の原則を修正し，労働条件の基準を法律により規制することが必要となる（憲法27条2項）。

憲　法

　27条◆2項：賃金，就業時間，休息その他の勤労条件に関する基準は，法律でこれを定める。

2 労働基準法

　労働者保護のための基本となる法律は**労働基準法**（労基法）である。同法は，労働者が「人たるに値する生活」（労基法1条）を営むために必要な労働条件を定め，一人でも労働者を雇えば適用される。ただし，あらゆる企業に一律に適用されるものであるため，そこに示される基準は「最低のもの」（労基法1条）であることを免れがたい（なお最低賃金に関しては，**最低賃金法**が分離制定されている）。とはいえ，この基準に達しない労働条件を定めた労働契約は，その部分が無効とされ（**強行法規**──

労基法13条），さらに，同法違反については罰則も定められている（労基法117条以下）。

2 労働契約

1 意 義

ケース・7-2

H病院で7年間勤務している看護師Tは，雑誌に掲載されていたP病院の看護師募集をみて，早速履歴書を送った。面接後，P病院はすぐにTを採用したいといい，Tは2か月後から勤務することを承諾した。TはH病院に退職願を提出した際，彼女を主任看護師にする考えがあり，待遇面においても考慮するので辞めないでほしいといわれた。TはH病院に残ることを決心した。

このケースでTの法的立場を考えるにあたっては，TとP病院との間にすでに契約が成立しているかどうかを検討しなければならない。

看護師として勤務するにあたっては**労働契約**を結ばなければならないが，それは，通常，**雇用契約**という形態で行なわれる。雇用契約とは，当事者の一方（労働者）が，相手方（使用者）に対して労務に服することを約束し，相手方がそれに対して報酬を与えることを約束することにより成立する契約である（民法623条）。しかし，上述のように労働者保護の観点から，この民法上の雇用契約には一定の制約が課されているのである。

2 労働契約の成立

労働契約は，「労働者が使用者に使用されて労働し，使用者がこれに対して賃金を支払うことについて，労働者及び使用者が合意する」ことで成立する（労働契約法6条）。

労働契約の締結の際，使用者は，賃金・労働時間・その他の労働条件を明示しなければならない（労基法15条1項）。労働者を採用するに際して，労働条件を明示しなかった場合は，30万円以下の罰金に処せられることになる（労基法120条1号）。

この場合，必ずしも書面が必要とされるわけではない。契約方式は自由であり（契約自由の原則），口約束でも労働契約は有効に成立する。ただし，これには例外があり，賃金のほか就業場所・業務内容・労働時間・休日等，契約締結時に，使用者が労働者に対し**書面で明示**しなければならないものがある（労基法15条）。

ケース・7-2の場合，書面が取り交わされていないとはいえ，看護師TとP病院との間には口頭により契約が成立したとみることもできる。そうだとすると，P病院に就労しなかったTには債務

不履行責任が問われる可能性もある。ただし，実際上，Ｐ病院がＴを提訴するまでには至らないだろう。裁判はＰ病院にとってもリスクを負うものであり，また，Ｔに対しＰ病院で働くよう命ずるものでもないからである。だが，Ｐ病院がＴの採用にあたって何らかの準備をしていたり，費用を出していたとしたら，それについてＴに対し損害の補填を求めるかもしれない。

なお，採用にあたって奨学金などの貸付金が支払われていた場合，使用者がその費用の返還を請求することは当然のことである。しかし，一定期間の勤続という条件を満たさなかったことを理由に，費用の返還を請求できるというものではない。また，奨学金が賃金の一部とみなされる場合，労働者の返還義務は生じないとされている（横浜地裁川崎支判平4・7・31労判622号25頁[*]）。

> ＊この事件は，准看護師学校を卒業した看護師見習いが，勤務する病院を退職するにあたって，病院より支給されていた奨学金などを返還するよう求められたというものである。裁判所は，奨学金返還契約そのものは合法であるが，本件の場合，奨学手当は賃金であるとして，病院側の請求を棄却した。

3 労働契約の内容

■ ケース・7-3

看護師Ｙは，子供たちに手がかからなくなったので，近くの病院で外来のパートタイマーとして働こうと決めた。その病院は彼女の外来勤務の申し出を承諾した。1か月後，病院は，Ｙに当直をするよう命じた。彼女は，これは契約違反であると抗議した。彼女の抗議は受け入れられるだろうか。

▽

コラム　パートタイマー

パートタイマーは，一般労働者に比べて労働時間が短く，賃金等に関しても異なる処遇を受けることが多い。しかし，「職業の種類を問わず，事業又は事務所」に使用され賃金を得ている限り，「労働者」（労基法9条）であることに変わりはなく，労基法その他の労働保護法の適用を受ける。

使用者と労働者との間に，賃金・労働条件等に関し合意が得られると労働契約が成立する。契約が成立すると，当事者は契約条件に拘束されることになるが，時折，面接（面談）時に示された条件が，使用者により後日（特に就職後）変更されることがある。労働条件の提示は口頭で足りるものもあるが，後のトラブルを避けるためにも，契約は書面化しておくことが望ましいといえよう。

ケース・7-3では，看護師Ｙが契約締結時にどのような条件に同意をしたのかが問題となる。面接時，Ｙが当直をしないことを確認していれば，彼女はその約束を遵守するよう要求できるし，あるいは契約の解除を主張することもできる（労基法15条2項）。しかし，病院側の募集に際し，外来勤務には当直が含まれるということが示されていたならば，彼女の主張は受け入れられないことになろう。

《**労働条件に関する労基法上の規定**》

賃　金

：労働の対償として使用者が労働者に支払うもの（労基法11条）。賃金は，通貨で，直接労働者に，その全額を，毎月一回以上，一定の期日を定めて支払わなければならない（労基法24条1項，同条2項）。

労働時間

：労働者が労務を提供する時間。使用者は，休憩時間を除いて，1週40時間，1日8時間を超えて労働者に労働させてはならない（**法定労働時間**──労基法32条1項，同条2項）。

　　もっとも例外として，**変形労働時間制**（1か月単位：労基法32条の2，1年単位：同法32条の4，1週間単位：同法32条の5）や**フレックスタイム制**（同法32条の3），使用者と労働組合の代表者との協定（**三六協定**）がある場合（同法36条）など，この原則が変更されることも認められている。

◎**1か月単位の変形労働時間制**

…使用者は，最長1か月の対象期間を平均して1週の労働時間が40時間以内であれば，その対象期間中の特定された日や週に，法定労働時間を超えて労働者を労働させることができる。ただし，この制度を導入するにあたっては，就業規則（後述4参照）その他これに準ずるものに別途定めをおくことが必要である。

変形労働時間制　四週単位の例（1日8時間労働制・1時間休憩）

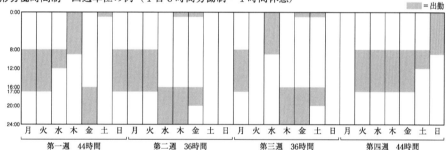

変形期間の法定労働時間の総数＝1週間の法定労働時間数× $\dfrac{\text{変形期間の日数}}{7}$

↓

週40時間（労基法32条）× $\dfrac{28日}{7}$ ＝160時間

4週間で160時間になるよう配分する。

●上のケースの場合

$$\frac{44時間＋36時間＋36時間＋44時間}{4}＝\frac{160時間}{4} \qquad 週40時間に対応$$

休憩時間

：使用者は，労働時間が6時間を超える場合は少なくとも45分，8時間を超える場合は少なくとも1時間の休憩時間を，労働時間の途中に与えなければならない（労基法34条1項）。

　　この休憩時間は，一斉に与えなければならない（労基法34条2項）とされているが，病院・保健衛生に関する事業（労基法別表第1の13号）は除外されている（労基法施行規則31条）。また，休憩時

間は自由に利用させなければならない（労基法34条3項）。

◎三交替制　一日8時間労働の場合（例）

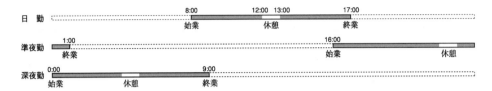

休　日
　：使用者は，労働者に対し毎週少なくとも1回または4週間を通じ4日以上の休日を与えなければならない（**法定休日**——労基法35条）。もっとも，36条の協定があれば休日に労働させることも認められているが，この場合には**割増賃金**の支払いが必要になる。
　　　なお，ここで休日というのは，「労働義務のない日」のことであり，必ずしも暦日とは一致しない。日曜日とは別の日を休日とすることも可能である。

有給休暇
　：6か月間継続勤務し，全労働日の8割以上出勤した労働者に対しては，10日以上有給休暇が与えられる（労基法39条1項）。その後は，勤続年数が増えるにつれて，1年につき1日ずつ，2年6か月以後は1年につき2日ずつ有給休暇が別表のように（➡表1）加算される。ただし，有給休暇の最高日数は20日である（労基法39条2項）。
　　　正社員に比べて労働日数の少ないパートタイマー・アルバイトについては勤務日数に応じた有給休暇が比例付与される（労基法39条3項　➡表2）。

表1　週所定労働時間が30時間以上，または，週所定労働日数が5日以上（週以外の期間によって所定労働日数が定められている場合には，1年間の所定日数が217日以上）の者

勤　続　期　間	6か月	1年6か月	2年6か月	3年6か月	4年6か月	5年6か月	6年6か月
年次有給休暇付与日数	10日	11日	12日	14日	16日	18日	20日

表2　週所定労働時間が30時間未満の者

週所定労働日数	1年間の所定労働日数	雇入れ日からの継続勤務期間						
		6か月	1年6か月	2年6か月	3年6か月	4年6か月	5年6か月	6年6か月以上
4日	169〜216日	7日	8日	9日	10日	12日	13日	15日
3日	121〜168日	5日	6日	6日	8日	9日	10日	11日
2日	73〜120日	3日	4日	4日	5日	6日	6日	7日
1日	48〜 72日	1日	2日	2日	2日	3日	3日	3日

割増賃金
　：時間外労働（法定労働時間8時間を超えた労働），休日労働，深夜業（午後10時から午前5時まで）に対しては，割増賃金を支払わなければならない。その額は，時間外労働・深夜業については通常の賃金の25％以上の割増（労基法37条1項，同条3項），休日労働については通常の賃金の35％以上の割増（労基法37条1項；割増賃金令）とされている。したがって，時間外で深夜業を行なった場合は50％以上の割増，休日に深夜業を行なった場合は60％以上の割増という計算になる。

4 労働者の義務

　労基法は，主に使用者に対して義務を課している。だが労働者の側も，労務の提供として，みずからの職務については，合理的な注意および技術を提供すること（労務提供義務），使用者の合理的な指示命令に従うこと（企業秩序を遵守する義務）という黙示的な義務を負担する。もしも労働者がこれらに反するような行為を行なえば，**就業規則**の定めるところにより**懲戒処分**を受けることになるだろう（最判昭54・10・30民集33巻6号647頁）。

> **コラム　就業規則**
>
> 　労基法は，常時10人以上の従業員を雇っている使用者に対して，就業規則を作成し，労働基準監督署に届出をする義務を課している（労基法89条1項）。この就業規則には，労働条件に関する事項，職場内での規律等が定められる。就業規則に規定された基準に達しない労働条件を定めた労働契約は，その部分について無効とされる（労基法93条）。

> **コラム　懲戒処分**
>
> 　懲戒とは，企業秩序の違反に対し，使用者によって課せられる一種の制裁罰である。懲戒には，戒告・謹慎，出勤停止，減給，昇給停止，格下げ（降格），解雇などがある。このような制裁については，その種類および程度に関する事項を就業規則で定めておかなければならない（労基法89条1項9号）。

5 労働契約の終了

　労働契約の終了事由には**退職**と**解雇**の2種類がある。労働契約を労働者側から解約する場合が退職であり，使用者側から解約する場合が解雇である。

1 退　職

　労働契約には，期間の定めがある場合とない場合とがある。いずれの場合も，退職につき使用者の合意があれば（**合意退職**）問題は少ないが，合意が得られないときは，民法の規定に従うことになる。

　期間の定め（3年以内——労基法14条）がある場合は，その期間の満了をもって退職となる（**自然退職**）。満了前に退職することは契約違反であり，使用者から債務不履行に基づく損害賠償請求がなされることもある。ただし，「やむを得ない事由」があれば，ただちに退職することができる（民法628条）。

　期間の定めのない労働契約については，労働者がいつでもこれを自由に解約し，退職することが

できる（自己退職）。ただし，一定の予告期間を経過しなければ解約の効果は生じない（予告解約——民法627条）。労働契約の突然の終了により使用者が不測の損失を被ることを防止するためである。いきなり退職した場合，損害賠償を請求されることもないわけではない（東京地判平成4・9・30〔労判616号10頁〕——入社後1週間で突然自己退職したため会社は取引先を失ったとして，損害賠償〔雇用契約上の債務不履行責任〕が認められた事例）。

> **コラム　予告解約**
>
> 　例えば「出来高払給」や「日給」の場合，労働者が解約の申し入れを行なってから2週間の経過により，労働契約は終了する（民法627条1項）。
> 　これに対して，例えば「月給」の場合は（かりに賃金締切期間が月の初日から末日とする），15日以前に解約の申し入れを行なわなければ労働契約が翌月終了することはない。6か月未満の期間をもって報酬が定められている場合，解約の申し入れは，その報酬期間の次の期間以降に対してのみ行なうことができ，また，申し入れは，その報酬期間の前半に行なわなければ次期の解約はできないとされるのである（民法627条2項）。したがって，上の例で16日以降に解約を申し入れた場合，労働契約の終了は翌月ではなく翌々月からということになる。

2　解　雇

　解雇には普通解雇のほかに，懲戒解雇（制裁としての解雇）・整理解雇（人員整理としての解雇）がある。

　合理的な理由のない解雇は権利濫用として無効となる（最判昭52・1・31労判268号17頁）。また，解雇する場合には，少なくとも30日前にその予告をするか，平均賃金の30日分以上の解雇予告手当を支払わなければならない（労基法20条1項本文）。ただし，短期の労働契約のため，解雇予告の規定が適用されない場合もある（労基法21条）。また，懲戒解雇にあたっては，労働基準監督署長による解雇予告除外認定を得れば，解雇予告をする必要はなく，即日解雇することができる（労基法20条1項ただし書，同条3項）。

　ここで，冒頭のケース・7-1について，検討してみよう。M師長は，解雇権の濫用として解雇の無効確認を求めて提訴することができる。通常，就業規則に懲戒解雇も含めて解雇事由が列挙されており，当該解雇事由が具体的にどの規定にあたるかが問題となる。使用者が解雇権を濫用した場合，解雇は無効とされる（労働契約法16条）。

　ただ，解雇権の濫用にあたるかどうかは，個々の事案を検討せざるを得ない。事務職への配転命令を拒否したことを理由に看護師を懲戒解雇とした病院側に対し，本人の同意なく看護業務以外への配置換えを行なったことは違法であるとして，解雇権の濫用を認めた事例がある（岡山地判昭43・3・27労民集19巻2号493頁）。

ケース・7-4

看護師Kは、R救命センターの看護師募集をみて申し込んだ。Kは、時折、一瞬意識消失する発作を起こすため薬物療法を受けていた。面接の際、健康状態のことについて尋ねられることがなかったので、Kはそのことについては何も語らなかった。しかし、ある日の勤務時、彼女はスタッフの前で発作を起こした。病院側はKを解雇するという。

このケースで、彼女の法的権利はどうなるのだろうか。労働契約にあたって、申込者の適否の判断は、当然、使用者側が行なうべきである。申込者がみずから不都合な点を示す義務はない。

しかし、労働関係は信頼を基盤とする継続的契約関係である。学歴・職歴などを偽り、あるいは犯罪歴を秘匿するなどすれば、使用者は労働力の評価を誤り、職務・職場の決定や賃金等の労働条件の決定などにも支障を来すことがある。また、こうした事態は労使間の信頼関係を損ない、ひいては企業秩序や企業経営を脅かすことにもなろう。そこで、労働力の評価を誤らせるような「重大な経歴の詐称」については、一般に懲戒処分の対象とされている。

もっとも、**ケース・7-4**の場合、Kに経歴詐称という懲戒事由があったとまではいいにくい。ただ、精神または身体の障害のため就業に支障があり回復の見込みがないとなれば、普通解雇の対象とはされよう。

3 女性の労働

1 雇用における男女の平等と母性の保護

1 労働と男女の平等

ケース・7-5

外科病棟で働く看護師Gは妊娠した。彼女は仕事を続けようと頑張っていたが、つわりがひどく勤務に支障を来していた。そのため、同僚からは評判がよくなく、また看護師長からは暗に自主退職を勧められることもあった。

しかし、その後は安定期に入り、通常の勤務を行なえるようになった。Gは出産予定日の6週間前から産休をとり、産後は育児休業することを病院側に申請していた。ところが、Gは死産した。

妊娠・出産は女性特有のものである。母性を担う女性には労働法上さまざまな保護規定が設けられているが、一方、女性だからといって職場で男性と差別されることがあってはならない。**ケース・7-5**を素材に、この点を具体的にみていこう。

まず、結婚・妊娠・出産を理由とする**退職強制**は禁じられている。**男女雇用機会均等法**（「雇用の

分野における男女の均等な機会及び待遇の確保等に関する法律」）は，この点を明記している。法文では「退職理由として予定する定め」とされているが，必ずしも労働契約・就業規則等に定めをおく場合に限らず，事実上退職を強いるような退職勧奨も，女性差別につながり許されないといえよう。Gは退職を勧められても，これに応じる必要はない。

　また，結婚・妊娠・出産または産前産後に休業したことを理由として**解雇**することも，男女雇用機会均等法により禁止されている（同法9条）。

男女雇用機会均等法

> 9条◆1項：事業主は，女性労働者が婚姻し，妊娠し，又は出産したことを退職理由として予定する定めをしてはならない。
> 2項：事業主は，女性労働者が婚姻したことを理由として，解雇してはならない。
> 3項：事業主は，その雇用する女性労働者が妊娠したこと，出産したこと，労働基準法（昭和22年法律第49号）第65条第1項の規定による休業を請求し，又は同項若しくは同条第2項の規定による休業をしたことその他の妊娠又は出産に関する事由であって厚生労働省令で定めるものを理由として，当該女性労働者に対して解雇その他不利益な取扱いをしてはならない。
> 4項：妊娠中の女性労働者及び出産後1年を経過しない女性労働者に対してなされた解雇は，無効とする。ただし，事業主が当該解雇が前項に規定する事由を理由とする解雇でないことを証明したときは，この限りでない。

2　女性の母性保護

　ところで，**ケース・7-5**で，Gは出産予定日の6週間前より産休をとっているが，これは労基法の保障するところである。使用者は，出産予定女性の請求があれば，出産予定日の6週間前（双子以上の妊娠の場合は14週間前）から，**産前休暇**を与えなければならない（労基法65条1項）。一方，産後については，産婦の請求がなくても，出産の翌日から8週間，**産後休暇**を与えなければならない（労基法65条2項）。

　＊なお，労基法上，産前・産後休暇に対して賃金の保障はされていない。もっとも，健康保険法によって，出産手当金として1日につき標準報酬日額の6割が支給される。その対象期間は，分娩の日以前42日（多胎妊婦の場合は98日），分娩の日後56日である（健康保険102条）。

　ただ，**ケース・7-5**でGは死産しているが，母性保護のためにGにも産前産後休暇が認められることはいうまでもない。労基法65条にいう「出産」には生産のみならず死産も含むと解されるのである。

　さらに**育児休業**であるが，生後1歳未満の子どもを育てている**男女**であれば，子どもの誕生から満1歳になるまでの間，育児休業をすることができる（「育児休業，介護休業等育児又は家族介護を行う

労働者の福祉に関する法律」〔育児・介護休業法〕2条，5条）。使用者は，労働者から育児休業の申し出があった場合，原則としてこれを拒むことができず（同法6条），また，これを理由として解雇することもできない[*]。もっとも，**ケース・7-5**の場合，Gは死産し，休業申し出に係る子どもを養育しないことになったのであるから，休業の申し出はなされなかったものとされる（同法8条）。

*なお，育児休業期間中の賃金について，育児・介護休業法には規定がない。それゆえ休業中の賃金は労使間の取り決めによることになるが，ただし，雇用保険法により少なくとも賃金の50％（育児休業給付金）は保障される。

《母性保護規定（例）》

労働時間（時間外・休日深夜労働）
　　　労基法は，母性機能や生理機能に配慮して，女性の時間外労働・休日労働を制限していた（労基法旧64条の2）。また，深夜業についても原則として禁止していた（労基法旧64条の3）。しかし，女性の職域の拡大を図り，男女の均等な取扱いを一層促進するために，平成11年度よりこうした規制は撤廃された。

生理休暇
　　　生理日の就業が著しく困難な女性に対しては，休暇が保障されている（労基法68条）。ただ，「就業が著しく困難」であるかどうかには個人差があり，その証明も難しいことから，原則として本人からの必要な日数の休暇請求があれば，これを認めなければならないとされている。
　　　なお，次にみる産前・産後の休暇と同様，労基法上，生理休暇に対して賃金の保障はされておらず，休暇中の賃金は労使間の取り決めによることになる。

妊娠・出産・育児
- **解雇禁止**　妊娠・出産，産前産後休暇を理由とする解雇の禁止（男女雇用機会均等法9条3項）。出産休業期間中とその後30日間の解雇の禁止（労基法19条1項）。
- **就業制限**　妊産婦を危険有害業務に就業させてはならない（労基法64条の3第1項）。
- **作業転換**　妊婦の請求があれば他の軽易な業務に転換させなければならない（労基法65条3項）。
- **産前休暇**　妊婦の請求により6週間（多胎妊娠の場合は14週間——労基法65条1項）。
- **産後休暇**　8週間（6週間は就業禁止。その後2週間は本人が請求し医師の承諾があれば就業可——労基法65条2項）。
- **時間外労働等の制限**　妊産婦が断っているにもかかわらず，時間外・休日・深夜労働をさせてはならない。また，変形労働時間制をとっている場合，法定労働時間（1日8時間，1週40時間——労基法32条）を超えて労働させてはならない（労基法66条）。
- **育児時間**　生後1年未満の子を育てる女子は，休憩時間のほかに一日2回それぞれ少なくとも30分の育児時間を請求することができ，使用者はこの時間にその女子を使用してはならない（労基法67条）。
- **育児休業**　生後1年未満の子を育てる男女は，その申し出により，子が満1歳になるまで育児休業をすることができる（育児・介護休業法2条，5条）。
- **健康管理**　事業主は，女性労働者が母子保健法に基づく保健指導または健康診査を受診するための通院時間を確保できるようにしなければならない（男女雇用機会均等法12条）。

2 配置転換

　手術室に勤務している看護師Sは，出産後，産後休暇に引き続き6か月間の育児休業を経て復職した。彼女は，以前のように手術室に勤務するものと思っていたが，歯科外来に配置転換された。彼女は，この配置転換が無効であると主張し提訴した。(東京地判昭54・4・24判時1039号133頁)

　すでにみたように，女性の妊娠や出産を理由とした解雇は禁止されている。また，育児・介護休業法により育児休業も保障されている。そのため，当然出産後復職することができる。しかし，労働者が休暇をとった同じ職場で勤務できることまでは保障されていない。

　ケース・7-6で，裁判所は，原告である看護師の請求を棄却した。すなわち，出産後の復職に関する勤務場所は総看護師長の権限により決定するという病院側の慣行は，客観的な合理性があるとしたのである。このような配置転換が，当該女子労働者のため仕事を軽減するためになされた場合，労働能率の低下を懸念してなされた場合は，業務上の必要性に基づく配置転換と認められることになる。

4 労働災害

　パートの看護師Yは，外来の検査室で採血を担当している。ある日，彼女は使用後の注射針を誤って自身の指に刺してしまった。しばらくして，Yは体の不調に気づき受診したところ，B型肝炎に感染しており，入院して治療を受けるよう指示された。

　働いていると事故にあったり病気になることもある（労働災害）。看護師であれば，このケースのような「針刺し事故」を経験しないとも限らない。そしてたまたま，その針が病気の感染源となることがある。

　労働者が業務上負傷・死亡しあるいは病気になった場合（業務災害），一定の災害補償を受けることができるが（労基法75条以下），今日この制度は，**労働者災害補償保険法**（労災保険法）によって一層の充実が図られている。また，労基法には通勤災害に関する規定はないが，労災保険法では通勤災害に対する給付も制度化されている。通勤途中の事故にも労災保険は適用されるのである。

　この労災保険は，労基法上の労働者であれば誰にでも適用される。常勤・臨時雇い・アルバイト・パートタイマーといった雇用形態には無関係である。**ケース・7-7**のYも，B型肝炎への感染が業務災害と認定されれば，労災保険の給付を受けることができる。

業務災害と認定されるためには，その負傷や病気が，①業務遂行中に発生したものであること（業務遂行性），②業務との間に相当因果関係があること（業務起因性）が必要である。この認定は労働基準監督署で行なわれるが，その認定を受けるためにも，Ｙは事故にあった際，速やかに上司に報告し，必要であればワクチンの接種を受け，その後の経過をチェックする（例えば血液検査）などの処置を講じておくことが望まれる。

業務災害と認定されると，例えば，次のような補償がなされる（労災保険法12条の８第１項参照）。

療養補償給付　治療費・入院費などが支給される（労災保険法13条）。
休業補償給付　休業の４日目から，休業１日につき平均賃金の60％が支給される（労災保険法14条）。さらに，平均賃金の20％の休業特別支給金も加算されるため（労働者災害補償保険特別支給金支給規則３条１項），合計80％の休業補償がなされる。ただし，１年６か月を経過すると，次にみる傷病補償年金に切りかえられる（労災保険法12条の８第３項，同法18条２項）。なお，休業３日目までは事業主が平均賃金の60％の休業補償を行なう（労基法76条）。
傷病補償年金　傷病にかかり，療養をはじめて１年６か月を経過しても治癒せず，傷病等級に該当する場合に，年金として支給される（労災保険法12条の８第３項）。
障害補償給付　後遺障害が残った場合，その程度に応じて，１級から７級までは障害補償年金，８級以下は障害補償一時金が支給される（労災保険法15条）。

また通勤災害の場合は，**療養給付**等がなされ（労災保険法21条以下），給付内容は業務災害の場合とほぼ同じである。ただし，療養給付を受ける労働者は一部負担金を徴収される（労災保険法31条２項）。休業３日目まで事業主が休業補償を行なう制度もない。

コラム　過労死

　2001（平成13）年，25歳の看護師が，勤務終了後の帰宅後，身体の異変に気づき救急車で搬送されたが，治療の甲斐なく，半月後に術後脳動脈瘤破裂に起因する，くも膜下出血により死亡した。彼女の両親は，公務災害を申請したが，国はこれを認めなかった。両親は，公務災害不認定取消訴訟を提起した。裁判所は，過労死か否かの判断は労働時間数のみでなく労働の内容が重要であり，交代制勤務の負荷を重視し「従事していた業務は，その質的な面から見て，慢性の疲労，その蓄積，過度のストレスの持続に連なる過重なものであった」として公務災害であると認めた（大阪高判平成20・10・30労働判例977号42頁）。過労死は看護師だけの問題ではない。2014（平成26）年，仕事と生活を調和させ，健康で充実して働き続けることのできる社会実現に向けて過労死等防止対策推進法が施行された。本法に基づき，政府は「過労死等の防止のための対策に関する大綱」（平成30年７月24日閣議決定）を定め，過労死等ゼロを実現するよう取り組むこととしている。さらに同年には，働き方改革を推進するための関係法律の整備に関する法律が成立し，長時間労働の是正のため，時間外労働の上限規制（月45時間，年360時間を原則）を導入するとともに，割増賃金の見直し，高度プロフェッショナル制度の創設，産業医・産業保健機能の強化等を行なうこととなった。
　参考文献：大橋將『看護法のすすめ』（2019）アスパラ，83-90頁。

【参考文献】

浅倉むつ子・今野久子『女性労働判例ガイド』(1997) 有斐閣。

下井隆史『労働法 (第4版)』(2009) 有斐閣。

菅野和夫『新・雇用社会の法〔補訂版〕』(2004) 有斐閣。

高田利廣『看護業務と法律——医療過誤・労働法の手引き』(1969) 医歯薬出版。

野﨑和義編著『人権論入門〔新訂改版〕』(2002) 日中出版。

野﨑和義・池田久世『アルバイト・トラブル』(1998) NC コミュニケーションズ。

保原喜志夫・山口浩一郎・西村健一郎編『労災保険・安全衛生のすべて』(1998) 有斐閣。

宮本光子『解決 パート・派遣トラブル』(1999) NC コミュニケーションズ。

労働総研労働時間問題研究部会編『変形労働 長時間 深夜労働——労働時間と「規制緩和」』(1998) 学習の
　　友社。

8章
看護師の
法的位置づけ

1 一般原則

ケース・8-1

　医師Fは，病院の院長であるとともに，みずからも医療業務に従事していた。ところが，当院は看護師の数が少なく，Fは処置や検査の介助に，看護助手として雇用していたAを付け，超音波検査や心電図検査の実施や，時に，縫合糸の結紮を行なわせたりしていた。このことにより，Aは，保助看法違反に問われ，有罪判決を受けた。（参考；東京高判平元・2・23判夕691号152頁）

1　法律による行政

　ケース・8-1では，Aは看護師の免許を有しておらず，その者が看護業務を行なったことに対して，法的責任を問われている。この章では，看護師が自身の法的位置づけを知り，かかる行政法上の責任についてみることとする。

　国家作用の一つである行政は，国家目的や公共の利益の増進を目的に，道路交通の取締り，租税の賦課徴収，道路や学校の設置・管理など多種多様の活動を行なっている。行政活動の一つである医療行政は，国民の生命・健康という高度な公益を守ることを目的とするところである。そのため，医療の提供者である看護師も，看護師個人として活動をする責任（民事・刑事）だけでなく，社会公共の利益のための活動をする責任（行政上の責任）を負うことになる（後述）。

　ところで，「行政法」とは何か。先の「労働法」と同様，「行政法」という名の法律はなく，**行政に関する法**（行政の組織や作用，手続き，救済などに関する）を総称して「行政法」と呼んでいる。行政に関する法規は，行政組織法，行政作用法，行政救済法に区分される。医療，教育，社会保障などの行政は，各個別法により行政活動が行なわれている（**法律による行政の原理**）。

　医療行政は国民の健康の保持増進をその任としている。そのため，医療に関する原則や医療の行なわれる施設について，各種の法的規制をしている。例えば，医療行為を行なえる者を一定の学識および技能を有する者に限定することや，医療が行なわれる施設および場所に関する要件を定めること等である。そして，これに違反する者，あるいは，反する行為は処罰や制裁の対象となる。**医療の担い手である看護師**（次章で取り上げる）についても，その資格や業務に関する法規制がなされている。その規定に反する者は，行政法上の責任（制裁・処罰）を問われることになる。

> **コラム　行政法の重要原理──法律による行政の原理（法治主義）**
>
> 　国民の生活に多様に影響している行政活動は，行政側の恣意や専断で行なわれてはならない。そのためにも，行政の活動（規制，給付，私経済など）は，議会が制定した法律に基づいてなされなければならない。このことは法治国家における行政の基本原理である。この原理は，次の三つの原則から成り

立っている。

1. 「法律の法規創造力」：法律は人の自由，財産に関する法規を定めうる。
2. 「法律の優位」：行政活動は法律に違反して行ない得ない。
3. 「法律の留保」：行政権が行使されるためには法律の根拠を必要とする。

国は，憲法25条（➡第1章　看護と法）が保障する国民の健康権を保障する行政活動を行なうが，その活動は，上記原則に則って行なわれる。活動を行なう行政機関は，中央では厚生労働省が，地方では都道府県および市町村が担当している。また，保健所，市町村保健センターなど，その第一線の機関として設置されている（厚生労働省設置法1条，17条）。

2 看護師の資格

ケース・8-2

Hは，3年間医院に看護助手として勤務している。そこでは，彼女も「看護師」という名札を付けており，患者からは「看護師さん」と呼ばれている。

1 資　格

1 「看護師」の名称

看護師でない者が診療の介助を行なうと看護業務に関する違反行為であるが，**ケース・8-1**は，「看護師」という名称に関する問題である。

法律上，「看護師」とは，「①厚生労働大臣の免許を受けて，傷病者若しくはじょく婦に対する②療養上の世話又は③診療の補助を行うことを④業とする者」（保助看法5条）をいう。したがって，看護師免許を取得することによって，「看護師」になれるのである。

> **コラム　業とする**
>
> どのようなかたちで看護（この場合，「療養上の世話」と「診療上の補助」）がなされることを「業」というのか。これには，そこに営利性のあること，その行為から何らかの生活資料を得ることができること，という説があったが，今日の判例法上は，看護を反復継続的に行なう意思をもって（たとえ現実的には1回限りであったとしても）看護業務を遂行することであるとされている（最判昭28・11・20刑集7巻11号2249頁）。

免許とは法令上の用語であり，行政法上は「許可」という**行政行為**にあたる。許可とは，公共の安全と秩序維持のために本来誰でも行なってよいことを法令により一般的に禁止しておき，特定の場合に行政庁が解除する行為である（営業許可，建築許可など）。許可を必要とする行為が許可なくなされた場合は，**強制執行や処罰の対象**となる。看護師に関しては，免許もなく看護師の業務を行な

う者は，2年以下の懲役もしくは50万円以下の罰金刑に処せられることになる（保助看法31条1項，32条，43条1項1号，**ケース・8-1**）。

コラム　行政行為

　行政の活動には，双方の合意を基本とする私法上の法律行為と異なり，公権力によって行政側が国民の権利義務を変動させたり，一方的に命令や確定，規律したりすることがある。このような行政行為は，実定法上は行政行為といわず，許可，認可，特許，禁止，決定などの文書で用いられ，これらを総括して行政処分（あるいは，処分）という。

　これら処分の効力を争うには，行政不服審査法による不服申し立てや，行政事件訴訟法による処分の取り消し，もしくは無効確認を求めるといった行政訴訟によらなければならない。

コラム　行政上の強制執行

　もし義務の不履行があったならば，個人が勝手に他人の財物を押さえることは許されない（自力執行の禁止）。しかし，法律上，裁判の確定判決等を経由し債務名義に基づいて，強制執行に権利を実現することができるとされている（民事執行法22条）。

　ところが，行政上の義務の不履行があった場合，行政庁は裁判によらず，みずからの力によって義務を履行させる，あるいは，履行があったのと同一の状態を実現することができる場合がある。これを行政上の強制執行という。

　例えば，違法建築物の取り壊しを命じたが自発的に壊さないので，行政機関が代わって強制的に取り壊す場合がそうである（代執行）。また，税金の滞納があり督促を行なったが支払われない場合，強制的に，財産の差し押さえ，財産の換価を行なうことができるといった場合もある（強制徴収）。ただし，この場合でも法律の根拠が必要である。

　看護師免許は，看護師の身分を公証するための公籍（看護師籍）に登録することによって行なわれる（保助看法12条3項）。免許を与えられた者には，免許証が交付される（同法12条5項）。

2　名称独占

　医療関係者のなかには，その名称が特別の意味をもつことがある。看護職のなかでは，保健師の場合がそうであった。ところが，平成19年4月1日より，看護師および助産師，そして准看護師も名称独占が認められることとなった。

保健師助産師看護師法

　42条の3◆1項：保健師でない者は，保健師又はこれに紛らわしい名称を使用してはならない。
　2項：助産師でない者は，助産師又はこれに紛らわしい名称を使用してはならない。
　3項：看護師でない者は，看護師又はこれに紛らわしい名称を使用してはならない。
　4項：准看護師でない者は，准看護師又はこれに紛らわしい名称を使用してはならない。

ケース・8-2では，看護師でないHは，この規定に違反しており，30万円以下の罰金に処せられることになる（同法45条の2）。

ある職者に名称独占を与えることには，その職者に誇りと責任を自覚させ資質向上を図ることと，無資格者がこれらの名称を用いることによって生ずる事故や犯罪などを防ぐという意図がある（野田［1984］107）。

医師，歯科医師，薬剤師，診療放射線技師・診療エックス線技師，臨床検査技師（臨床検査技師は衛生検査技師という名称も使用することができる）・衛生検査技師，理学療法士・作業療法士，視能訓練士，歯科衛生士といった職者に名称独占が設けられている。

保健師の免許をもたない看護師や助産師も保健指導を行なうことができる。だがその際，「保健師」または「これに類似する名称（例えば，保健指導師，公衆衛生保健師など）」を用いることはできない。

ケース・8-2でHは，経験を積むことによって看護師となれるわけではない。では，Hはどのようにすれば「看護師」の資格を取得することができるだろうか。この点を次に検討してみよう。

2　看護師免許の取得要件

保助看法によれば，看護師の資格を得るためには，必ず備えておかなければならない要件（積極的要件）と，備えていてはならない要件（消極的要件）とを充たさなければならない。

1　積極的要件

看護師の免許を取得するには，必ず**看護師国家試験**に合格しなければならない（保助看法7条3項）。また，保健師，助産師は，各々の国家試験に合格することが，資格取得の積極的要件である。もっとも，看護師の資格を得ず保健師，助産師の資格を有することで看護師の資格を有さなくても，看護業務に従事していたことがあり，業務上，また国民の安全保持という観点から制度の見直しが求められていた。そこで，平成19年4月より，保健師は保健師国家試験に，助産師は助産師国家試験に合格することとともに，看護師国家試験にも合格しなければならなくなったのである（同法7条1項・2項）。なお，**准看護師**は都道府県知事による免許を取得した者であり，都道府県知事が行なう准看護師試験に合格しなければならない（同法8条）。

> **コラム　准看護師**
>
> 准看護師とは，「都道府県知事の免許を受けて，医師，歯科医師又は看護師の指示を受けて，前条（傷病者若しくはじょく婦に対する療養上の世話又は診療の補助——筆者注）に規定することを行うことを業とする者」をいう（保助看法6条）。
>
> この規定によると，准看護師は看護師の業務を行なうことができるが，その場合，医師，歯科医師，看護師の指示を受けるとされている。准看護師が看護師の指示を受けることについては，准看護師と看護師では，基礎教育のレベル，教育内容・教育年限が異なるため，准看護師独自の判断で看護業務を行

なうことはできないと考えられているからである（清水［1993］200）。

　先に示したように准看護師は名称独占が認められ，その身分が保障されており，准看護師に対し看護師としての業務や責任を求めることはできない。

看護師国家試験は，以下の受験資格のある者でなければ受験できない。

保健師助産師看護師法

21条◆　看護師国家試験は，次の各号のいずれかに該当する者でなければ，これを受けることができない。

一　文部科学省令・厚生労働省令で定める基準に適合するものとして，文部科学大臣の指定した学校教育法（昭和22年法律第26号）に基づく大学（短期大学を除く。第4号において同じ。）において看護師になるのに必要な学科を修めて卒業した者

二　文部科学省令・厚生労働省令で定める基準に適合するものとして，文部科学大臣の指定した学校において3年以上看護師になるのに必要な学科を修めた者

三　文部科学省令・厚生労働省令で定める基準に適合するものとして，都道府県知事の指定した看護師養成所を卒業した者

四　免許を得た後3年以上業務に従事している准看護師又は学校教育法に基づく高等学校若しくは中等教育学校を卒業している准看護師で前三号に規定する大学，学校又は養成所において2年以上修業したもの

五　外国の第5条に規定する業務に関する学校若しくは養成所を卒業し，又は外国において看護師免許に相当する免許を受けた者で，厚生労働大臣が第1号から第3号までに掲げる者と同等以上の知識及び技能を有すると認めたもの

コラム　指定学校養成所

　「学校」とは，「幼稚園，小学校，中学校，義務教育学校，高等学校，中等教育学校，特別支援学校，大学及び高等専門学校」をいうとされる（学校教育法1条）。ただし，看護師国家試験受験資格が認められる「学校」は，「文部科学大臣または都道府県知事の指定した学校」には，学校教育法の規定による「学校」だけでなく，専修学校（同法124条）または各種学校（同法134条1項）も含まれる。厚生労働大臣が指定した教育機関が「養成所」である。指定に関しては，保健師助産師看護師法施行令により，指定の手続きが定められており（同法同令11条以下），入学・入所の資格，修業年限，教育の内容その他の事項に関し主務省令（文部科学省・厚生労働省令として保健師助産師看護師学校養成所指定規則）で定める基準に従い，申請書を主務大臣に提出しなければならない。看護師学校養成所の指定基準として修業年限は3年以上とされ，教育内容や教育体制，教育上必要な施設（実習施設および実習指導者を含めた）および機械器具等について詳細に定められている（保健師助産師看護師学校養成所指定規則4条）。

　看護師国家試験とは，看護師としての必要な知識および技能について厚生労働大臣が行なう試験であり，毎年1回行なわれている（保助看法17条，18条）。保健師・助産師・看護師の国家試験の場合，実施に関する事務を行なう試験委員が厚生労働省に置かれている（保助看法24条）。准看護師試験の場合，試験委員が都道府県に置かれている（保助看法25条）。なお，厚生労働大臣は，各国家試験の

科目，実施，合格者の決定の方法，試験の基準を定めようとするときは，あらかじめ，**医道審議会**の意見を聴かなければならない（保助看法23条１項）。

コラム　医道審議会

　審議会とは，国の行政機関に置かれる合議制の諮問機関である。法律または政令の定めにより設置され，当該行政機関の長の諮問に応じて特別の事項を調査審議する（国家行政組織法８条）。行政官庁はその意見に法的に拘束されないが，できるだけこれを尊重すべきであるとされる。

　医道審議会は，厚生労働省設置法の規定（10条２項）に基づいて厚生労働省に置かれた審議会である。医療法，医師法，歯科医師法，保健師助産師看護師法等の規定によりその権限に属せられた事項を処理している。

2　消極的要件

　看護師免許を取得するには，看護師国家試験に合格することと，以下の欠格事由に該当しないことが必要である。欠格事由には，該当する場合には絶対に免許が取得できない**絶対的欠格事由**（旧保助看法９条）と，免許が取得できないこともある**相対的欠格事由**（旧保助看法10条）とに区分されていた。従来，視覚・聴覚・言語に障害ある者は，絶対的欠格事由に該当するとされ，免許を取得することができないばかりか，免許取得後も，これら障害が生じた場合，免許取消事由に該当するとされていた。だが，平成13年６月22日に，「障害者等に係る欠格事由の適正化等を図るための医師法等の一部を改正する法律」が成立したことにより，障害に関する資格要件については，広く見直しがなされることとなった。

	（従来）	（改正）
絶対的欠格事由	旧９条	削除
相対的欠格事由	旧10条	第９条　次の各号のいずれかに該当する者には，前２条の規定による免許〈保健師・助産師・看護師の免許──筆者注〉を与えないことがある。 　一　罰金以上の刑に処せられた者 　二　前号に該当する者を除くほか，保健師，助産師，看護師又は准看護師の業務に関し犯罪又は不正の行為があった者 　三　心身の障害により保健師，助産師，看護師又は准看護師の業務を適正に行うことができない者として厚生労働省令で定めるもの 　四　麻薬，大麻又はあへんの中毒者

　そこで，保助看法においても，視覚・聴覚などの障害を特定して一律に免許を与えないとする「絶対的欠格事由」は撤廃されることとなった。もっとも，心身に障害がある場合は，「相対的欠格事由」（保助看法９条３号）に該当するため，個別に審査を受けることとなり免許を与えられないことがある。免許付与者である厚生労働大臣は，相対的欠格事由に該当するとして免許を与えないとす

るときには，あらかじめ，当該免許申請者にその旨を通知し，求めがあれば厚生労働大臣が指定する職員にその意見を聴取させなければならない（保助看法13条）。免許付与という「許可」を含め行政行為は，特殊な効力を有するため事前手続きを適正に行なう必要があるからである。

> ### コラム　行政行為の効力
>
> 　行政行為は，行政機関の意思決定機関である行政庁（この場合，厚生労働大臣）が行政行為のための意思を決定してこれを外部に表示することによって（免許を与えない），行政行為が対外的に認識されうる状態になったときに成立する。そして，その行政行為が告知によって相手方に到達したとき（相対的欠格事由に該当すると当該申請者が知ることになった），以下のような特殊な効力が発生する。たとえ違法であっても，無効と認められる場合でない限り，権限ある行政庁または裁判所が取り消すまでは相手方また第三者も有効なものとして承認しなければならないこと（公定力），一定期間が経過すると行政行為の効力の有無を争うことができないこと（不可争力），また，相手方が行政上の義務を履行しない場合，行政権が強制的に義務内容を実現することができること（自力執行力）等である。このような特殊な効力を有するため，行政行為（処分）は，事前手続きを尽くし適正に行なわなければならないのである。

さて，**ケース・8-2**で，Hが看護師免許を取得するには，次のようにしなければならない。

> 1．国家試験の受験資格を得なければならない。
> 　　　彼女が高校を卒業していれば，受験資格の得られる看護系の学校および看護師養成所でその課程を修了しなければならない。
> 　　　もしもHの学歴上，それらの学校（養成所）に入学する資格がなければ，准看護師学校において准看護師の資格を取得し，3年間業務に従事した後に看護学校（進学課程）に入学しその課程を修了しなければならない。
> 2．看護師国家試験に合格しなければならない。
> 3．看護師免許取得の申請にあたり，上記消極的要件に該当していない。

次に，Hがこれらの要件を充たした場合に，免許を取得する手続きについてである。

3　免許取得の手続き（申請から籍の登録と免許証の交付）

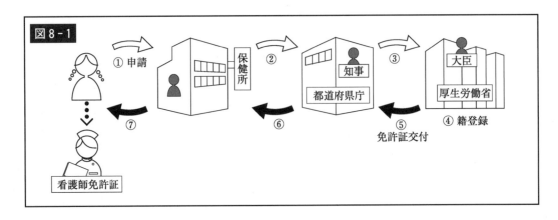

①看護師国家試験に合格した者は，住所地所轄の保健所に次のものを提出し，看護師免許取得の申請（保助看法12条）をしなければならない。

> **申請時に必要なもの：**
> ・看護師国家試験の合格証書の写し（合格した看護師国家試験の施行年月，受験地および受験番号を記載すれば省略することができる）
> ・戸籍謄本または戸籍抄本
> ・医師の診断書

②申請書は保健所を経由して都道府県知事に提出される。

③その申請書は，知事を経由して厚生労働大臣に提出される。

④厚生労働省に備えられた看護師籍に登録される。このような籍への登録により看護師の免許を取得したことになる。そこで看護師としての業務は籍に登録された日から行なうことができる。

⑤看護師籍に登録されると，**免許証**が交付される。

⑥知事，⑦保健所を経由して，免許証は本人に交付される。

　免許を取得するにあたって，履歴を偽ったり，欠格事由に該当するにもかかわらずそのことを故意に隠して免許を取得した場合，その者は2年以下の懲役もしくは50万円以下の罰金に，または併科して処せられる（保助看法43条1項2号）。

4　免許の訂正

　婚姻により改姓した等登録事項に変更がある際は，30日以内に籍の訂正を厚生労働大臣に申請しなければならない（保健師助産師看護師法施行令3条）。その際，看護師として仕事をしている者は，その就業地の都道府県知事を経由して申請しなければならない。

　籍の訂正をする場合，同時に免許証の書き換えを希望する者は，免許証書き換えの交付申請を行なうことができる。免許証の書き換えおよび再交付（なくした，破いたなどによる）の申請は，その就業地の都道府県知事を経由して行なうことができる（同令6条・7条）。

　看護師が死亡や失踪の宣告を受けたときは，その届出義務者（戸籍法による）が，30日以内に籍の**登録抹消**申請をしなければならない（同令5条）。

3　免許取得者としての義務

　免許を受けた者は，業として看護を行なうことを許可された者である。それゆえ，看護師は，看護師として看護業務を責任もって行なうという個人的な義務のみならず，国の健康権を保障するために公平かつ良質な看護を提供するという公的義務を有している。以下，免許取得者としての公的

な義務である。

1 守秘義務

　看護師として，患者との信頼確保において最も重要なものが守秘義務である。先に述べたように，看護師は，専門職者として守秘義務が定められている。また，守秘義務は，看護師でなくなった（退職，資格返上）後においても守らなければならない。このことは，第6章に述べている。だが，看護師に対し法的な守秘義務が課せられている意義は，患者の健康や私的な秘密情報を知りうる立場にある看護師という職にある者が秘密を暴露しないことを社会に示すものである。患者が秘密は守れないと不安に思い，適切な情報提供をしなければ，適切な看護を提供することはできず，患者にとって不利益になるばかりでなく，良質な看護を提供するとする国の義務が果たせないことになる。

　この守秘義務は，裁判での証言や証拠物件の押収の際にも確保されており，業務上の秘密に関して証言拒絶権（刑事訴訟法149条），押収拒絶権（同法105条）が認められているが，権利を濫用しないようにしなければならない。もちろん本人の承諾がある場合は守秘義務に反しない。

2 就業届出の義務

　許可を与えた国は（免許付与者は厚生労働大臣），医療の実態を把握するためその者らの就業状況について知る必要がある。看護師の免許所有者は，業務に従事している場合，2年毎に就業地の都道府県知事に氏名，住所等を届け出なければならない（保助看法33条）。これに違反した者は，50万円以下の罰金に処せられる（同法45条）。

3 他の看護職者の義務

　参考として，保健師および助産師に課せられている特別な義務を取り上げておこう。

> **＜保健師の義務＞**
> ①　主治医の指示に従う義務：傷病者の療養上の指導を行なう際，主治医がいれば，その指示を受けなければならない（保助看法35条）。
> ②　保健所長の指示に従う義務：業務に関して就業地を管轄する保健所長の指示を受けたときは，これに従わなければならない（同法36条）。
>
> **＜助産師の義務＞**
> ①応招義務
> 　　助産または妊婦，じょく婦もしくは新生児の保健指導の求めがあった場合は，正当な事由がなければ，これを拒んではならない（同法39条1項）。
> ②証明書等の交付義務
> 　　分娩の介助または死胎の検案をした助産師は，出生証明書，死産証書，死胎検案書の交付の求めがあった場合，正当な事由がなければこれを拒んではならない（同法39条2項）。
> ③異常死産児の届出義務
> 　　妊娠4か月以上の死産児を検案して異常があると認めたときは，24時間以内に所轄警察署にその旨

を届け出なければならない（同法41条）。
④助産録の記載及び保存の義務
　　助産師が分娩の介助をしたときは，助産に関する事項を遅滞なく助産録に記載し，5年間はこれを
保存しなければならない（同法42条1項・2項）。
⑤助産所を開設する場合，嘱託産科医師及び医療機関を定めておかなければならない（医療法19条）。
　　助産師は，妊婦らに異常が認められた際には，臨時応急の手当ての必要性を除き医師の診療を求め
させる必要があるからである。

3 看護師の業務

ケース・8-3

　　看護師Hは，患者Mの主治医よりMに静脈注射を行なうよう指示された。Hは，静脈注射は身体への
影響が大きく危険性が高く，経験の浅い自分はできないと言っている。

1 看護師の業務独占

　看護師でなければ，看護師の業務を行なってはならない（保助看法31条）。これを看護師の**業務独占**という。これに違反する者は2年以下の懲役又は50万円以下の罰金に処せられる（同法43条）。看護職のなかでは助産師，看護師，准看護師に業務独占が設けられているが，保健師にはない。

　業務独占は，国民の生命・財産を安全に守るため，有資格者以外の者をその業務に従事させるべきでない場合に設けられるのであり，特定の個人や業界を保護するためのものではない（宇都木・平林［1994］201）。例えば，無免許である看護助手が療養上の世話を行なっているからといって，有資格者の側からその者に対し業務独占を根拠に業務を差し止めるよう求めることはできないのである。

保健師助産師看護師法

　　31条◆1項：看護師でない者は，第5条に規定する業をしてはならない。ただし，医師法
　　　又は歯科医師法の規定に基づいて行う場合は，この限りでない。
　　　2項：保健師及び助産師は，前項の規定にかかわらず，第5条に規定する業を行うこと
　　　ができる。

　＊2006年の改正により，保健師および助産師になる者は，看護師国家試験に合格することが条件とされている。

　看護職のほかの医療関係者には，医師，歯科医師，薬剤師，診療放射線技師・診療エックス線技師，歯科衛生士，助産師，准看護師，歯科技工士，（その他，医療類似行為を行なう者として，あん摩マッサージ指圧師・はり師・きゅう師，柔道整復師）などに業務独占が認められている。また介護人材を活用するため，2012年4月より介護福祉士にも口腔内・鼻腔内，気管カニューレ内部の喀痰吸引，

胃ろう又は腸ろうによる経管栄養，経鼻経管栄養の行為が認められることになった（社会福祉士及び介護福祉士法等の一部を改正する法律2条2項，社会福祉士及び介護福祉士法施行規則1条）。

2 業務の内容

　看護師の業務は，「療養上の世話」と「診療の補助」である（保助看法5条）。業務にあたって看護師（保健師，助産師，准看護師もまた）は，「主治の医師又は歯科医師の指示があった場合を除くほか，診療機械を使用し，医薬品を授与し，医薬品について指示をしその他医師又は歯科医師が行うのでなければ衛生上危害を生ずるおそれのある行為をしてはならない」（保助看法37条）とされている。この規定に反する者は，6か月以下の懲役または50万円以下の罰金（あるいは併科）に処せられる（同法44条の3）。すなわち，業務の内容が，医的侵襲を伴う危険性の程度の高い場合には，医師の指示が必要となる。医的侵襲を伴う高度に危険な医行為（絶対的医行為），例えば，麻酔行為（昭和40.7.1医事48号医事課長）等は，本来，医師が行なうべきものである（医師の業務独占）。もしそのような医行為を看護師が勝手に行なえば，当該看護師は，医師法違反に問われうる（医師法17条，31条）。ただし，「臨時応急の手当」をする場合は，この限りでない（保助看法37条ただし書）。

保健師助産師看護師法

37条◆1項：保健師，助産師，看護師又は准看護師は，主治の医師又は歯科医師の指示があった場合を除くほか，診療機械を使用し，医薬品を授与し，医薬品について指示をしその他医師又は歯科医師が行うのでなければ衛生上危害を生ずるおそれのある行為をしてはならない。ただし，臨時応急の手当をし，又は助産師がへその緒を切り，浣腸を施しその他助産師の業務に当然に付随する行為をする場合は，この限りでない。

医師法

17条◆ 医師でなければ，医業をなしてはならない。

　そこで，医業と看護師の業務については，次のように考えられている。

＜看護師の業務＞

医師の指示がなくても行なえる業務	療養上の世話	看護師の独自の判断と責任において行なうことができる。ただし，患者の病状等により，療養上の世話に関する医師の指示がある場合は，これに従わなければならない。
	臨時応急の手当て（保助看法37条ただし書）	保健上緊急の処置を要する状況で，医師（歯科医師）の診療や指示を受け難い場合，看護師の医学的知識技術を用いて，通常医師（歯科医師）の指示があれば行ないうる業務の範囲内において，必要最小限度の処置を行なうことができる。
	受胎調節の実地指導（母体保護法15条1項・2項）	厚生労働大臣の定める基準に従って都道府県知事の認定する講習を終了した助産師，保健師，看護師は，避妊用の器具を使用する受胎調節の実地指導を業として行なうことができる。

医師の指示が 必要な業務	相対的医行為	主治の医師（歯科医師）の指示があった場合，診療機械を使用し，医薬品を授与し，または医薬品について指示をなすことができる。
医師の指示が あっても行な えないもの	絶対的医行為	医師（歯科医師）みずからが行なわなければ衛生上危害を生ずるおそれがある行為は，指示があっても行なってはならない。もしも行なえば，医師法違反として3年以下の懲役もしくは100万円以下の罰金に処せられる（または併科される）ことになる（医師法31条）。

　もっとも，どのような業務内容が，医的行為あるいは看護業務が医的侵襲を伴うかについて個別具体的に示すものがなく，看護師の専門性が認知され業務範囲も拡大されつつあるなか，ときにこの「医行為」の解釈が問題となる。

> ### コラム　医行為の解釈
>
> 　高齢者や障害者の介護の現場において，「医行為」の範囲が不必要に拡大解釈されていることについて，厚生労働省は，平成17年に以下の行為は「医行為」にはあたらないことを示した（「医師法第17条，歯科医師法第17条及び保健師助産師看護師法第31条の解釈について」平成17・7・26医政発第0726005号）。
> 1．体温測定（腋下の水銀体温計・電子体温計使用，外耳道の耳式電子体温計使用）
> 2．自動血圧測定器による血圧測定
> 3．パルスオキシメータの装着（新生児以外の者で入院治療の必要がないもの）
> 4．軽微な切り傷，擦り傷，やけどなどの処置（汚物で汚れたガーゼの交換を含め）
> 5．一定の条件の下での軟膏の塗布，湿布，点眼，一包化された内用薬の内服（舌下錠を含む），坐薬挿入，鼻腔粘膜への薬剤噴霧等の介助
> 6．異常のみられない場合の爪きり，歯磨きの介助，耳掃除，ストマ装具のパウチの排泄物の除去，自己導尿のためのカテーテルの準備，市販の浣腸器を用いての浣腸

　カツラ販売業者の関係する診療所において，医師が無資格者や准看護師に植毛治療行為（問診，採血，血圧測定，植毛実施の適否診断，麻酔薬注射，毛髪刺入による植毛，投薬等）に，包括的かつ定型的指示を与えるのみで任せきりにしたとして，当該医師は医師法違反にあたるとされた事案がある（東京地判平9・9・17判タ983号286頁）。

> ### コラム　看護業務に関して
>
> 　ある病院が医師と助産師にしか認められていない「内診」を看護師にさせていたという疑いで摘発されたことを受け，厚生労働省は，改めて，医師，助産師，看護師等の適切な役割分担と連携で出産を支援するよう通知した（「分娩における医師，助産師，看護師等の役割分担と連携等について」平成19.3.30発医政発第0330061号）。そこには，「看護師は，療養上の世話及び診療の補助を業務とするものであり，分娩期においては，自らの判断で分娩の進行管理は行うことができず，医師又は助産師の指示監督の下診察又は助産の補助を担い，産婦の看護を行う」とされている。
> 　この通知を受け日本看護協会は，都道府県看護協会と看護師等学校養成所に対し，看護師や准看護師は分娩時の内診行為を求められたときは明確に拒否すべきとする考え方を緊急配信し，周知徹底を呼びかけている（平成19・4・2「『分娩における医師，助産師，看護師等の役割分担と連携等について』に関する通知の解釈及び周知について」日本看護協会）。

　さて，**ケース・8−3**の看護師Hの主張はどうか。従来，静脈注射については，この実施行為は相対的医行為であるか，絶対的医行為であるかという論戦がなされてきた。というのも，静脈注射については，静脈注射は法37条の適用外とするとする（旧）厚生省の解釈（昭和26・9・15医収517号医務局長回答）と，「看護婦が医師の指示により静脈注射をなすことは，当然その業務上の行為である」とした裁判所での判断（最判昭28・12・22刑集7巻13号2608）が対立しているかのように思われたからである。静脈注射の実施行為における責任の所在を明確にするため，平成14年，厚生労働省は，従来の行政解釈を変更する旨の通達を行ない，看護師等が行なう静脈注射は，「診療の補助行為の範疇として取り扱う」とした（平成14・9・30厚生労働省医政発第093002号）。ただし，静脈注射に限らず看護業務においては，業務遂行において患者の安全を確保することを優先しなければならない。Hの上司や管理者は，安全に実施できるよう看護手順書の作成や見直し，またHの能力を踏まえた教育指導や適切な業務分担を行なう必要がある。

3　特定行為と特定行為研修制度

　2014（平成26）年，第6次医療改革（➡第9章　医療の提供）によって，チーム医療を推進するため看護師の業務範囲について新たに特定行為とその実施のための体制が位置づけられた（保助看法37条の2）。上述した静脈注射の議論でみられるように，絶対的医行為と相対的医行為の区分が明確に示されていないため，看護師は医師の指示を受けて実施する医行為であっても法に抵触するのではないかと懸念を感じることがある。また，在宅医療や高度医療を提供する場においては，あらかじめ示されている包括的指示により，看護師が自律的に判断し自身の実践能力を考慮し実施できるよう法を見直すことも求められていた。今回の法改正は，高度な臨床判断と専門的な技術を必要とする特定行為も診療の補助業務の範囲内にあり，医師による医行為（絶対的医行為）とは区別されることを明らかにしたものである。

保健師助産師看護師法

　　37条の2◆1項：特定行為を手順書により行う看護師は，指定研修機関において，当該特

定行為の特定行為区分に係る特定行為研修を受けなければならない。
2項：この条，次条及び第42条の4において，次の各号に掲げる用語の意義は，当該各号に定めるところによる。
一　特定行為　診療の補助であって，看護師が手順書により行う場合には，実践的な理解力，思考力及び判断力並びに高度かつ専門的な知識及び技能が特に必要とされるものとして厚生労働省令で定めるものをいう。
二　手順書　医師又は歯科医師が看護師に診療の補助を行わせるためにその指示として厚生労働省令で定めるところにより作成する文書又は電磁的記録（電子的方式，磁気的方式その他人の知覚によっては認識することができない方式で作られる記録であって，電子計算機による情報処理の用に供されるものをいう。）であって，看護師に診療の補助を行わせる患者の病状の範囲及び診療の補助の内容その他の厚生労働省令で定める事項が定められているものをいう。
三　特定行為区分　特定行為の区分であって，厚生労働省令で定めるものをいう。
四　特定行為研修　看護師が手順書により特定行為を行う場合に特に必要とされる実践的な理解力，思考力及び判断力並びに高度かつ専門的な知識及び技能の向上を図るための研修であって，特定行為区分ごとに厚生労働省令で定める基準に適合するものをいう。
五　指定研修機関　1又は2以上の特定行為区分に係る特定行為研修を行う学校，病院その他の者であって，厚生労働大臣が指定するものをいう。
3項：厚生労働大臣は，前項第一号及び第四号の厚生労働省令を定め，又はこれを変更しようとするときは，あらかじめ，医道審議会の意見を聴かなければならない。

　手順書とは，看護師に診療の補助を行なわせる患者の病状の範囲，診療の補助の内容，当該手順書に係る特定行為の対象となる患者，特定行為を行なうときに確認すべき事項，医療の安全を確保するために医師との連絡が必要となった場合の連絡体制，特定行為を行なった後の医師に対する報告の方法等記載事項に沿って，医師が具体的な内容について記した指示（文書・電磁的記録）である（同法37条の2第2項2号）。この手順書によって特定行為を行なう看護師は，厚生労働大臣が指定する研修機関において，特定行為区分に係る特定行為研修を受けなければならない（同法37条の2第2項3，4，5号）。もっとも，このような実施体制が整うまで5年間の猶予期間が設けられており，この間は施行の際（2015〔平成27〕年10月1日）に免許を有する看護師は手順書により特定行為を行なうことができることになる（保助看法附則27条）。研修修了者には，受講した研修期間より研修修了証が発行される。そのような看護師は「特定看護師」とも呼称されるが，特に免許や資格が与えられているわけではない。

＜特定行為及び特定行為区分（38行為21区分）＞

特定行為区分	特 定 行 為	特定行為区分	特 定 行 為
呼吸器（気道確保に係るもの）関連	経口用気管チューブ又は経鼻用気管チューブの位置の調整	創傷管理関連	褥（じょく）瘡（そう）又は慢性創傷の治療における血流のない壊死組織の除去

呼吸器（人工呼吸療法に係るもの）関連	侵襲的陽圧換気の設定の変更	創部ドレーン管理関連	創傷に対する陰圧閉鎖療法
	非侵襲的陽圧換気の設定の変更		創部ドレーンの抜去
	人工呼吸管理がなされている者に対する鎮静薬の投与量の調整	動脈血液ガス分析関連	直接動脈穿刺法による採血
			橈骨動脈ラインの確保
	人工呼吸器からの離脱	透析管理関連	急性血液浄化療法における血液透析器又は血液透析濾過器の操作及び管理
呼吸器（長期呼吸療法に係るもの）関連	気管カニューレの交換		
循環器関連	一時的ペースメーカの操作及び管理	栄養及び水分管理に係る薬剤投与関連	持続点滴中の高カロリー輸液の投与量の調整
	一時的ペースメーカリードの抜去		脱水症状に対する輸液による補正
	経皮的心肺補助装置の操作及び管理	感染に係る薬剤投与関連	感染徴候がある者に対する薬剤の臨時の投与
	大動脈内バルーンパンピングからの離脱を行うときの補助頻度の調整	血糖コントロールに係る薬剤投与関連	インスリンの投与量の調整
心嚢ドレーン管理関連	心嚢ドレーンの抜去	術後疼痛管理関連	硬膜外カテーテルによる鎮痛剤の投与及び投与量の調整
胸腔ドレーン管理関連	低圧胸腔内持続吸引器の吸引圧の設定及び設定の変更	循環動態に係る薬剤投与関連	持続点滴中のカテコラミンの投与量の調整
	胸腔ドレーンの抜去		持続点滴中のナトリウム，カリウム又はクロールの投与量の調整
腹腔ドレーン管理関連	腹腔ドレーンの抜去（腹腔内に留置された穿刺針の抜針を含む。）		持続点滴中の降圧剤の投与量の調整
ろう孔管理関連	胃ろうカテーテル若しくは腸ろうカテーテル又は胃ろうボタンの交換		持続点滴中の糖質輸液又は電解質輸液の投与量の調整
			持続点滴中の利尿剤の投与量の調整
	膀胱ろうカテーテルの交換	精神及び神経症状に係る薬剤投与関連	抗けいれん剤の臨時の投与
栄養に係るカテーテル管理（中心静脈カテーテル管理）関連	中心静脈カテーテルの抜去		抗精神病薬の臨時の投与
			抗不安薬の臨時の投与
栄養に係るカテーテル管理（末梢留置型中心静脈注射用カテーテル管理）関連	末梢留置型中心静脈注射用カテーテルの挿入	皮膚損傷に係る薬剤投与関連	抗癌剤その他の薬剤が血管外に漏出したときのステロイド薬の局所注射及び投与量の調整

厚生労働省令第33号（平成27年3月13日）

　この改正規定には罰則規定がないことから，医師の指示があれば特定行為研修を受けていない看護師であっても，それに相当する行為を診療の補助業務として実施することができることになる。このようなことから，厚生労働省は，都道府県に対し，医療安全の確保のため研修を推進するよう通知を発している（平成27・10・1医政看発1001第1号）。この通知には，特定行為には含まれていないものの侵襲性が高く，かつ技術的な難易度が高い五つの医行為（「経口用気管チューブ又は経鼻用気管チューブの挿管」「経口用気管チューブ又は経鼻用気管チューブの抜管」「直腸内圧測定」「膀胱内圧測定」「褥瘡又は慢性創傷における血管結さつによる止血」）についての留意事項も付されており，これらは従来どおり，医師の指示の下で実施可能であるとされている。それに対して，日本看護協会はこれらの医行為についても特定行為と同様，客観性が担保された体系的な研修の受講と体制整備が必要であると提言している。看護管理者に対しても，診療の補助行為を再確認し，安全性・効率性の観点から職種間の役割分担を見直すことで，医療の質向上を図ることが求められているのである（日本看護協

会ホームページ「看護職の役割拡大の推進」https://www.nurse.or.jp/nursing/tokutei/kenshu/qa/index.html）。

4　業務独占の例外

　現行法上，医師（歯科医師）は，「医療および保健指導を掌る」者であり，第一次的に医療に関係する業務を独占しており，その業務の一部を他の医療専門職者に独占的に分担させるという業務分担の構造をとっている。ゆえに，医師（歯科医師）は医業（歯科医業）を行なうにあたって，看護師の業務を行なうことができるとされている（保助看法31条1項）。また，先に示したように，平成19年4月より，保健師または助産師も看護師の資格を得ていなければならないことになったが，それ以前には，保健師または助産師のなかには，看護師の資格をもたない者もいる。その者は，保健師または助産師の資格によって看護業務を行なうことができるとされている（同法31条2項）。

　このように，看護師は看護業務を独占しているが，例外として他の職者も看護業務を行なうことができるとされている。とりわけ，看護業務のなかでも「診療の補助」業務は，他の個別の医療関係者も制限的に行なえる。

　例えば，臨床検査技師は，採血（医師の具体的な指示を受けて）や脳波・心電図呼吸機能などの生理的検査（臨床検査技師等に関する法律20条の2）を，理学療法士・作業療法士は，理学療法または作業療法を（理学療法士及び作業療法士法15条），視能訓練士は，両眼視機能の回復のための矯正訓練およびこれに必要な検査ならびに眼科検査を（視能訓練士法17条2項），そして救急救命士は救急処置を行なう（救急救命士法43条）ことができる。なお，「外国看護師」と認められた者は，特例として看護業務を行なうことができる（外国医師等が行う臨床修練に係る医師法第17条等の特例等に関する法律1条）。2011年に，在宅医療に伴い，介護福祉士にも喀痰吸引が認められた（➡第10章　医療保障**2**）。

コラム　外国看護師

　外国において看護師に相当する資格を有する者に対し，厚生労働大臣がその資格に相当する資格の区分に応じ許可を与えることがある。許可対象者は，知識と技術の修得はもとより，相対的欠格事由にあたらないこと，そして行政処分を受けていない者に限られる。さらに，許可の条件として，医療に関する知識および技能の修得を目的とすること，臨床修練を行なうのに支障のない程度に日本語（または厚生労働省令に定める外国語）を理解し使用する能力を有すること，損害を賠償する能力を有すること等が掲げられている。臨床修練のため，厚生労働大臣の指定する病院において，許可の日から1年の間，厚生労働大臣の認定を受けた臨床修練指導者の下で看護業務を行なうことができる。

　2014（平成26）年，第6次医療改革によって，チーム医療を推進するため業務範囲と業務実施体制の見直しがなされたのは看護師だけではない。

　診療放射線技師は，医師又は歯科医師の指示の下，放射線を人体に対して照射（撮影を含む）することに加えて，CT検査，磁気共鳴画像診断装置（MRI）検査等において，造影剤自動注入器を用い

た造影剤投与を行なうこと，また下部消化管検査に際して，カテーテル挿入部（肛門）を確認のう
え，カテーテル挿入ができるとされた（診療放射線技師法24条の２）。歯科領域では，歯科衛生士が歯
科医師の直接の指示の下で，実施してきたフッ化物塗布や歯石除去等の予防処置について，歯科医
師の指導の下，歯科医師との緊密な連携を図った上で実施を認められることとなった（歯科衛生士法
２条２項，13条の５）。

5 行政法上の責任

■ ケース・8-4

　Y病院のある病棟で，患者のお金や持ち物がたびたび紛失するという事件が起こった。看護師長は，
患者や看護師に注意を呼びかけたが，その後も患者からの被害の訴えが続いた。とうとう警察による調
査がなされ，看護師Kに容疑がかかった。警察に追及されKは犯行を自白した。

1 資格の喪失

　看護師が希望により，あるいは当人の失踪・死亡により，看護師籍の登録を抹消したい場合があ
る。その際，本人もしくは，（失踪や死亡時）戸籍法による届出義務者は，厚生労働大臣に登録の抹
消のための申請書を提出し（保助看法施行令４条），30日以内に厚生労働大臣に免許証を返納しなけれ
ばならない（同法施行令８条）。これにより，看護師籍の登録は抹消され，看護師の資格を喪失する
ことになる。しかし，このような当人の希望や都合によるのではなく，不本意ながら，看護師とし
ての資格を取り消されたり，業務停止を言い渡されたりする場合がある。それが，行政法上の責任，
すなわち看護師の資格に対する行政処分である。

2 行政処分の要件（処分基準）

　ケース・8-4で看護師Kは，裁判により窃盗罪と確定すれば処罰されることになる。これは刑事
法上の責任である。このことと関連して，Kは看護師として行政法上の責任を追及されることにな
るだろう。Kは看護師としての資格を喪失すれば，看護師として看護業務を行なうことができなく
なる。これが，行政法上，許可の撤回処分（行政行為）である。看護師として業を行なうことができ
ないことは，生活の基盤を失うことでもある。このような特定の者に対し，行政庁がその者を名宛
人として，直接，義務を課す，または権利を制限するような処分（不利益処分）を行なう場合には，
その処分の決定判断に必要な処分基準を定めなければならない（行政手続法12条）。保助看法上，９
条に掲げる相対的欠格事由（本書２２２）に該当する場合，あるいは看護師としての「品位を損す
るような行為」のあった場合という二つの処分要件が示されている。そして，これら要件に該当す
る場合には，ⅰ戒告処分，ⅱ３年以内の業務の停止，あるいはⅲ免許の取り消しという制裁処分を

受けることになる（保助看法14条１項）。

保健師助産師看護師法

14条◆１項：保健師，助産師若しくは看護師が第９条各号のいずれかに該当するに至ったとき，又は保健師，助産師若しくは看護師としての品位を損するような行為のあったときは，厚生労働大臣は，次に掲げる処分をすることができる。
一　戒告
二　３年以内の業務の停止
三　免許の取消し

　2006（平成18）年の「良質な医療を提供する体制の確立を図るための医療法等の一部を改正する法律」によりなされた保助看法改正によって設置された戒告処分は，従来，業務停止に至らないので注意のみで処分に問わない（行政指導）とされてきた事案に対しても，処分として制裁を科し，再教育の受講を命ずるものである。また，この保助看法改正により，業務停止を３年以内とすることで，免許取消処分との軽重を明らかにした。

　処分は，処分根拠に該当し，かつ妥当な処分内容でなければならない。処分内容の基準については，平成17年に厚生労働省より示された「保健師助産師看護師の行政処分の考え方について」という指針が基準となる。厚生労働大臣より処分について諮問される医道審議会保健師助産師看護師分科会看護倫理部会は，「生命の尊重に関する視点，身体および精神の不可侵性を保障する視点，看護師等が有する知識や技術を適正に用いること及び患者への情報提供に対する責任制の視点，専門職者としての道徳と品位の視点」から審査・答申を行なうとしている（「改正保健師助産師看護師行政処分の考え方」平成17・7・22 http://www.mhlw.go.jp/shingi/2005/07/s0722-15.html）。通常，審査対象者の多くは，刑事罰を受けた者である。しかし，行政処分は刑事処分の後追い処分ではない。刑事処分の軽重や執行猶予の有無だけで行政処分は決定されるわけではなく，病院の管理体制，医療体制，他の医療従事者における注意義務の程度や生涯学習に努めていたか等の事項が考慮されよう（柳井[2008] 14）。

コラム　行政罰

　行政処分を受けた者のなかに，交通事犯による者も相当数いる。交通事故による致死傷等に対する刑事罰として業務上過失致死罪により罰金以上の刑にあたれば，相対的欠格事由に該当することになる。しかし，例えば，駐停車違反や携帯電話使用運転等の道路交通法違反による交通反則金は刑事罰としての罰金（科）ではない。この交通反則金は，行政の安全と秩序を守るための戒めとし課される（過科）行政罰である。行政罰は，一般的・道徳的・社会的非行として刑法上規定された犯罪行為に対する刑事罰と異なり，行政法上の義務違反行為に対するものである。もっとも点数制度により，交通違反の場合，反則金だけでなく基礎点数を減点され，場合によっては，運転免許取得者に対し運転免許の停止や取消

等の処分がなされることになる。

　処分事由で最も多いのは医療過誤であり，医療過誤を事由とする処分は今後も増えるであろうという予測がなされている。医療過誤の場合，その処分は，業務停止6か月以下程度になるであろうが，再犯（リピーターと呼ばれる者）の場合は，看護師としての資質および適性を欠くものでないかどうかを特に検討されることになる。(「行政処分を受けた保健師・助産師・看護師に対する再教育に関する検討会報告書」平成19・8・20 http://www.mhlw.go.jp/shingi/2007/08/dl/s0820-2a.pdf)。

　もう一つの取消要件である「看護師としての品位を損するような行為のあったとき」とは，具体的にどのような場合であるかは，個々の状況において判断される。平成17年の「改正保健師助産師看護師行政処分の考え方」によれば，わいせつ行為等（性犯罪）また，詐欺・窃盗行為は，専門職者としての品位を貶める行為であるとされている。

　免許を取り消されることになった看護師は，5日以内に，免許証を厚生労働大臣に（就業地の都道府県知事を経由することができる）返納しなければならない（保助看法施行令8条3項・5項）。

3　行政処分の手続き

　行政処分は，処分基準だけでなく，その処分過程の手続きも公正かつ公平に行なわれなければならない。行政庁は，処分予定対象者に処分の前に聴聞や弁明の機会を与えなければならないとされている（保助看法13条）。

> ### コラム　聴　聞
>
> 　行政機関が規則の制定や行政処分などを行なうにあたって，処分の相手方や利害関係人または第三者の意見を聴くことをいう。これは，関係者の利益を保護し，行政処分の公正さを担保するとともに，行政の民主化を図るためにある。
> 　行政手続法では，行政庁が許認可の取消処分や資格・地位の剝奪処分，法人役員の解任命令といった不利益処分を行なおうとする場合には，手続きとして聴聞を経てから行なわなければならない（行政手続法13条）。

> ### コラム　弁明の機会の付与
>
> 　不利益処分の際の事前手続きのうちでも，比較的簡易な形態のものをいう。不利益処分のうち免許停止など聴聞に該当しない処分について略式手続きとして行なわれる（行政手続法29条）。

　保助看法では，厚生労働大臣が免許の取り消し等の制裁処分をするときは，みずから聴聞を行なう代わりに，都道府県知事に，当該処分に係る者に対する意見の聴取を行なわせることができるとされている（保助看法15条3項）。都道府県知事が意見の聴取をする場合，行政手続法の第3章第2節（25条，26条，28条を除く）の規定が準用される（同法15条4項）。したがって，都道府県知事による意

見の聴取は，実質上，聴聞に相当する（同法15条4項-8項・14項・15項・18項）。また，業務停止命令を行なおうとするときも，厚生労働大臣による弁明の機会の付与に代えて，都道府県知事に，もしくは，医道審議会の委員に，当該処分に係る者に対する弁明の聴取を行なわせることができるとされている（同法15条9項・10項・11項）。このことは，弁明の機会の付与に対応する（同法15条9項-13項・16項・18項）。

　さて，**ケース・8-4**の看護師Kについてである。Kの行為は，裁判により窃盗罪が確定すれば，相対的（免許）欠格事由の第1号，「罰金以上の刑に処された者」に該当することになる。そのことを受け，Kの資格に対する処分の有無が検討される。厚生労働大臣は，適正な手続きに則って公正，公平に処分を行なわなければならず，処分をなすにあたっては，あらかじめ，医道審議会の意見を聴かなければならない（保助看法15条1項）。また厚生労働大臣は，行政手続法に則って都道府県知事に処分予定者であるKに対し処分の根拠条項・内容につき事前に通知すること，また，Kの意見聴取を行なうことを指示する。その後，医道審議会保健師助産師看護師分科会看護倫理部会がKの案件を審査し，厚生労働大臣に答申，大臣はそれを踏まえ，処分を下す。

4　資格の回復（再免許）

　免許取り消しや業務停止等の行政処分を受けたとしても，その者の籍が抹消されるわけではない。業務停止処分の場合には業務停止期間を経過することにより資格は回復するとされる。また取り消し処分の場合であっても，取消事由に該当しなくなったこと，あるいはその後の事情によって再免許を与えるのが適当であるという医道審議会の答申を受けたこと等を，厚生労働大臣が認めることにより，資格は回復される（保助看法14条3項）。

保健師助産師看護師法

14条◆3項：前2項の規定による取消処分を受けた者（第9条第1号若しくは第2号に該当し，又は保健師，助産師，看護師若しくは准看護師としての品位を損するような行為のあった者として前2項の規定による取消処分を受けた者にあっては，その処分の日から起算して5年を経過しない者を除く。）であっても，その者がその取消しの理由となった事項に該当しなくなったとき，その他その後の事情により再び免許を与えるのが適当であると認められるに至ったときは，再免許を与えることができる。この場合においては，第12条の規定を準用する。

＊第12条；免許の付与および免許証の交付についての規定である。

　戒告処分と業務停止処分を受けた者は職場復帰する者であり，免許取消処分を受けた者も復帰する可能性がある。そこで，それらの者が復帰する際に医療安全を確保するため，2008（平成20）年4月1日より，厚生労働大臣はこれら処分対象者に対し（保健師，助産師，看護師）再教育研修の受講

を命ずることができるようになった（同法15条の2第1項）。この命令に違反して研修を受けなかった者は，50万円以下の罰金に処せられる（同法45条）。この研修は，看護職者としての倫理の保持または各専門職者として必要な知識および技能に関するものであり，厚生労働省令で定められる。被処分者は個別研修修了報告書を作成し厚生労働大臣に提出すると，大臣は評価の上，再教育研修修了を認める。申請すると，再教育研修を修了した旨が籍に登録される。

　　看護職者としての法的責任が重くなったことは，それだけ社会的責任の大きさが認知されてきたということである。ただ医療事故・医療過誤は，看護師個人の責任を追及することのみで防げるものではない。個々の看護師がそのような責任を追及されることのないよう，看護管理者は，看護師の活動の場での安全な環境や体制作りといった適切な管理監督を行なわなければならないということである。また看護管理者は，再免許を受け職場復帰をした際に，その者に対する継続的な教育と指導という支援に加えて，その者が過度に萎縮することなく業務を遂行できるよう精神的な支援を行なうことも求められている。

【参考文献】
石井トク『医療事故　看護の法と倫理の視点から』（1992）医学書院。
岩崎榮『実践の場で生かす看護関係法規』（1997）医学書院。
宇都木伸・平林勝政『フォーラム医事法学』（1994）尚学社。
加藤麻耶「保助看法違反事件——富士見産婦人科病院事件控訴審判決」『医事法判例百選』（2006）有斐閣，14-15頁。
島田陽子「「特定行為に係る看護師の研修制度（案）」について」『看護』第65巻7号（2014）61-63頁；「特定行為に係る看護師の研修制度について」『看護管理』第24巻7号（2014）626-629頁；「特定行為に係る看護師の研修制度について」『助産師』第67巻3号（2014）16-18頁；「特定行為に係る看護師の研修制度——島田陽子氏に聞く」『看護展望』第39巻9号（2014）12-19頁。
清水嘉与子『私たちの法律　保健婦助産婦看護婦法を学ぶ　改訂第4版』（1993）日本看護協会出版会。
高田利廣『看護業務における責任論』（1994）医学通信社。
田中美恵子「看護師の特定行為に係る動き」『Psychiatry』73（2014年1月）101-108頁。
田村やよひ『私たちの拠りどころ　保健師助産師看護師法』（2015）日本看護協会出版会。
野田寛『医事法　上巻』（1984）青林書院。
樋口範雄「医師の資格と処分——医師になるために，医師であるために」『法学教室』311号（2006）有斐閣，114-121頁。
樋口範雄「医行為・医業独占と業務の縦割り——医師法17条他」『法学教室』314号（2006）有斐閣，89-100頁。
平林勝政「「新たな看護のあり方に関する検討会」での議論を終えて」『看護展望』（2003年7月）49-57頁；「医療行為をめぐる業務の分担」『人の法と医の倫理』（2004）信山社，573-619頁。
村上武則編『基本行政法（第三版）』（2006）有信堂。
柳井圭子「医療制度と行政規制」『ブリッジブック医事法』（2008）信山社，10-16頁。
良村貞子・平塚志保・柳井圭子「特定行為に係る看護師の研修制度と法的課題」『年報医事法学』30，（2015）日本評論社，93-101頁。

9章
医療の提供

1 医療提供体制

看護学生Mは，子ども病院に就職したいと考えている。

　看護学生が卒業後，看護師としてどこに就職するかは本人の自由意思にほかならない。ただし，医療提供者の一員である看護師は，**医療提供施設の種類と定義**について知っておかなければならない。医療を提供する者に法規制がなされているように，医療を提供する場所もどこでもよいというものではない。

　本章では，医療提供の場所である医療施設に関する規制，医療提供施設・医療提供者の整備，医療計画について取り上げる。

1 医療提供のあり方

　医療提供のための制度を定める基本法は**医療法**である。詳細な具体的事項については，この医療法のもと，別に医療法施行令，医療法施行規則に定められている。

医療法

　1条◆　この法律は，医療を受ける者による医療に関する適切な選択を支援するために必要な事項，医療の安全を確保するために必要な事項，病院，診療所及び助産所の開設及び管理に関し必要な事項並びにこれらの施設の整備並びに医療提供施設相互間の機能の分担及び業務の連携を推進するために必要な事項を定めること等により，医療を受ける者の利益の保護及び良質かつ適切な医療を効率的に提供する体制の確保を図り，もって国民の健康の保持に寄与することを目的とする。

　医療法は，医師法および保健師助産師看護師法の成立と同じく1948（昭和23）年に制定された。その後，医療をめぐる諸状況（医学・医療技術の進歩，疾病構造の変化，医療の質の向上に対する要望，要介護者の増大，経済状況等）が変わるにつれ，医療法はそれに対応すべく改正されている。医療法は，現在までに大きく7度の改正がなされている。

▼

コラム　医療法改正の流れ

　わが国の医療提供に対する国の取り組みについて把握できるよう，大きく改正された医療法の概略を示しておこう。

改正	年	改正の目的	ポイント
1	1985（昭和60）	医療資源の地域の偏りをなくす 医療施設の連携を推進する	都道府県医療計画の導入
2	1992（平成4）	医学医術の進歩による高度医療の充実 人口の高齢化への対応 患者の権利意識の向上に応じる	特定機能病院の創設 療養型病床群の創設 医療提供の理念と医療提供者の責務についての規定の追加 医療に関する広告規制の見直し
3	1997（平成9）	要介護者の増大 適切な医療を効果的に提供する体制整備	療養病床群の診療所への拡大 地域医療支援病院の創設 広告事項の拡大
4	2000（平成12）	良質な医療を効率的に提供する体制整備	病床区分の見直し・届出 病床の種別に応じた人員配置基準・構造設備の適正化 広告規制の緩和 医師の臨床研修必修化
5	2006（平成18）	良質な医療を提供する体制の確立	医療に関する情報提供の推進 医療機関の分化・連携の推進 医療安全対策の推進 医療従事者の資質の向上 医療法人制度改革
6	2014（平成26）	地域における医療及び介護の総合的な確保の推進	概要　本文参照
7	2015（平成27）	医療機関相互間の機能の分担及び業務の連携の推進	地域医療連携推進法人制度の創設 医療法人制度の見直し ・経営の透明化の確保 ・ガバナンスの強化 ・医療法人の分割 ・社会医療法人の認定
8	2017（平成29）	安全で適切な医療提供の確保の推進	検体検査の精度の確保 特定機能病院のガバナンス体制の推進 医療に関する広告規制の見直し

2　第6次医療改革の概要

　2014（平成26）年医療法改正は，「地域における医療及び介護の総合的な確保を推進するための関係法律の整備等に関する法律」（医療介護総合確保推進法）が可決成立されたことを受けてなされたものである。医療介護総合確保推進法は，医療法をはじめ介護保険法，保助看法（➡第8章　看護師の法的位置づけ），看護師人材確保促進法，歯科衛生士法，高齢者医療確保法（➡第10章　医療保障），医療及び介護の統合的な確保の促進に関する法律（旧地域における公的介護施設等の計画的な整備等の促進に関する法律）等計19の法案をとりまとめたものである。今回の改革は，急速な少子高齢化の進展，

人口・世帯構造や疾病構造の変化，医療技術の高度化や国民の医療ニーズの変化など，医療を取り巻く環境変化のなか，社会保障制度を将来も維持していくため，地域における医療と介護の総合的な確保を推進することを目指している。

<第6次医療改革と医療法等改正の概要>

1．新たな基金の創設と医療・介護の連携強化（地域介護施設整備促進法関連）
　・消費税増収分を活用した新たな基金を都道府県に設置
　・厚生労働大臣による基本方針の策定
2．地域における効率的な効果的な医療提供体制の確保
　・病床の機能分化・連携の推進（➡第9章　コラム：病床機能報告義務）
　・病床機能報告をもとに地域医療構想を医療計画において策定
　・在宅医療の推進
　・特定機能病院の承認の更新制の導入
3．人材確保・チーム医療の推進
　・医師確保対策（医療法30条の25）
　・看護職員確保対策（看護師人材確保促進法）
　・医療機関の勤務環境の改善
　・チーム医療の推進（保助看法，診療放射線技師法，歯科衛生士法）
4．地域包括ケアシステムの構築と費用負担の公平化（介護保険法関連）
　・予防給付の地域支援事業施行（サービスの一部を市町村の地域支援事業に移行）
　・特別養護老人ホーム入所基準の見直し
　・低所得者の保険料軽減の拡充
　・一定以上所得者の自己負担の引き上げ（1割負担から2割へ）
5．医療事故再発防止
　・医療事故調査制度の整備
6．臨床研究の推進
7．その他
　・外国医師等の臨床修練制度の見直し
　・歯科技工士国家試験の見直し
　・持ち分なし医療法人への移行の促進

医療と介護の連携強化を行うため，医療機関からの病床機能報告を受けた都道府県は，医療介護の事業計画を作成・実施することになる。

地域における医療及び介護の総合的な確保の促進に関する法律

1条◆　この法律は，国民の健康の保持及び福祉の増進に係る多様なサービスへの需要が増大していることに鑑み，地域における創意工夫を生かしつつ，地域において効率的かつ質の高い医療提供体制を構築するとともに地域包括ケアシステムを構築することを通じ，地域における医療及び介護の総合的な確保を促進する措置を講じ，もって高齢者をはじめとする国民の健康の保持及び福祉の増進を図り，あわせて国民が生きがいを持ち健康で安らかな生活を営むことができる地域社会の形成に資することを目的とする。

3条◆　厚生労働大臣は，地域において効率的かつ質の高い医療提供体制を構築するとともに地域包括ケアシステムを構築することを通じ，地域における医療及び介護を総合的に確保するための基本的な方針を定めなければならない。

> 4条◆ 都道府県は，総合確保方針に即して，かつ，地域の実情に応じて，当該都道府県の地域における医療及び介護の総合的な確保のための事業の実施に関する計画（以下「都道府県計画」という。）を作成することができる。

そのため，上記概要の1.のように財源確保となる消費税増額分を財源とする新たな基金を設置することになった（地域介護施設整備促進法6条，7条）。

なお，第6次医療改革は，医療と介護の連携強化であり，医療法だけでなく介護保険法（➡第10章医療保障）も，地域包括ケアシステムの構築と費用負担の公平化等の観点から上記概要4.のように改正された。

地域における医療及び介護の総合的な確保の促進に関する法律

> 2条◆ この法律において「地域包括ケアシステム」とは，地域の実情に応じて，高齢者が，可能な限り，住み慣れた地域でその有する能力に応じ自立した日常生活を営むことができるよう，医療，介護，介護予防（要介護状態若しくは要支援状態となることの予防又は要介護状態若しくは要支援状態の軽減若しくは悪化の防止をいう。），住まい及び自立した日常生活の支援が包括的に確保される体制をいう。

3 医療提供者の責務

良質かつ適切な医療の提供のために医療法は，医療提供の理念を掲げている。

医療法

> 1条の2◆ 1項：医療は，生命の尊重と個人の尊厳の保持を旨とし，医師，歯科医師，薬剤師，看護師その他の医療の担い手と医療を受ける者との信頼関係に基づき，及び医療を受ける者の心身の状況に応じて行われるとともに，その内容は，単に治療のみならず，疾病の予防のための措置及びリハビリテーションを含む良質かつ適切なものでなければならない。
> 2項：医療は，国民自らの健康の保持増進のための努力を基礎として，医療を受ける者の意向を十分に尊重し，病院，診療所，介護老人保健施設，介護医療院，調剤を実施する薬局その他の医療を提供する施設（以下「医療提供施設」という。），医療を受ける者の居宅等（…略…）において，医療提供施設の機能に応じ効率的に，かつ，福祉サービスその他の関連するサービスとの有機的な連携を図りつつ提供されなければならない。

この理念のなかで，看護師は，医師（歯科医師），薬剤師と並んで医療提供者の一員であることが法に明文化されている。そして，医療法は，これら医療の担い手の責務として，医療を受ける者に対し，良質かつ適切な医療を行なうよう努めなければならないとされている（医療法1条の4第1項）。

具体的な責務として，説明と同意や，各医療提供施設相互の機能分担および業務の連携，福祉との連携，研究研修の利用協力等が示されている。

> ### 医療法
>
> 1条の4◆ 1項：医師，歯科医師，薬剤師，看護師その他の医療の担い手は，第1条の2に規定する理念に基づき，医療を受ける者に対し，良質かつ適切な医療を行うよう努めなければならない。
>
> 2項：医師，歯科医師，薬剤師，看護師その他の医療の担い手は，医療を提供するに当たり，適切な説明を行い，医療を受ける者の理解を得るよう努めなければならない。
>
> 3項：医療提供施設において診療に従事する医師及び歯科医師は，医療提供施設相互間の機能の分担及び業務の連携に資するため，必要に応じ，医療を受ける者を他の医療提供施設に紹介し，その診療に必要な限度において医療を受ける者の診療又は調剤に関する情報を他の医療提供施設において診療又は調剤に従事する医師若しくは歯科医師又は薬剤師に提供し，及びその他必要な措置を講ずるよう努めなければならない。
>
> 4項：病院又は診療所の管理者は，当該病院又は診療所を退院する患者が引き続き療養を必要とする場合には，保健医療サービス又は福祉サービスを提供する者との連携を図り，当該患者が適切な環境の下で療養を継続することができるよう配慮しなければならない。
>
> 5項：医療提供施設の開設者及び管理者は，医療技術の普及及び医療の効率的な提供に資するため，当該医療提供施設の建物又は設備を，当該医療提供施設に勤務しない医師，歯科医師，薬剤師，看護師その他の医療の担い手の診療，研究又は研修のために利用させるよう配慮しなければならない。

4 国・地方公共団体の責務

妊婦の救急搬送の受け入れ拒否（2006年の総務省消防庁と厚生労働省の調査によると，全国で2668人の妊婦が受け入れを拒否されているとのこと──2007.10.26読売新聞より）が問題になったように，医療提供機関や医療の担い手の規制だけでは，国民に対し良質かつ適切な医療を効率的に提供することはできない。同法に掲げた医療を提供できる制度や体制を確保しなければならない。医療法は，国・地方公共団体に対しその責務があることを定めている。

> ### 医療法
>
> 1条の3◆ 国及び地方公共団体は，前条に規定する理念に基づき，国民に対し良質かつ適切な医療を効率的に提供する体制が確保されるよう努めなければならない。

そこで，第5次改正では，医療法第1条4項によって新たに定められた退院調整機能とともに次

のことが追加・修正された。

①医療提供体制の確保について，国の基本方針を制定すること，変更した場合には公表すること（医療法30条の３）

②国の定める基本方針に即して，都道府県は，地域の実情に応じて，当該都道府県における医療提供体制の確保を図るための医療計画（後述）を定めること（同法30条の４）

③都道府県知事は関係者との協議の場を設け（医療対策協議会の制度化），協力を得て救急医療等確保事業に係る医療従事者の確保をすること（同法30条の23）

④国や地方公共団体は，公的医療機関の開設者または管理者に対し，所在地の都道府県の医療計画に定められた救急医療等確保事業に係る医療の確保に関し必要な措置を講ずるよう命ずることができること（同法35条１項３号）

等である。

コラム　公的医療機関

　都道府県，市町村および厚生労働大臣が定める者（地方公共団体の組合，国民健康保険団体連合会，日本赤十字社，済生会等）が病院や診療所を開設した場合，その施設は公的医療機関となる（医療法31条）。これら公的医療機関については，厚生労働大臣または都道府県知事は，施設の設置命令，必要な費用の補助，施設・設備の充実に関する指示，さらに医師の実地修練（医師法11条２号）または臨床研修（同法16条の２第１項）に必要な条件整備や救急医療等確保事業に係る医療の確保に必要な措置等を命ずることができる（医療法35条）。

---

② 医療提供の場

1　医療提供施設

1　定　義

　医療は，医療提供施設や医療を受ける者の居宅等において効率的に提供されなければならない（医療法１条の２第２項）。医療法は，医療提供施設に関し，その設立の目的や規模により名称を特定している（同法１条の５，１条の６，２条，４条，４条の２）。

＜医療提供施設の定義＞

名　称	入院対象数の制限	根拠条文	特　徴	手続き
診療所	19人以下	医療法１条の５第２項	医師（歯科医師）が医業（歯科医業）を行なうところ	知事に届出
病院	20人以上	同法１条の５第１項	医師（歯科医師）が医業（歯科医業）を行なうところ。傷病者が，科学的でかつ適正な診療を受ける	知事の許可

			ことができるよう組織・運営されている	
助産所	9人まで (子は含まず)	同法2条1項・2項	助産師が助産業務を行なうところ	知事に届出
地域医療支援病院	厚生労働省令で定める数 (原則200人以上)	同法4条 医療法施行規則6条, 6条の2	国, 都道府県, 市町村, 社会医療法人その他厚生労働大臣の定める者の開設する病院であって, ・地域医療確保の支援のため, 他の病院・診療所からの紹介患者に医療を提供すること ・建物, 設備, 機械器具を他の病院の医師らに診療, 研究, 研修に利用させる体制整備 ・地域の医療従事者の資質向上のための研修を行なわせる能力を有する ・救急医療の提供能力を有する	知事の承認 (都道府県医道審議会の意見を得て)
特定機能病院	厚生労働省令で定める数(400人以上)	同法4条の2 医療法施行規則6条の3, 4, 5	・高度の医療を提供する能力を有すること ・高度の医療技術の開発および評価を行なう能力を有する ・高度の医療に関する研修を行なわせる能力を有する ・病院・総合病院施設のほかに, 集中治療室を有する等の要件に該当するもの ・省令で定める診療科を有する	厚生労働大臣の承認 (社会審議会の意見を得て)
臨床研究中核病院	厚生労働省令で定める数 (400床以上) 内科, 外科をはじめ16の診療科のうち10以上を標榜する	同法第4条の3 医療法施行規則6条の5の2, 3, 6条の5の4, 6条の5の5	臨床研究の実施の中核的役割を担う以下の能力を有している。 ・特定臨床研究に関する計画立案・実施する能力 ・特定臨床研究の実施の主導的な役割を果たす能力 ・特定臨床研究の実施に関する相談に応じ, 必要な情報の提供, 助言その他の援助を行う能力 ・特定臨床研究に関する研修を行う能力	厚生労働大臣の承認 (社会審議会の意見を得て)
介護老人保健施設		同法1条の6 介護保険法8条28項	要介護者が, 主として心身の機能の維持回復をはかり, 居宅での生活を営むことができるよう, 在宅復帰, 在宅療養支援を行なうための地域拠点となる施設であり, 看護, 医学的管理の下, リハビリテーションを提供する機能維持・改善を担うところ。医師は, 常勤で入所者100人に対し1人以上, 看護・介護職員は入所者3人に対し1人以上(うち看護師は7分の2程度)を備える。	都道府県知事の許可

| 介護医療院 | | 同法1条の6第2項 介護保険法8条29項 | 2018年4月の第7期介護保険事業計画に則り，新たに創設された施設であり，介護療養型医療施設に代わり，医療の必要な要介護高齢者の長期療養と生活支援を行なうところ。医師は入所者48人に対し1人，看護師は入所者6人に対し1人，介護士は入所者6人に対し1人以上を備える。 | 都道府県知事の許可 |

なお，医療法による医療提供施設の定義にあたらない施設に，そのような名称または紛らわしい名称（診察所，病院分院，産院など）をつけてはならない（類似名称の使用制限——医療法3条1項・2項・3項・4条3項・4条の2第3項）。

コラム　診療所

通常，「医院」と称する施設は，医療法の「診療所」にあたる。すなわち，「医師（歯科医師）が，公衆又は特定多数人のため医業（歯科医業）をなす場所」で，「患者の収容施設を有しないもの又は患者19人以下の収容施設を有する」という要件を満たす施設は，その名称（医院，クリニックなど）が何であろうとも法的には「診療所」なのである。

また，医師・助産師が往診または出張だけで業務を行なっている場合，その者の住所をもって診療所・助産所とみなされる（医療法5条）。

第6次医療改革において，2015（平成27）年4月から日本発の革新的医薬品・医療機器の開発などに必要となる質の高い臨床研究や治験を推進するため，国際水準の臨床研究や医師主導治験の中心的な役割を担う病院として，臨床研究中核病院が医療法上位置づけられた。承認要件として，病院管理者を中心とした厳しい実施体制要件を充たさなければならないとされている。臨床研究中核病院が実施する特定臨床研究（医療法4条の3第1項1号）とは，医薬品医療機器等法（旧薬事法 ➡第9章■3）における未承認・適応外の医薬品等の臨床研究，製薬企業から資金提供を受けて実施される医薬品の臨床研究である（臨床研究法2条2項）。実施者はモニタリング・監査の実施，利益相反の管理等実施基準を遵守し，インフォームド・コンセントの取得，個人情報保護，記録の保存等を行なわなければならない（同法3条-22条）。

2　施設の開設

ケース・9-2

助産師Kは，自分で助産所を開設したいと考えている。

医療提供施設を設立するにあたっては，医療法に開設要件が定められている。このケースで助産師Kが助産所を開設するには，その要件を充たさなければならない。

医療提供施設は，国民の健康保持に寄与するという公的性格を有しており，誰でも自由に開設できるわけではない。医療提供施設の開設については，都道府県知事が管轄権を有している。開設者は医療法に基づく開設手続きを遵守しなければならない（医療法7条）。病院を開設する場合には，あらかじめ開設地の都道府県知事の許可を得なければならない。医師（ここでの医師は，医学を履修する課程を置く大学に附属する病院または厚生労働大臣の指定する病院において2年以上の臨床研修を受け臨床研修を修了した旨を医籍に登録した「臨床研修等修了医師」である）が診療所を，助産師が助産所を開設する場合には，許可を必要としないが，開設後10日以内に開設地の知事（保健所を設置する市または特別区では市長または区長）に届出をしなければならない（同法8条）。

ケース・9-2では，助産師Kは助産所開設後10日以内に，以下のことを知事に届出をすればよい。これを怠った場合には，20万円以下の罰金に処せられる（同法89条1号）。

なお，診療所の開設にあたって，病床を設けようとするときは知事の許可が必要となる（医療法7条3項）。

届出事項（医療法施行規則5条）

①開設者の住所および氏名（免許証の提示またはその写しの添付）②名称，③開設の場所，④助産師その他の従業員の定員，⑤敷地の面積および平面図，⑥建物の構造概要および平面図（各室の用途を示し，妊婦，産婦またはじょく婦を入所させる室についてはその定員を明示すること。），⑦開設者が現に助産所を開設もしくは管理し，または病院，診療所もしくは助産所に勤務する者であるときはその旨，⑧同時に2以上の助産所を開設する者であるときはその旨，⑨開設の年月日，⑩管理者の住所および氏名，⑪業務に従事する助産師の氏名（免許証の提示またはその写しの添付），⑫嘱託医師の住所および氏名（嘱託した旨の書類の添付）または，病院または診療所の住所および名称（当該病院または診療所が診療科名中に産科または産婦人科を有する旨の書類および当該病院または診療所に対し，嘱託を行なった旨の書類の添付）ならびに嘱託する病院または診療所の住所および名称（嘱託した旨の書類の添付）

ところで，病院の開設の許可にあたっては，上記（⑫を除く，助産所の開設にあたっては，嘱託する医師および病院または診療所を定めておかなければならないことになっている〔医療法19条〕）の外に，⑬診療を行なおうとする科目，⑭敷地の面積および平面図，⑮敷地周囲の見取り図，⑯病院・病床に必要な施設および構造設備の概要，⑰病院または病室のある診療所は病床数・病床の種別ごとの病床数と各病室の病床数，⑱開設の予定年月等を記載した申請書を提出しなければならない（医療法施行規則1条の14）。

病院は，次のような病床の種別がある（同法7条2項）。

号	病床の種別	定　義
一	精神病床	病院の病床のうち，精神疾患を有する者を入院させるためのもの
二	感染症病床	病院の病床のうち，感染症の予防及び感染症の患者に対する医療に関する法律（感染症法）6条2項に規定する1類感染症，同条3項に規定する2類感染症，同条7項に規定する新型インフルエンザ等感染症及び同条8項に規定する指定感染症（同法7条の規定により同法19条又は20条の規定を準用するものに限る。）の患者（同法8条（同

		法7条において準用する場合を含む。）の規定により1類感染症，2類感染症，新型インフルエンザ等感染症又は指定感染症の患者とみなされる者を含む。）並びに同法6条9項に規定する新感染症の所見がある者を入院させるためのもの
三	結 核 病 床	病院の病床のうち，結核の患者を入院させるためのもの
四	療 養 病 床	病院または診療所の病床のうち，前3号に掲げる病床以外の病床であって，主として長期にわたり療養を必要とする患者を入院させるためのもの
五	一 般 病 床	病院の病床のうち，前各号に掲げる病床以外のもの

（注）　病院・診療所の開設者は，病床数病床の種別その他厚生労働省令で定める事項を変更しようとするときは，知事の許可を受けなければならない。

　医療提供施設の管理者は，都道府県知事が定める方法により年1回以上，名称や開設者などの基本的な事項を知事に報告するとともに誰もが知りえるよう閲覧または公表しなければならない（医療法6条の2，6条の3，6条の4）。医療施設は医療を受ける者が良質かつ適切な選択ができるために広告により必要となる情報を提供しなければならないが，他の施設との比較，虚偽や誇大なものにならないよう一定の規制がなされている（同法6条の5，6条の7）。なおホームページを活用することは，不当な勧誘にならないよう「医療機関のホームページの内容の適切なあり方に関する指針」（平成24年医政発0928第1号）に則って行なう。

> ### コラム　医療法人
>
> 　一個人である私人が病院等を開設する際，資金集積等経済的にむずかしいことがある。そこで医療法は，法人も病院等の開設者となることができるとしている。医療法人制度は，昭和25年に民間非営利部門として医療法上に位置づけられたものであり，国民皆保険制度の下，医療法人の開設する医療機関の整備が推進されてきた。ところで，近年，公的医療機関が担ってきたへき地医療や救急医療など，市町村合併や地方財政の改善（「官から民へ」）に向けた取り組みのなかで医療法人に期待される役割は大きくなってきた。従来の医療法人類型は，社団や財団のうちから税制上優遇されている特定医療法人と公益性の高い特別医療法人であったが，第5次医療法改正では，医療法人制度改革として，医療法人の非営利性の強化，医療経営の透明性の確保，へき地医療，小児救急医療等を担うべき新たな医療法人類型（社会医療法人）の創設がなされ，特定医療法人，社会医療法人という類型となった。
> 　医療法人は，業務の支障のない限り，医療関係者の養成および医学研究所の設置，保健衛生に関する業務，疾病予防のための有酸素運動施設の設置や温泉利用施設の設置，有料老人ホームの設置，そして社会福祉法に掲げる事業のうち厚生労働大臣の定める社会福祉事業等の付帯業務を行うことができる（医療法39条から69条）。

3　医療提供施設の管理者

　開設者は，その施設の適正な運営管理をする管理者を決め，開設時の届出においてこれを明示しなければならない（医療法10条，10条の2，11条）。病院・診療所の管理者は，臨床研修等修了医師（同歯科医師）で，助産所は助産師でなければならない。開設者が臨床研修等修了医師（歯科医師）で

あり，助産所の開設者が助産師であるときは，原則としてみずから管理者にならなければならない。ただ，行政処分を受けて再教育研修を受けるべき医師，助産所では同助産師は，再教育研修を修了しなければ管理者になれない。管理者には，その施設を統一的に管理するためさまざまな法的義務が課される。

　以下の事項は，管理者に課される義務である。

①監督義務

　管理者は，勤務する従業員（医師，薬剤師，助産師，看護師等）を監督し，業務遂行上必要な注意を払わなければならない（医療法15条）。この義務を怠れば，知事は開設者に対し管理者変更命令を下すことができる（医療法28条）。

　また，管理者は，開設者に対し，病院等の構造・設備の改善命令を出すことができる。この命令が出されると，開設者はただちに必要な措置を行なわなければならない（医療法施行規則15条2項）。開設者がその命令に応じない場合，知事より開設者に対し医療施設の使用禁止や改善命令が出されることになる（医療法24条）。

②院内掲示義務

　管理者は，患者に適切な医療情報を提供するため，以下の事項を院内の見やすい場所（入口，受付など）に掲示しなければならない（医療法14条の2）。

掲示する事項：

　　管理者の氏名，診療に従事する医師（歯科医師）・助産師の氏名，医師（歯科医師）の診療日および診療時間，あるいは助産師の就業の日時，省令で定める事項等。

---

③入院，入所に関する義務

　管理者には，患者や妊産婦等の入院，入所に関し，以下のような義務がある。

---

①病室や入所室には定員を超えて患者や妊産婦を入院，または入所させない（医療法施行規則10条1号）。
②患者や妊産婦を病室または入所室でない場所に入院，または入所させない（同規則10条2号）。
③精神病患者または感染症患者をそれぞれ精神病室または感染症病室でない病室に入院させない（同規則10条3号・4号）。
④同室に入院させることにより病毒感染の危険のある患者を他の種の患者と同室に入院させない（同規則10条5号）。
⑤病毒感染の危険のある患者を入院させた室は消毒した後でなければこれに他の患者を入院させない（同規則10条6号）。
⑥病毒感染の危険のある患者の用に供した被服，寝具，食器等で病毒に汚染しまたは汚染の疑いのあるものは，消毒した後でなければこれを他の患者の用に供しない（同規則10条7号）。
　＊ただし，上記，①②③については，臨時応急のため入院，または入所させるときは，この限りでない。
⑦-i　有床診療所の管理者は，入院患者の病状急変時においても適切な医療の提供ができるように，当該診療所の医師が速やかに診療を行なう体制の確保に努めるとともに，他の病院・診療所との緊密

な連携を確保しておかなければならない（医療法13条）。

　⑦-ii　助産所では，他に適当な施設がない場合や臨時応急のため収容する場合を除いて，同時に10人以
　　　上の妊婦・産婦・じょく婦を入所させてはならない（同法14条）。

④業務委託

　患者の検体検査，寝具，給食，医療機器の保守管理等，患者等の収容に著しい影響を与えるもの
として政令で定められて業務を委託する場合，省令で定められた基準に適合するものに委託しなけ
ればならない（同法15条の3）。

⑤医師の宿直

　病院の管理者は，病院に医師を宿直させなければならない（同法16条）。

　地域医療支援病院や特定機能病院の管理者には，これら業務のほかに施設の利用，高度の医療提
供，研修，患者紹介について等の義務が課せられている（同法16条の2，16条の3）。

　原則として，病院・診療所では医師が，助産所では助産師が管理者でなければならない。開設者
が管理者になることができる者であれば，その者が管理者にならなければならない。もしも，他の
者を管理者とする場合には，都道府県知事の許可を得なければならない。

　医療提供施設の監督権は都道府県知事（監督庁）にある。

　知事は，管理者に犯罪行為や医事に関する不正行為がある場合，あるいは，その者が管理を行な
うのに適しないと認めるときは，開設者に対し，期限を定めて管理者を変更することを命ずること
ができる。その場合には，当該管理者に不利益にならないよう事前に弁明の機会を与えなければな
らない（医療法28条，30条）。また知事は，開設者に対し病院等が清潔を欠く場合，構造設備が法令に
違反するか，もしくは衛生上有害・保安上危険であると認めた場合には，使用制限，使用禁止，修
繕・改築等命令を出すことができる（同法24条）。

4　法定人員

■ ケース・9-3

　看護師Kは，P病院で働いていた。そこは自分自身で何もすることができない状態の患者が多く，看
護師らはその世話で多忙であった。Kは，看護スタッフが不足しているのではないかと病棟師長に不満
を言っている。

　このケースのように，病院等で勤務している際，人員は十分に確保されているのだろうかと疑問
に感じるときがある。しかし，それが法的に人員不足であるというためには，基準となっている人
員と比べて検討しなければならない。

> 21条◆1項：病院は，厚生労働省令の定めるところにより，次に掲げる人員及び施設を有し，かつ，記録を備えて置かなければならない。

　医療法では，医療提供施設により必要とされる職種と人員が特定されている。病院では，有している病床の種別に応じて，「医師，歯科医師，看護師その他の従業者」の員数を，また，療養病床を有する診療所では，「医師，歯科医師，看護師及び看護の補助その他の業務の従業者」の員数について，厚生労働省令に定めをおくとされている（医療法21条1項1号，同法21条2項1号なお，特定機能病院の員数については，同法22条の2第1号に規定されている）。医療法23条の2では，この人員を有していない施設について，都道府県知事は，開設者に人員の増員または業務の停止を命じることができるとされている。

> 23条の2◆都道府県知事は，病院又は療養病床を有する診療所について，その人員の配置が，第21条第1項又は第2項の規定に基づく厚生労働省令又は都道府県の条例で定める基準に照らして著しく不十分であり，かつ，適正な医療の提供に著しい支障が生ずる場合として厚生労働省令で定める場合に該当するときは，その開設者に対し，期限を定めて，その人員の増員を命じ，又は期間を定めて，その業務の全部若しくは一部の停止を命ずることができる。

　厚生労働省令である医療法施行規則によると，看護師（および准看護師）の人員数の標準は，以下のようになる。

> **＜看護師の法定人員＞**
> ⅰ）病院（医療法施行規則19条2項2号）
> 　①病床の種別に応じた員数
> 　　一般・感染症　　　　　　　入院患者3人に看護師（准看護師）1人
> 　　療養・精神・結核　　　　　入院患者4人に看護師（准看護師）1人
> 　　として算定した数の合計数（端数は1人）
> 　＊療養病床では，入院患者4人に1人の看護補助者を置く（同条同項3号）。
> 　②外来患者　　　　患者30人に看護師（准看護師）1人（端数は1人）
> ⅱ）療養病床を有する診療所　　入院患者4人に看護師（准看護師）1人（端数は1人）（規則21条の2第2号）
> 　＊療養病床では，入院患者4人に1人の看護補助者を置く。
> ⅲ）特定機能病院　（同規則22条の2第4号）
> 　　入院患者2人に看護師（准看護師）1人（端数は1人）
> 　　外来患者30人に看護師（准看護師）1人（端数は1人）

　（なお，この規則による入院患者および外来患者の数とは，前年度の平均値である。病院の新規開設または再開の場合は，推定数によるとされている〔同規則19条5項〕。）

例えば，一般病床には患者40名，療養病床に60名入院可能な病院があったとしよう。看護師の法定人員数は，一般病床の患者40名を3で割った13.33……，療養病床の患者60名を4で割った15を合計した28.33……，すなわち，28人と端数1人とで29人となる。なお，この規定における看護師は准看護師を含めたものであり，看護師と准看護師の人員上の区分はなされていない。

　産婦人科・産科では，看護師の人員数のうち適当な人員を助産師と，歯科・歯科口腔外科では歯科衛生士とすることができる。また療養病床を有する病院では，実情に応じて適当数の理学療法士・作業療法士を置くこととされている。

　もちろん，監督庁である都道府県知事は，これら人員の配置が不十分である場合も，開設者に対し人員の増員，または業務の停止を命ずることができる（医療法23条の2）。

　ケース・9-3で看護師Kの主張は，まずはこの法定人員に照らして検討しなければならない。もしも，現在の人員がそれを下回るようであれば，勤務状態の改善だけでなく医療事故防止のためにも看護師Kが看護師長に人員の補充を求めることは正当であろう。

　看護師の法定人員を下回る病院や看護師の確保が困難な状況にある病院は，看護師等確保推進者を設置し，病院における看護師等の配置および業務の改善に関する計画の策定その他看護師の確保に関する事項の処理にあたらなければならない（看護師等の人材確保の促進に関する法律12条）。

　1992（平成4）年，急速な高齢化の進展や保健医療を取り巻く環境の変化に伴い，看護師の確保を図るため，看護師等（保健師，助産師，看護師）の人材確保の促進に関する法律が制定された。

看護師等の人材確保の促進に関する法律

> 1条◆ この法律は，我が国における急速な高齢化の進展及び保健医療を取り巻く環境の変化等に伴い，看護師等の確保の重要性が著しく増大していることにかんがみ，看護師等の確保を促進するための措置に関する基本指針を定めるとともに，看護師等の養成，処遇の改善，資質の向上，就業の促進等を，看護に対する国民の関心と理解を深めることに配慮しつつ図るための措置を講ずることにより，病院等，看護を受ける者の居宅等看護が提供される場所に，高度な専門知識と技能を有する看護師等を確保し，もって国民の保健医療の向上に資することを目的とする。

　本法は，看護師の人員だけでなく人材を確保するために，看護師が勤務する病院に対し処遇の改善や研修の機会を確保するための配慮等を行なうよう定めている（同法5条）。また本法は，国民に看護活動に参加するように求めるとともに，国民の参加を受け入れるよう病院に協力を求めている（同法7条）。さらに，これらの支援を受ける看護師については，みずからが保健医療の重要な担い手であるということを自覚し，自信と誇りをもって能力開発・向上を図るよう努力義務を課している（同法6条）。

看護師等の人材確保の促進に関する法律

5条◆1項：病院等の開設者等は，病院等に勤務する看護師等が適切な処遇の下で，その専門知識と技能を向上させ，かつ，これを看護業務に十分に発揮できるよう，病院等に勤務する看護師等の処遇の改善，新たに業務に従事する看護師等に対する臨床研修その他の研修の実施，看護師等が自ら研修を受ける機会を確保できるようにするために必要な配慮その他の措置を講ずるよう努めなければならない。

2項：病院等の開設者等は，看護に親しむ活動への国民の参加を促進するために必要な協力を行うよう努めなければならない。

6条◆看護師等は，保健医療の重要な担い手としての自覚の下に，高度化し，かつ，多様化する国民の保健医療サービスへの需要に対応し，研修を受ける等自ら進んでその能力の開発及び向上を図るとともに，自信と誇りを持ってこれを看護業務に発揮するよう努めなければならない。

7条◆国民は，看護の重要性に対する関心と理解を深め，看護に従事する者への感謝の念を持つよう心がけるとともに，看護に親しむ活動に参加するよう努めなければならない。

コラム　都道府県ナースセンター

　この看護師等の人材確保の促進に関する法律により，看護師確保のための措置として，以下のことが定められている。上記，看護師等確保推進者の設置もその一つである（看護師等の人材確保の促進に関する法律14条-19条）。

①病院等の開設者に基本指針を定める事項についての国および都道府県の指導・助言

②雇用管理に関する知識の習得のために必要な国の助成

③公共職業安定所による看護師等の就職に関する雇用情報の提供，職業指導，就職のあっせん

④都道府県による看護師等就業協力員の委嘱

⑤医療法による法定人員を著しく下回る病院や，看護師の確保が困難な状況にある病院に対する看護師等確保推進者の設置

　この法律は，看護師の人材確保について，金銭的・財政的においてもサポートするよう国および地方公共団体の責務を掲げている（同法4条）。その一つがナースセンターの指定である。都道府県知事は，都道府県看護協会の行なう職業紹介事業を都道府県ナースセンター（民法上の公益法人）として指定することができる。その事業とは，潜在看護師・退職看護師に対する再就職のための無料の情報提供・相談，ブランクの補填や訪問看護のための研修や講習を行なうなどである。この都道府県ナースセンターは，厚生労働大臣の指定する中央ナースセンター（社団法人日本看護協会があたっている）を拠点としている（同法20条-22条）。

　なお2014（平成26）年，第6次医療改革により，看護師等は病院を退職する場合には，都道府県ナースセンターに届け出ることとなった（同法16条の3）。高齢化の進展等により，看護の人材の需要はますます増加するとされ，潜在看護師が復職することが期待されている。都道府県ナースセンターは，公共職業安定所（ハローワーク）との連携を促進し，届出により得られた離職者の情報の把握，復職のための定期的な情報提供や適切な研修等きめ細やかな支援を実施していくことが求められている（同法10条）。

　また，病院等の管理者は，医療に従事する勤務者の就業環境を改善するよう努めなければならないと

されている（医療法30条の19）。国は、「医療勤務環境改善マネジメントシステムに関する指針」（厚生労働省告示376号）を定め、都道府県は、各医療機関の勤務環境改善に対する支援を行なうとともに、その拠点（**医療勤務環境改善支援センター**）を設置することとなった（医療法30条の20，30条の21，30条の22）。

医療法

30条の19◆ 病院又は診療所の管理者は、当該病院又は診療所に勤務する医療従事者の勤務環境の改善その他の医療従事者の確保に資する措置を講ずるよう努めなければならない。

ケース・9-3でP病院が法定人員を満たしていたとしても、人員不足を理由に病院側へ改善を求めることは可能である。この法的人員はあくまでも標準であり、もしも、この員数で業務に支障があれば、適切な人員を確保するよう検討しなければならないことは当然である。

ただし、看護師の人員の基準を示すものは、法定人員だけではない。看護師の人員の基準を示すものとして、**診療報酬**として**看護料**を徴収する際の算定基準がある（➡第10章　医療保障）。これは、**療養担当規則**により、入院患者数に対する看護職員の割合を示したものである。これら看護料体系により、保険診療上、看護師の割合に応じた看護料を徴収することができる。このような制度も活用し、適切な看護を提供できるよう必要な人員が確保されなければならない。

2006（平成18）年、一般病院では、患者対看護職員実質配置「7対1」（旧「1.4対1」）、看護職員中に占める看護師の割合が7割以上、平均在院日数19日以内の場合に、最も高い診療報酬上の評価がなされている。

5 法定施設

病院等は、次のような施設を備えておかなければならない（医療法21条2号-12号、ただし9号は記録についてである〔後述〕）。

病院等の施設

各科専門の診察室、手術室、処置室、臨床検査施設、エックス線装置、調剤所、給食施設、診療科名中に産婦人科または産科を有する病院にあっては、分べん室及び新生児の入浴施設、療養型病床群を有する病院にあっては、機能訓練室、その他厚生労働省令で定める施設

＊上記の施設の外、地域医療支援および特定機能病院は、集中治療室、化学、細菌および病理の検査施設、病理解剖室、研究室、講義室、図書室等を備えなければならない（医療法21条，22条，22条の2，22条の3）。

病院等の構造設備については、換気、採光、照明、防湿、保安、避難および清潔その他衛生上必要な基準が省令により設けられている（医療法23条1項）。また、これに違反した者については、20

万円以下の罰金による処罰規定を設けることができるとされている（同法23条2項）。そこで，施行規則には，病室の床面積や廊下の幅，療養病床での病室数，精神病室での患者保護の措置について，また感染症・結核病室での感染予防のための遮断措置について等が定められている（医療法施行規則16条）。

　知事は，病院等が衛生上有害である，あるいは保安上危険であると認めるとき，もしくは，構造設備が規定に反していると認めるときは，開設者に対し，使用制限・使用禁止，修繕・改築を命じることができる（医療法24条1項）。なお，特定機能病院の場合は，厚生労働大臣が修繕・改築を命じることができる（同法24条2項）。

6 記　録

　患者の診療に関しては，医師は診療録を作成（記載）し，保存する義務がある（医師法24条）。これに反する医師は，50万円以下の罰金に処せられる（同法33条の2第1号）。看護職のなかで助産師に対しては，助産録を作成保存する義務が課せられており（保助看法42条），これに反する助産師は医師同様，50万円以下の罰金に処せられる（保助看法45条2号）。

　看護師には看護記録の作成保存義務はないが，2007（平成19）年4月1日より，病院では診療に関する諸記録の一つとして看護記録を作成しこれを2年間保存しなければならないこととなった（医療法21条1項9号）。

診療に関する諸記録（医療法施行規則21条の5第2項）
　　過去2年間の病院日誌，各科診療日誌，処方せん，手術記録，**看護記録**，検査所見記録，エックス線写真，入院患者および外来患者の数を明らかにする帳簿並びに入院診療計画書

　なお，地域医療支援病院（医療法22条），特定機能病院（同法22条の2），臨床研究中核病院（同法22条の3）は，診療に関する諸記録（なお，上記諸記録に紹介状，退院した患者に係る入院期間中の診療経過の要約が加わっている）とは別に，病院の管理運営に関する諸記録を備えておかなければならない。以下，地域医療支援病院と特定機能病院の記録内容である。

病院の管理運営に関する諸記録
　・地域医療支援病院の場合（医療法施行規則21条の5第3項）
　　共同利用の実績，救急医療の提供の実績，地域の医療従事者の資質の向上を図るための研修の実績，閲覧実績並びに紹介患者に対する医療提供および他の病院または診療所に対する患者紹介の実績を明らかにする帳簿
　・特定機能病院（同規則22条の3第3項）
　　過去2年間の従業者数を明らかにする帳簿，高度の医療の提供の実績，高度の医療技術の開発・評価の実積，高度の医療の研修の実績・閲覧実績・紹介患者に対する医療提供の実績・入院患者・外来患者および調剤の数並びに安全管理のための体制の確保の状況を明らかにする帳簿

----

7 医療安全：事故調査制度

医療安全への法制度の転機となったのは，1999（平成11）年に発生した二つの大きな事件であり，いずれも看護師がかかわっていた。一つは，肺手術と心臓手術の患者を取り違えた事件である（→第3章　ケース・3-2）。もう一つは，ヘパリン加生理食塩水と消毒薬を取り違えた事件であり，看護師は「ヘパ生」（ヘパリン加生理食塩水）という記載を確認することなく，それと並べて処置台に置かれていた注射器で消毒薬を投与して患者を死亡させたというものである（都立広尾病院消毒薬誤注射事件　東京地判平12・12・27判時1771号168頁）。

後者の事件では，注射準備担当と注射実施担当の看護師両名による過失の競合が認定され有罪判決を受けている（注射準備担当看護師　禁錮8月，注射実施担当看護師　禁固1年　いずれも3年間執行猶予）。また事故処理に関連して，病院長，医師については，死亡診断書の虚偽記載，異状死の届出義務（医師法21条）違反が認められるとして（→第3章　看護師と刑事事件）起訴され，有罪となっている（東京地判平13・8・30判時1771号156頁，東京高判平15・5・19判タ1153号99頁，最三小判平16・4・13判タ1153号95頁）。

これらの事件を受け，国は，患者の安全を守るよう取り組みを始めた。2001（平成13）年を「患者安全推進年」として，国は医療関係者との共同で，総合的な医療安全対策を推進すると宣言した（患者の安全を守るための医療関係者の共同行動〔PSA〕）。

> ### 医療法
>
> 6条の9◆　国並びに都道府県，保健所を設置する市及び特別区は，医療の安全に関する情報の提供，研修の実施，意識の啓発その他の医療の安全の確保に関し必要な措置を講ずるよう努めなければならない。

2003（平成15）年より，都道府県等および2次医療圏において，医療に関する患者・家族等の苦情・心配や相談への迅速な対応や医療機関への情報提供を行なうため**医療安全支援センター**が設置されることになった。

もっとも当時の医療安全センターは，法律に位置づけがないことから，その機能や取り組みは各都道府県で異なっており，国民にとってもその機能がわかりにくいものであった。2007（平成19）年（第5次医療改革）には，医療安全支援センターを医療法に位置づけることとなり，都道府県等においては，このセンターを設置するよう努めること，またその名称および所在地について公示しなければならないこととなった（医療法6条の13）。

コラム　医療安全支援センター

医療安全支援センターは，都道府県，保健所を設置する市および特別区により，日本全国で300箇所以上設置されている。当センターは，国民の医療に関する苦情・心配や相談に対応する相談窓口の設置，

地域の実情に応じた医療安全推進協議会の開催，医療機関と患者・国民に対する医療安全に関する助言および情報提供，医療安全の確保に関する情報収集および提供，医療安全施策の普及・啓発等を行なっている。

　都立広尾病院消毒薬誤注射事件で最高裁は，「死体を検案して異状を認めた医師は，自己がその死因等につき診療行為における業務上過失致死等の罪責に問われるおそれがある場合にも，医師法第21条の届出義務を負う」（最判平16・4・13判タ1153号95頁）と判示した。このことは異状死の拡大解釈につながり，萎縮医療になりかねない等，医療関係者の懸念を招き，患者が診療の過程で予期せず死亡した場合，警察に届け出るのではなく第三者機関に報告し，異状死に関する適切な医療評価がなされるよう新たな制度の確立が必要であると提案された（日本医学会加盟の主な19学会の共同声明診療行為に関連した患者死亡の届出について〜中立的専門機関の創設に向けて〜平成16年9月30日　www.mhlw.go.jp/shingi/2007/08/dl/s0810-6b_0005.pdf）。

　このようななか，2006（平成18）年2月，福島県で帝王切開術を受けた女性が癒着胎盤の剥離による出血死を起こしたことにより，執刀医が業務上過失致死罪および異状死の届出義務違反によって逮捕，起訴されるという衝撃的な事件が起こった（大野病院事件　福島地判平20・8・20季刊刑事弁護57号185頁）。本件では無罪判決が確定したが，医療関係者からは，医療事故の調査は刑事司法によるのではなく，第三者の立場にある専門家集団によって自律的に検証する制度が必要ではないかとの意見が出された。これを受けて，2014（平成26）年，「医療事故届出制度」が創設された（医療法6条の10）。この制度は，厚生労働省の指定する「医療事故調査・支援センター」が，懲罰を伴わず，患者・報告者・施設を特定しない中立的な立場で，医療事故による患者の死亡原因等を究明するというものであり，これによって，医療機関の管理者は，医療事故が発生した場合，院内調査を行ない，その結果を医療事故調査・支援センターに報告する義務を負うことになった。報告の対象となる医療事故は，医療に起因し，または起因すると疑われる死亡または死産であって，病院等の管理者が予期しなかったものである（医療法6条の10第1項かっこ書き）。同センターは，厚生労働大臣が以下の業務を適切かつ確実に行なうことができると認めて指定した一般社団法人または一般財団法人であり，医療の安全の確保に資することを目的としている（医療法6条の15第1項）。その業務は，医療機関からの報告によって収集した情報を整理・分析し，その結果を当該機関および遺族へ報告することであり，加えて医療事故調査に従事する者の研修，調査の実施に関する相談および必要な情報提供・支援，そして再発防止に関する啓発等を行なうこととされている（医療法6条の16）。

医療法

> 6条の10◆　1項：病院，診療所又は助産所（…略…）の管理者は，医療事故（当該病院等に勤務する医療従事者が提供した医療に起因し，又は起因すると疑われる死亡又は死産であって，当該管理者が当該死亡又は死産を予期しなかったものとして厚生労働省令で定めるものをいう。（…略…）が発生した場合には，厚生労働省令で定める

ところにより，遅滞なく，当該医療事故の日時，場所及び状況その他厚生労働省令で定める事項を第 6 条の15第 1 項の医療事故調査・支援センターに報告しなければならない。

2 項：病院等の管理者は，前項の規定による報告をするに当たつては，あらかじめ，医療事故に係る死亡した者の遺族又は医療事故に係る死産した胎児の父母その他厚生労働省令で定める者（…略…）に対し，厚生労働省令で定める事項を説明しなければならない。ただし，遺族がないとき，又は遺族の所在が不明であるときは，この限りでない。（下線は筆者による）

＊「医療」の範囲に含まれるものは，手術，処置，投薬およびそれに準じる医療行為（検査，医療機器の使用，医療上の管理など）であり，施設管理など単なる管理は，「医療」に含まれない（平成27年医療法施行規則の一部を改正する省令第100号）

　医療事故が発生した場合，医療機関の管理者は，医療事故調査・支援センターに報告する前に，あらかじめ遺族に説明を行なわなければならない。その後，速やかに，事故原因を明らかにするための院内調査を開始し，医療機関の管理者は，医療事故調査等支援団体（都道府県医師会，大学病院，学術団体，医療関係団体等）に，院内調査に必要となる支援を求める（医療法 6 条の11）。院内調査の終了にあたって，医療機関の管理者は，調査結果を遺族に説明するとともに，医療事故調査・支援センターに報告を行なう。調査結果について不服のある遺族または医療機関は，医療事故調査・支援センターに再調査を依頼することができる。再調査を行なった医療事故調査・支援センターは，その結果を遺族および医療機関に報告する（同法 6 条の16）。こうして，医療の透明化を図り医療への信頼確保に努める体制が整えられることになった。

医療事故院内調査の報告事項（厚生労働省医政発0508第 1 号　平成27年 5 月 8 日）
- ・日時／場所／診療科
- ・医療事故の状況（疾患名，臨床経過など）
- ・連絡先
- ・医療機関名／所在地／管理者の氏名
- ・患者情報
- ・調査計画と今後の予定
- ・その他管理者が必要と認めた情報

2　居　宅

ケース・9-4

看護師 T は，内科病棟に勤務している。ある日，彼女は，患者 K より自宅で療養したいと相談された。

医療法は，医療提供の場として，「医療を受ける者の居宅」をあげている（医療法1条の2第2項）。今日では，長期療養者や末期患者，難病患者等に対し，従来病院等で行なわれていた医療を在宅で提供することができるようになった。このような在宅医療は，患者の意思に基づき，医師が当該患者の状態および在宅での医療が可能であるかどうかの住居環境・家族の協力体制および支援体制などを考慮して行なわれる。支援体制には，患者の求めに直ぐに対応できる地区の開業医および緊急事態に対応しうる病院および医師・看護師・保健師はもちろんのこと，**介護福祉士**やホームヘルパー等福祉関係者の支援も必要である。

社会福祉士及び介護福祉士法

> 2条◆2項：この法律において「介護福祉士」とは，第42条第1項の登録を受け，介護福祉士の名称を用いて，専門的知識及び技術をもつて，身体上又は精神上の障害があることにより日常生活を営むのに支障がある者につき心身の状況に応じた介護（喀痰吸引その他のその者が日常生活を営むのに必要な行為であつて，医師の指示の下に行われるもの（厚生労働省令で定めるものに限る。以下「喀痰吸引等」という。）を含む。）を行い，並びにその者及びその介護者に対して介護に関する指導を行うこと（以下「介護等」という。）を業とする者をいう。

ケース・9-4の場合，看護師Tは，患者Kの**在宅医療**を受ける意思がどの程度のものであるかを慎重に判断しなければならないであろう。患者Kの思いが真剣でKの求めが具体的であれば，医師とともに，患者Kが自宅で医療を継続しうるかどうかを，家族を含めて検討しなければならない。また，在宅医療を開始するにあたって，支援体制の整備と患者および家族への指導をしなければならない。在宅であっても，医療が提供されている以上，当然患者の安全に努めなければならない。医師は定期的に患者宅に赴いて診療する義務がある。日常の患者の生活援助および医学的管理は，看護師・保健師の**訪問看護**によって行なわれる。訪問看護は，訪問看護ステーション・病院の看護師が利用者宅を訪問して看護を提供する。この訪問看護事業者には，病院・診療所が訪問看護を行なう形態と，訪問看護ステーションが行なう形態がある。訪問看護事業の開業には，事業所の所在地の都道府県に介護事業者指定申請を行ない，事業者指定を受けなければならない。

介護保険法

> 8条◆4項：この法律において「訪問看護」とは，居宅要介護者（主治の医師がその治療の必要の程度につき厚生労働省令で定める基準に適合していると認めたものに限る。）について，その者の居宅において看護師その他厚生労働省令で定める者により行われる療養上の世話又は必要な診療の補助をいう。

訪問看護ステーションは，以下の人員を備えていなければならない（平成12年3月31日厚生省令第80号　指定訪問看護の事業の人員及び運営に関する基準2条）。

一　保健師，助産師，看護師又は准看護師（以下この条において「看護職員」という。）指定訪問看護ステーションの看護職員の勤務延時間数を当該指定訪問看護ステーションにおいて常勤の看護職員が勤務すべき時間数で除して得た数が二・五以上となる員数（必ず看護師1名は常勤）。

二　理学療法士，作業療法士又は言語聴覚士　指定訪問看護ステーションの実情に応じた適当数。

　訪問看護には，病院医療の継続的になされる以外に，高齢者に対しては，健康保険法の指定を受けた訪問看護ステーションが老人医療受給者に実施するもの，民間機関による私的な契約によるもの等がある。

　なお医療法に定める医療提供施設において，居宅とともに厚生労働省令で定める場として老人福祉法による養護老人ホーム（老人福祉法20条の4），特別養護老人ホーム（同法20条の5），軽費老人ホーム（同法20条の6），有料老人ホーム（同法29条1項）等があげられている（医療法施行規則1条）。

3　医薬品の提供

　医療のために用いられる医薬品や医療機器および再生医療等製品の提供に関しては，「医薬品，医療機器等の品質，有効性及び安全性の確保等に関する法律」（医薬品医療機器等法〔旧・薬事法〕）がある。医薬品医療機器等法は，医薬品や医療機器，再生医療等製品の品質，有効性および安全性の確保，またこれらの使用による保健衛生上の危害の発生および拡大の防止のために必要な規制を行なうとともに，指定薬物の規制に関する措置を講ずるほか，医療上特にその必要性が高い医薬品，医療機器および再生医療等製品の研究開発の促進のために必要な措置を講ずることにより，保健衛生の向上を図ることを目的としている（医薬品医療機器等法1条）。

> **コラム　医薬品**
>
> 　医薬品医療機器等法によると，薬剤は医薬品・医薬部外品・化粧品に区分される。医療上特に必要性が高い医薬品とは，次のような物である（医薬品医療機器等法2条1項）。
> 　1：日本薬局方に収められている物
> 　2：人または動物の疾病の診断，治療または予防に使用されている物であって，機械器具でないもの（医薬部外品及び再生医療等製品を除く）
> 　3：人または動物の身体の構造または機能に影響を及ぼすことが目的とされている物であって，機械器具でないもの（医薬部外品，化粧品及び再生医療等製品を除く）
> 　なお，「医薬部外品」とは，次に掲げる物であって人体に対する作用が緩和なものをいう。
> 　一　吐きけその他の不快感又は口臭若しくは体臭，あせも，ただれ，脱毛の防止，育毛又は除毛等の目的のために使用される物であって機械器具等でないもの
> 　二　人又は動物の保健のためにするねずみ，はえ，蚊，のみその他これらに類する生物の防除の目的のために使用される物であって機械器具等でないもの
> 　三　前項第二号又は第三号に規定する目的のために使用される物（前二号に掲げる物を除く。）のうち，厚生労働大臣が指定するもの（同法2条2項）。
> 　「化粧品」とは，「人の身体を清潔にし，美化し，魅力を増し，容貌を変え，又は皮膚若しくは毛髪を

健やかに保つために，身体に塗擦，散布その他これらに類似する方法で使用されることが目的とされている物で，人体に対する作用が緩和なもの」と定義されている（同法2条3項）。

　また，「医療機器」とは，「人若しくは動物の疾病の診断，治療若しくは予防に使用されること，又は人若しくは動物の身体の構造若しくは機能に影響を及ぼすことが目的とされている機械器具等であって，政令で定めるもの」（同法2条4項），「再生医療等製品」とは，医療の目的で「人又は動物の細胞に培養その他の加工を施したもの」であり，「人又は動物の疾病の治療又は予防」，また「人又は動物の疾病の治療に使用されることが目的とされているもののうち，人又は動物の細胞に導入され，これらの体内で発現する遺伝子を含有させたもの」である（同法2条9項）。

　医薬品のなかでも，毒性又は劇性が強いと厚生労働大臣が指定するものは，容器又は被包に，**毒薬**では，黒地に白枠・白字で「毒」と，**劇薬**では，白地に赤枠・赤字で「劇」と記載しなければならない（同法44条1項・2項）。

　薬剤および医療用具の製造にあたっては，それぞれ厚生労働大臣の許可を受けなければならない（同法12条）。人体に影響の大きい医薬品の製造および品質管理については，「薬局等構造設備規則および品質管理規則」により基準が定められている。

　薬剤師が販売・授与目的で調剤の業務を行なうところを**薬局**といい，それを開設するためには，その所在地の知事の許可を受けなければならない。薬局の開設者または医薬品販売業の許可を受けた者は，医師の処方箋の交付を受けた者，あるいは医師の指示を受けた者に医薬品を販売・授与することができる（同法24条1項，49条1項）。医療用具の販売，賃貸を業とする営業所は，あらかじめ所在地の知事に届けなければならない（同法39条）。

　医薬品の副作用により健康被害が生じることがある。そのような被害の発生を最小限にし被害の拡大を防ぐため，医薬品医療機器等法ではそのための研究・医薬品の品質，有効性・安全性の向上のための調査等を行なうこととしている（同法14条の2，14条の3）。近年医薬品の製造の承認申請のための臨床試験（治験）により，健康被害を生じる事件が相次いで報告された。治験は，従来，医師が医薬品製造業者等から依頼を受けて行なってきたが，2002（平成14）年には，医師もみずから治験を実施できるようになった。そのため，看護師も協力者としてこの治験に直接かかわることになった（治験コーディネーター）。

　治験を依頼する医薬品製造業者等またはみずから治験を実施する医師は，厚生労働大臣に治験の計画の届け出をし，厚生労働省令で定める基準に従って実施・管理しなければならない。もしその対象薬物の副作用によるものと疑われる疾病・障害・死亡の発生，その使用によるものと疑われる感染症の発生その他のその薬物または機械器具等の有効性・安全性に関する事項で厚生労働省令で定めるものを知ったときは，治験依頼者または実施医師は厚生労働大臣に報告しなければならず，厚生労働大臣は，保健衛生上の危害の発生・拡大を防止するために必要があるときは，治験依頼者または実施医師，また治験の依頼を受けた者に対し，治験の依頼の取り消し・変更・中止等の必要な指示をすることができる（同法80条の2参照）。

　薬物による被害者は，製薬会社，あるいは製造を承認した国に対し損害賠償を請求することがで

きる（スモン事件，クロロキン薬害事件，ソリブジン等）。

コラム　薬害エイズ・薬剤肝炎訴訟

　近年，輸血や血液製剤による HIV またC型肝炎の感染被害が問題になっている。薬害エイズ事件は，国や製薬企業が適切な対策を取らなかったため被害が拡大したことが問題となり，製薬企業と非加熱製剤を承認した（旧）厚生省に対して損害賠償を求める民事訴訟が提起され，1996（平成8）年和解が成立した。その後，薬害としては初めて血友病の専門医，当時の厚生省生物製剤課長，企業経営者（ミドリ十字の代表取締役）が刑事責任（業務上過失致死容疑）を問われることになった（当該専門医は無罪，厚生省課長・企業経営者は有罪判決）。

　2002（平成14）年，血液製剤の被害者たちが，国と製薬企業を被告とする集団訴訟を立ち上げた。5年の裁判闘争を経て，2008（平成20）年1月11日，国会で**薬害肝炎被害者救済特別措置法**が成立し，15日，原告団と政府の間で基本合意が締結された。薬害の根絶になるようにという肝炎被害者の原告団の努力により，この薬害肝炎被害救済法には，薬害肝炎被害に対する政府の責任，そして，政府の医薬品被害の再発防止努力が明記されることになったのである。

　なお，適正な目的で適正に使用されたにもかかわらず発生した医薬品の副作用による健康被害者は，**独立行政法人医薬品医療機器総合機構法**により，医療費，障害年金，遺族年金などの給付を得ることが可能である。

　鎮痛薬として非常に高い価値のある反面，その取扱いを誤れば健康被害を引き起こすことになる麻薬は，睡眠薬・精神安定剤等の向精神薬の乱用防止と合わせて，厳重な取扱いを行うべく定められている（麻薬及び向精神薬取締法）。麻薬施用者（医師・歯科医師・獣医師で都道府県知事の免許を有している）でなければ，麻薬の施用また麻薬の処方箋を交付してはならない。麻薬の管理として，麻薬はそれ以外の医薬品と区別し，鍵をかけた堅固な設備内に保管しなければならない。麻薬管理者（医師・歯科医師・獣医師または薬剤師）は，麻薬の出納について帳簿に記載すること（2年間保存），また所定事項の記録を年1度都道府県知事に届け出なければならない（同法39条，48条）。

3 医療計画

　医療計画は，医療法の第1次改正により「医療を提供する体制の確保に関する計画（医療計画）」として制度化され，地域における適正な医療を確保することを目的に病床等の量的整備の充実に寄与してきた。その後は，安全・安心で質の高い医療を効率的に提供していくために，地域・患者の視点の尊重に重点を置き，地域における医療機能の分化と連携を推進していくための計画を提供してきた。

　第6次医療法改正では，各医療機関からの病床機能の報告を活用して，都道府県は医療計画を策定することとされた。2015（平成27）年4月より，各都道府県は，2次医療圏単位で**地域医療構想**を策定し，医療計画に追記することとなった（医療法30条の4）。地域医療構想とは，地域の各医療機

関の将来の必要量を踏まえながら，医療機能のさらなる分化・連携を推進することを目的とする。そのため，地域における医療設備や医療機能・医療資源状況を把握する必要があるとのことで，2014（平成26）年10月より**病床機能報告制度**が開始された。各都道府県は，これら情報を分析し，地域の医療需要の将来推計等を活用し，2025年における構想区域の医療機能の需要と必要量を定め，地域医療構想を導入し，それを医療計画に盛り込むこととなる（医療法30条の4第2項7号）。

コラム　病床機能報告義務

　2014（平成26）年の第6次医療改革により，医療機能の分化・連携を推進するにあたり，地域において各医療機関が担っている医療機能の情報を把握・分析するため，各医療機関が有する一般病床または療養病床については，医療機能の現状と，今後の予定および入院患者に提供する医療の内容を病棟単位で都道府県に報告しなければならないとされた（医療法30条の13）。また入院患者のいる診療所（有床診療所）に対しても，他の慰労提供施設との業務連携を図りつつ，提供医療の内容に応じて，患者が住み慣れた地域で日常生活を営むことができるよう必要な医療を提供することとして，医療機能の現状などについて施設単位で報告しなければならないとされた。

＜医療機能の分類＞

医療機能の名称	医療機能の内容
高度急性期機能	急性期の患者に対し，状態の早期安定化に向けて，診療密度が特に高い医療を提供する機能 ※高度急性期機能に該当すると考えられる病棟の例 　救命救急病棟，集中治療室，ハイケアユニット，新生児集中治療室，新生児治療回復室，小児集中治療室，総合周産期集中治療室であるなど，急性期の患者に対して診療密度が特に高い医療を提供する病棟
急性期機能	急性期の患者に対し，状態の早期安定化に向けて，医療を提供する機能
回復期機能	○　急性期を経過した患者への在宅復帰に向けた医療やリハビリテーションを提供する機能 ○　特に，急性期を経過した脳血管疾患や大腿骨頸部骨折等の患者に対し，ADLの向上や在宅復帰を目的としたリハビリテーションを集中的に提供する機能（回復期リハビリテーション機能）
慢性期機能	○　長期にわたり療養が必要な患者を入院させる機能 ○　長期にわたり療養が必要な重度の障害者（重度の意識障害者を含む），筋ジストロフィー患者又は難病患者等を入院させる機能

　出典：厚生労働省「平成27年度　病床機能報告　報告マニュアル」平成27年8月31日発行。

　地域医療構想とは，医療計画で設けられた医療圏の2次医療圏を基本とした構想区域ごとの病床数について，その必要量と達成に向けた病床の機能の分化および連携の推進に関する事項を定めることであり，将来の人口規模，患者の需要傾向，疾病構造の変化・病院へのアクセス時間等を勘案して設定される（医療法30条の7，13-18）。

医療圏	医　療　圏　の　機　能	一般的な圏域の範囲
1次医療圏	住民が医師等に最初に接し，診療や保健指導を受ける圏域。日常生活に密着した保健医療サービスが提供され，完結することが目指される。	多くの場合，市町村単位
2次医療圏	一体の区域として一般の入院にかかる医療を提供することが相当である単位として設定される。その際，地理的条件等の自然的条件，日常生活の需要の充足状況，交通事情等社会的条件が考慮される。	多くの場合，複数の市町村を束ねた範囲
3次医療圏	先進的技術を必要とする医療，特殊な医療機器の使用を必要とする医療，発生頻度が低い疾病に関する医療，専門性の高い救急医療等の特殊な医療を提供する医療圏で，都道府県の区域を単位として設定される。ただし都道府県の区域が著しく広いことその他特別な事情があるときは，複数の区域または都道府県をまたがる区域が設定される。	都府県単位 例外：北海道（6圏域），長野県（県全域または4圏域）

　なお，従来，都道府県は医療計画策定にあたって，都道府県医療審議会と市町村の意見を聴く必要があるとされていたが，2015（平成27）年以降，地域医療構想の策定にあたっては，これらに診療・調剤に関する学識経験者が加わること，また医療計画の策定・変更にあたっては，新たに保険者協議会の意見も聴かなければならないとされた。

　また都道府県が主催し，医療機関や医療保険者等の関係主体が参加する協議の場として，構想区域毎に「地域医療構想調整会議」が設置されることとなった。ここで，各医療機関が担うべき病床機能・病床数や，都道府県計画に関する協議，情報共有等を行なうことになる。

　さらにこの構想実現に向け，消費税増税分の財源を活用した地域医療介護総合確保基金が，都道府県に造成された。医療・介護従事者の確保や施設設備，居宅における医療提供に関する事業等を行なう各市町村や事業者等の計画書を提出する計画書をとりまとめ国に提出すると，国が3分の2都道府県が3分の1の負担割合で基金より公布されることになる。

　医療計画は，少なくとも5年ごとに見直し，必要があれば変更するとされている（同法30条の6）。第6次医療改革により，地域医療と介護を総合的に確保推進することから，3年ごとの見直しとなる都道府県介護保険事業支援計画と併せ，2018（平成30）年度以降は，医療計画の計画期間を6年とし，在宅医療等の介護保険に関する部分は，3年を中間年として見直すこととなった。そこで，その中間年である2020年に向けて，国は，評価指標を明示し，また2019年に発せられた国の定める医療計画作成指針に基づき，5疾病5事業等の政策循環を強化するため2次医療圏の医療体制の現状を客観的に評価する共通指標を基にPDCAサイクルを適切に実施するとともに，医療計画と介護保険事業計画の整合性を確保するよう求めている（医政発0331第57号平成29年3月31日　一部改正　医政発0731第4号平成29年7月31日）。

　これら新たな取り組みを加えた医療計画は，2025年問題に向け，第7次医療改革としてさらに地域医療構想を具体化し，介護との連携を図りながら進めていくことになる。

【参考文献】

飯田英男『刑事医療過誤Ⅱ（増補版)』(2007) 信山社。

飯田英男『刑事医療過誤Ⅲ』(2012) 信山社。

医療法制研究会『第5次改正医療法——改正法と主要関連法新旧対照表』(2006) 中央法規出版。

宇都木伸・平林勝政『フォーラム医事法学』(1994) 尚学社。

金川琢雄『実践医事法学』(2008) 金原出版。

川越博義他編『最新　訪問看護研修テキスト』(2005) 日本看護協会出版会。

川渕孝一編『第5次医療法改正のポイントと対応戦略60』(2006) 日本医療企画。

川渕孝一『第6次医療法改正のポイントと対応戦略60』(2015) 日本医療企画。

厚生省医療法制研究会『第三次改正医療法のすべて』(1998) 中央法規出版。

社会保険診療研究会編著『ナースのための保険診療入門』(1998) 薬業時報社。

中野勉「医療の専門的知識を有しない捜査機関による不当な逮捕・起訴——業務上過失致死・医師法違反被告
　　事件（大野病院事件)〈刑事弁護レポート〉『季刊刑事弁護』57号 (2009)，17頁。

野﨑和義監修／ミネルヴァ書房編集部編『ミネルヴァ社会福祉六法』(各年版) ミネルヴァ書房。

野田寛『医事法　中巻』(1994) 青林書院。

10章

医療保障

1 医療の提供

憲法25条に基づき，国は国民に健康で文化的な最低限度の生活を保障し，社会福祉，社会保障および公衆衛生の向上・増進に努めなければならない（➡第1章　看護と法）。そこで整備された社会保障制度は，社会保険・公的扶助を含む社会福祉そして公衆衛生である。なお，本章では，主に社会保険と公衆衛生について取り上げる。

1 社会保険

ケース・10-1

外来で実習している看護学生Hは，受診したYから保険証を忘れたと告げられた。

突然の不測の事態に備えてあらかじめ保険料を支払っていると，保険事故が生じた際に保険給付を受けることができる。一般の保険では，それに加入するかどうか保険会社の給付サービスの内容等各人が自由意思により決めることができる。これに対し，社会保険は，国や地方公共団体が法律等に基づき国民すべてを強制的に加入させるものである（**国民皆保険制度**）。社会保険には医療，年金，雇用，労働災害補償（労災），介護という五つの個別の制度がある。保険料として拠出された財源は，国民皆が平等に給付を受けることができるために用いられる。社会保険には，運用対象の面から労働者・公務員等の被用者のための被用者保険（職域保険）と，それ以外の一般国民のための地域保険がある（➡図10-1）。

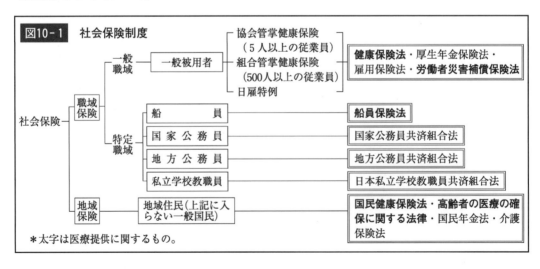

図10-1　社会保険制度

＊太字は医療提供に関するもの。

2 医療保険

社会保険のなかでも**医療保険**は，傷病（医療事故）が生じた際に，傷病の手当てを主とする保険給付を行なう制度である。ただし，高齢者の医療の確保に関する法律の医療を受けることができる者は，対象外となる（後述）。図10-1で示したように各保険は，それぞれの法に定められた制度に基づき実施される。これら保険法のなかで，保険給付に関して基本的かつ中心的な役割を果たしているのは，被用者を対象とする健康保険法（健保法）である。そこで，ここでは健康保険法に基づく医療保険を中心にみてみよう。

医療保険による主な給付は，療養の給付である（健保法63条）。この給付に看護も含まれている。

コラム　療養の給付

療養の給付とは，次のようなものである（健保法63条1項）。
①診察，②薬剤または治療材料の支給，③処置・手術その他の治療，④居宅における療養上の管理および療養に伴う世話その他の看護，⑤病院・診療所への入院およびその療養に伴う世話その他の看護

療養の給付は，以下のような方法により被保険者に現物で給付される（現物給付）。

コラム　現物給付

医療をどのような方式で提供するかは，国によって異なる。わが国では，社会保険により，社会保険指定の医療機関が患者に必要な医療を給付する現物支払方式がとられている。このような**現物支払方式**のなかには，社会保険によらず，社会サービスとして公費によりなされるものもある（イギリスなど）。なお，わが国では，後述するように，一部は特別法により公費負担による医療がなされている。

他方，患者が診療費を支払い，後日保険から払い戻される**診療費償還方式**をとる国（フランスなど）もある。

どのように給付がなされるかは，図10-2を参照されたい。

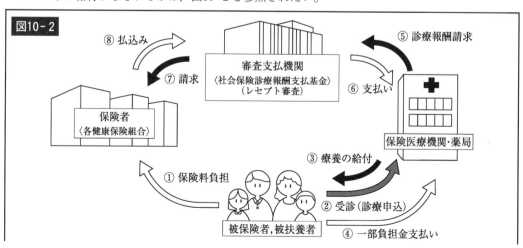

図10-2

①被保険者は保険者に保険料を支払っている。

②保険事故である傷病が生じた場合，被保険者（被扶養者）は指定医療機関（申請により都道府県知事の指定を受けた保険医療機関，保険薬局）に受診し，窓口で保険証を提示し診療を申し込む。

③医療機関は療養の給付を行ない，当該患者に提供した診療行為を診療報酬点数表に基づいて点数化し，その総点を10倍した額を算定する。

④医療機関は，医療費の一部負担金を患者である被保険者に請求する。この金額は，各保険制度の一定の負担割合（平成15年4月より，健康保険では，被保険者および被扶養者は3割。ただし，義務教育就学前，70歳以上75歳未満〔一定以上の所得者は除く〕は2割）に応じて算定される（健保法74条1項）。

⑤医療機関は，残りの医療費を**診療報酬**として，保険者から委託されている**審査支払機関**を通じて保険者に請求する（出来高払い）。

⑥審査支払機関は，請求内容を審査し医療機関に診療報酬を支払う。

⑦審査支払機関は，医療機関に支払った医療費を保険者に請求する。

⑧保険者は，その医療費を審査支払機関に支払う。

コラム　診療報酬

　保険診療を行なった医療機関は，その報酬として医療費を保険者に請求するが，その医療費は，厚生労働大臣が中央社会保険医療協議会に諮問し定めた診療報酬点数表（告示または通知，正式には「健康保険法の規定による療養に要する費用の額の算定方法」）により算定される。個々の医療行為はこの表により点数が定められている。

　1点の単価は10円である。医療機関はその点数に単価を乗じた額から患者負担分を除いた額を保険者より支払われる。

　例えば，2019年10月の消費税引き上げに伴う診療報酬改定によると，医療機関の初診は288点である。それに処置料・検査料・投薬科等の点数346点が加算され，634点になったとしよう。1回の診療費は，634（点）×10（円）＝6340円となる。保険証を提示すると保険が適用されるが，その一部（3割）の1900円が患者負担となる（6340円×0.3＝1902円→5円未満の端数は切り捨て，5円以上10円未満の端数は10円に切り上げられるため；保険法75条）。その患者支払分を除いた4440円が療養の給付として保険者から当該医療機関に支払われることになる。

　保険診療では，診療報酬体系により医療機関として提供できる医療の内容が決められているので，この点数表にあわないものに関しては，保険者はその分の費用を割り引いて支払うことがある（減点査定）。このような診療報酬の減点措置に関しては，医師や医療機関から不満のあるところである。ときには，医師や医療機関が，これを不服として，裁判で争うこともある（西尾訴訟最判昭53・4・4判時887号58頁，川合訴訟大阪地判昭56・3・23判時998号11頁，小田訴訟神戸地判昭56・6・30判時1011号20頁等）。

　もっとも，医療内容の違いが比較的少ない老人医療費の一部，また特定の大学病院では急性期の入院医療に対して診断群分類による**包括医療費支払制度**（DPC）を利用することで1日あるいは1か月単位で定額方式を導入する場合もある。

対象や状況によっては，現物給付とは別に現金給付がなされることがある。入院して食事療法を受けた場合の入院時食事療養費（健保法63条2項2号，85条），医師の指示により指定訪問看護事業者〔訪問看護ステーション〕から訪問看護を受けた場合の訪問看護療養費（同法88条）等である。なお，訪問看護療養費では，看護者の交通費，オムツ等品代，患者希望による時間延長，休日・時間外のサービスについては別途患者負担となる。また，患者の移送費（同法97条），傷病手当金（傷病により賃金を得ることができないとき，賃金日額の6割を1年6か月の間支給する）（同法99条），出産育児一時金（同法101条）・出産手当金（同法102条），埋葬料（同法100条）等として一定の金額が支給される。患者の希望によって特別の療養環境に係る病室（差額ベッド）や特別な医療材料，先進医療を提供する病院などで先進医療を受けた場合，治験に係る診療，薬価基準収載前の承認医薬品の投与等の選定医療を受けた場合は，保険外併用療養費として保険給付を受け，通常の療養の給付に相当する一定部分は保険給付を受け，差額ベッドや先進医療にかかる部分（保険の枠を超える部分）は，自己負担となる。ただし，保険外診療を受ける場合でも，厚生労働大臣の定める評価療養，選定療養，患者申出療養を受けた場合，療養全体にかかる費用のうち通常の治療と共通する診療費については一般の保険給付をし，特別料金部分については全額自己負担となる。

「評価療養」，「選定療養」は，適正な医療の効率的な提供を図る観点から，2006（平成18）年，特定療養費制度の見直しにより創設された。「評価療養」は，高度医療を含む先進医療，治験に係る診療，薬機法承認後保険収載前の医薬品，医療機器，再生医療等製品の使用，適応外の医薬品の使用等の医療と患者の選択等が保険給付の対象とすべきか保険導入のための評価を行うものであり，「選定療養」とは，特別療養環境，予約診療・時間外診療，大病院の再診，180日以上の入院他保険導入を前提としない患者の選定によって行われるものである（同法86条）。「患者申出療養」は，2016（平成28）年4月，患者からの国内承認済み国内未承認医薬品等の適応外使用を迅速に使用したいという申し出に基づき実施するよう創設された。患者はかかりつけ医等と相談の上，臨床研究中核病院または特定機能病院に申し出を行ない，治療の安全性，有効性等について説明を受けた上で，病院が作成した意見書を添えて国に患者申出療養の申請を行なうことでなされるものである（「日本再生戦略」改訂平成26年6月24日閣議決定）。審査結果によっては，患者の身近な医療機関での実施が可能となる場合もある。このようにして患者の選択の幅を広げている。

患者の自己負担が限度額（政令により定まる）を超過した場合には，高額療養費制度（健保法115条）により，限度超過分が支給される（自己負担限度額は，70歳未満と70歳以上の高齢者，また低所得者や上位所得者そして一般とに区分されている）。

もちろん，患者は保険をつかわず個人のニーズに応じて自由診療を受けることもできる。保険指定医療機関でないところで診療を受けること，あるいは，被保険者証（保険証）の提示を拒むこともできる。ただし，その場合には，患者は要した医療費全額を支払わなければならないことになる。保険診療を受ける際には，保険証を保険医療機関に提出しなければならない。

ケース・10-1でYは保険証を提示することができないので，医療費の全額を支払わなければな

らなくなるだろう。ただし，後日保険証を提示した場合には，保険者が認める範囲で費用の一部が払い戻されるであろう（保険医療機関及び保険医療養担当規則3条）。

3　公費負担の医療

わが国の医療保障制度には，医療保険のほかに公費負担による医療提供もなされている。

これは，国および地方公共団体が一般財源を基礎として社会福祉および公衆衛生の向上発展のために医療を給付する制度である。公費負担医療はそれぞれの目的によって，全額国庫から負担されるもの，公費を優先するもの，医療保険を優先し自己負担分を公費で負担するもの等さまざまである。

例えば障害者（児）の日常生活能力や職業能力を回復・獲得させるために必要な医療である**自立支援医療**（障害者総合支援法6条-14条），**結核患者の医療**（感染症予防法37条の2）等がある。2014（平成26）年には，費用に消費税の収入をあてることができるよう**難病医療制度**を確立し，調査研究の推進および療養生活環境整備事業の実施等の措置が講じられるようになった（難病の患者に対する医療等に関する法律1条）。

金額面で大半を占めているのは生活保護法による**医療扶助**である。**生活保護法**は，生活を維持できない状態に陥った者を被保護者として厚生労働大臣が定める最低限度の生活を維持できるよう保護するものである。保護の一つが医療扶助である（生活保護法11条）。被保護者は，医療保護施設または，生活保護法指定医療機関において，福祉事務所から発行された医療券を医療機関に提出すると，負担なく医療を受けることができる。医療扶助の内容は，社会保険における療養の給付とほとんど同じである（同法15条）。医療以外の扶助として，生活扶助，教育扶助，住宅扶助，介護扶助，**出産扶助**，生業扶助，葬祭扶助がある。

> ### コラム　出産扶助
>
> 　経済的に困難でありながら出産する場合，分娩およびその前後の処置に要する経費を金銭で給付する制度である。
> 　これに関連して，保健上必要があるにもかかわらず，経済的理由で入院助産を受けることができない妊産婦の場合には，児童福祉法に基づき助産施設に入院させ助産を受けさせることができる。この措置は，本人の申請および職権によりなされる。

2　家族に関する医療・保健・福祉

1　高齢者（および成人）

高齢者の医療費は，国民医療費の約3分の1を占めており，高齢化の進展に伴い，今後も医療費

が増大するであろうことが懸念されていた。そこで，2006（平成18）年6月に成立した医療制度改革関連法のなか，「高齢者の医療の確保に関する法律（高齢者医療確保法）」が成立した。これによって老人保健法による老人保健制度に替わって（老人保健制度は平成20年3月廃止），2008（平成20）年4月1日より75歳以上の**後期高齢者**を対象とする新たな医療制度（長寿医療制度）が設立されることとなった。

高齢者の医療の確保に関する法律

1条◆ この法律は，国民の高齢期における適切な医療の確保を図るため，医療費の適正化を推進するための計画の作成及び保険者による健康診査等の実施に関する措置を講ずるとともに，高齢者の医療について，国民の共同連帯の理念等に基づき，前期高齢者に係る保険者間の費用負担の調整，後期高齢者に対する適切な医療の給付等を行うために必要な制度を設け，もって国民保健の向上及び高齢者の福祉の増進を図ることを目的とする。

　厚生労働大臣は医療費適正化に関する施策について基本的な方針を定めるとともに6年毎に全国医療費適正化計画を定めることとされた（高齢者医療確保法8条）。

　この制度設立により，75歳以上の後期高齢者（65歳以上で一定の障害があり制度に加入する者を含む）は，それまでの医療保険を脱退し，後期高齢者医療制度に加入（移行）することになった。被保険者となる後期高齢者は，都道府県後期高齢者医療広域連合（都道府県単位で全市町村加入〔同法48条〕）が条例で定める保険料率により算定した保険料を納付しなければならない（原則年金からの天引き）。被保険者1人に1枚後期高齢者医療制度の保険証が交付される。給付される医療は，療養の給付（1割自己負担〔現役並みの所得者は3割負担〕），入院時食事療養費，入院時生活療養費，保険外併用療養費，療養費，訪問看護療養費，特別療養費，移送費，高額療養費，高額介護合算療養費（新設）そして葬祭費等である。

　また，この制度により，医療保険者40歳以上（74歳まで）の加入者に対し，保険者による糖尿病その他の政令で定める生活習慣病に関し，特定健康診査（同法20条）・特定保健指導（同法24条）の実施が義務づけられた（同法18条）。労働安全衛生法その他の法令に基づく健康診断を受診した者または受診できる者については，それらの健康診断を受診し，その結果を医療保険者が受領することにより，特定健康診査の全部または一部を行なったものとされる。保険者は，厚生労働大臣が定める基本指針に即して，6年を1期として特定健康診査等実施計画を定めなければならない（同法19条）。

　なお，「政令で定める生活習慣病」については，「高血圧症，脂質異常症，糖尿病その他の生活習慣病であって，内臓脂肪（腹腔内の腸間膜，大網等に存在する脂肪細胞内に貯蔵された脂肪をいう。）の蓄積に起因するもの」（高齢者の医療確保法施行令1条）をいう。

　高齢者の福祉に関しては，老人福祉法が定められている。老人福祉法は，65歳以上の者で，身体上または精神上の障害があるときに日常生活を営むのに支障がある者が，心身の状況，置かれてい

る環境等に応じて，自立した日常生活を営むために最も適切な支援が総合的に受けられるよう，居宅における介護および老人福祉施設の利用その他地域の実情に応じた細やかな措置の実施とその体制の整備について定めたものである。

老人福祉法

1条◆ この法律は，老人の福祉に関する原理を明らかにするとともに，老人に対し，その心身の健康の保持及び生活の安定のために必要な措置を講じ，もって老人の福祉を図ることを目的とする。

1997（平成9）年に**介護保険法**が制定され，老人福祉法により行なわれてきた多くの福祉に関する措置は，介護保険法の施行（平成12年4月1日）後，介護保険法による福祉サービスが優先して適用されることになった。つまり，高齢者介護は福祉サービスの一つであるが，介護を給付する仕組みは社会福祉制度ではなく社会保険になったのである。具体的には，保険者（運営主体）である市町村および特別区によって，40歳以上の国民から徴収された保険料と，国，地方が負担する公費を財源とし，介護サービスの原則支給限度額の9割を保険で給付し，1割をその利用者の自己負担としている。自己負担の割合については，2015（平成27）年8月以降，一定以上の所得者については2割を，2018（平成30）年8月からは2割負担者のうち特に所得の高い層の負担を3割とすることとなった。なお居宅介護サービスや施設介護サービスなどで1割負担が高額になる場合には対象に配慮した自己負担限度額が設定されている。

介護保険法

1条◆ この法律は，加齢に伴って生ずる心身の変化に起因する疾病等により要介護状態となり，入浴，排せつ，食事等の介護，機能訓練並びに看護及び療養上の管理その他の医療を要する者等について，これらの者が尊厳を保持し，その有する能力に応じ自立した日常生活を営むことができるよう，必要な保健医療サービス及び福祉サービスに係る給付を行うため，国民の共同連帯の理念に基づき介護保険制度を設け，その行う保険給付等に関して必要な事項を定め，もって国民の保健医療の向上及び福祉の増進を図ることを目的とする。

老人福祉法の多くのサービスを受ける際の費用を保障する介護保険法は，2005（平成17）年に改正され，介護保険施設の居住費・食費は自己負担となった。2011（平成23）年には，定期巡回，随時対応型訪問介護などが創設され，2014（平成26）年には，居宅サービス，施設サービス，費用負担等の見直しが行なわれた。

介護保険法による被保険者は，市町村の区域に住所を有する40歳以上の者であり，要介護・要支援状態にある65歳以上の者（**第1号被保険者**：介護保険法7条1項・2項），身体上もしくは精神上の障害が加齢に伴って生ずる心身の変化に起因する疾病であって政令で定める特定疾病による要介護または要

介護状態となるおそれがある状態の原因である身体上もしくは精神上の障害が特定疾病によって生じた要支援状態にある40歳以上65歳未満の医療保険加入者（第2号被保険者）が対象である（同法7条3項）。

　給付は，要介護状態の者には介護給付を，要支援状態の者（厚生労働省令で定める要支援状態のいずれかに該当する者）には予防給付が，さらに市町村が独自に条例を定め行なう市町村特別給付等がある。

　介護給付の一つである居宅介護サービス費の支給は居宅において介護を受ける要介護者が指定居宅サービス事業者から居宅サービスを受けたときに支給される。その居宅サービスに，訪問看護が含まれている。

居宅サービス

　　①訪問介護（ホームヘルプサービス），②訪問入浴介護，③訪問看護，④訪問リハビリテーション，⑤居宅療養管理指導，⑥通所介護（デイサービス），⑦通所リハビリテーション，⑧短期入所生活介護（特別養護老人ホーム等のショートステイ），⑨短期入所療養介護（介護老人保健施設等のショートステイ），⑩特定施設入所生活介護（軽費老人ホーム・有料老人ホーム等における介護），⑪福祉用具貸与，⑫特定福祉用具販売，⑬地域密着型サービス等である。

　また，他のサービスとしての施設サービスにおいては，要支援者が介護保険施設において施設サービスを受けたときに支給される。介護保険施設には，指定介護老人福祉施設，介護老人保健施設，指定介護療養型医療施設がある。そのうち，介護老人保健施設では，看護，医学的管理の下における介護等がなされること，また指定介護療養型医療施設は，医療法に指定する療養病床または老人性認知症疾患療養病棟を有する病院または診療所をいう。なお，第6次医療改革により，介護療養型医療施設は，2018（平成30）年3月31日までに廃止された。

社会福祉士及び介護福祉士法

　　2条◆2項：この法律において「介護福祉士」とは，第42条第1項の登録を受け，介護福祉士の名称を用いて，専門的知識及び技術をもつて，身体上又は精神上の障害があることにより日常生活を営むのに支障がある者につき心身の状況に応じた介護（喀痰吸引その他のその者が日常生活を営むのに必要な行為であつて，医師の指示の下に行われるもの（厚生労働省令で定めるものに限る。以下「喀痰吸引等」という。）を含む。）を行い，並びにその者及びその介護者に対して介護に関する指導を行うこと（以下「介護等」という。）を業とする者をいう。

　なお，介護給付を受けようとする者は，市町村の認定を受けなければならない。被保険者は市町村に申請をすると，委託を受けた職員または**介護支援専門員**（ケアマネジャー）が面接調査を行ない，また申請者の主治医による意見を基に，**介護認定審査会**（介護保険法14条）が審査・判定を行ない，その結果を受けた市町村が要介護・要支援を認定するという手続きになっている（介護保険法7条5項，69条の2）。

コラム　介護支援専門員

　要介護者・要支援者からの相談に応じ，その者に適切なサービスが行なわれるようサービス提供者と連絡調整を行なう介護支援専門員は，介護支援専門員に関する省令で定められた者である。

　介護支援専門員になるには，保健，医療，福祉の分野において，医師・看護師等の業務，または社会福祉主事その他一定の資格を有する者であって，福祉施設における相談援助の業務または介護等の業務に従事した期間が通算 5 年以上ある者，または福祉施設において介護等の業務に従事した期間が通算10年以上ある者で，都道府県知事が行なう介護支援専門員実務研修受講試験に合格し，都道府県知事が行なう介護支援専門員実施研修を修了して都道府県の介護支援専門員名簿に登録された者であり，介護支援専門員証を交付されている。この資格は， 5 年の期限付きであり，更新する場合には，更新研修を受けなければならないことになっている。

　民法上，20歳以上の人は，成年者として（民法 4 条）独立して財産取引に関する契約を締結する（民法753条）ことができるとされている。しかし，成年者であっても，認知症，知的障害，精神障害等により，判断能力が不十分なことがある。このような場合には，療養生活における看護・介護サービスに関する契約の締結の際に，あるいは財産管理や遺産分割協議等の際に不利益を被らないように一定の支援を必要とする。この成年者に対する支援の制度が，**成年後見制度**といわれる（民法858条）。

　成年後見制度は，大別して二つの制度からなっている。一つは，あらかじめ本人が，その判断能力に問題が生じる前に能力低下後の後見を特定の者（任意後見人）に委任し，契約を結ぶ**任意後見**である。ここでの支援は，本人の意思で生活，療養看護や財産管理に関する事務を後見人に委託し，その事務処理に必要となる代理権を与えるものである（任意後見契約に関する法律 2 条 1 号）。任意後見人は，代理権を用いて本人のために必要な手配を行なうことになる。

　他の一つは，判断能力に問題が生じた後に，家庭裁判所によって保護機関を選任される**法定後見**である。ここでの支援は，本人の判断能力の程度に応じて（明白な線引きは難しいが），後見・保佐・補助の 3 類型に分けられる。例えば，日常の買い物すら満足にできない者は後見の対象となる。日常の買い物はできても重要な財産行為（不動産取引など）は適切にできない者は保佐の対象となる。重要な財産行為も何とかできる者であっても不安のある場合には補助の対象となる（小林・大鷹・大門［2000］40, 68, 91）。

法定後見	判断能力の低下	同意権の対象	取消権の対象	代理権の対象
後見	重度	―	全面的	包括的
保佐	中度	一定の重要な事項	一定の重要な事項	特定の事項
補助	軽度	特定の事項	特定の事項	特定の事項

出所：野﨑（2013） 9 頁より。

　後見類型の場合，判断能力に欠ける本人に代わって，成年後見人が財産管理を行なう。成年後見人は，家庭裁判所での後見開始の審判により選任され（民法 8 条），本人の財産について包括的な管

理権・代理権をもつ（民法859条１項）。同意権はなく，本人のした行為（日常生活に関する行為を除く）をすべて取り消すことができる（民法９条）。

保佐類型の場合，本人だけで財産管理をすることは難しいが，誰かの支援を受ければそれが可能となる人もいる。判断能力が著しく不十分であるとはいえ，契約など実際の法律行為は本人みずからが行ないうるので，そうした場合には保佐の対象とされる。保佐人は，保佐開始の審判により選任される（民法12条）。本人が行なった預貯金の払い戻しや金銭の借り受け，相続の承認・放棄など民法に定められた一定の重要な事項（民法13条１項）については，それが保佐人の同意なく行なわれた場合，取り消すことができる。また「特定の法律行為」（介護サービスの契約など）に限っては，本人の申し立てによって家庭裁判所の審判がなされ保佐人に代理権が与えられる。本人以外の申し立てによるときは本人の同意が必要とされる（民法876条の４第２項）。

補助類型では，本人の意思が最大限に尊重されるよう配慮がなされている。補助開始の審判では，本人以外の申し立ての場合には本人の同意を必要とし（民法15条２項），またいかなる保護を受けるかについても，本人の意思決定に委ねられており，権限については本人の申し立て（または本人の同意を得て）に基づき個別に審判で決めることとされる（民法17条２項，民法876条の９第２項，876条の４第２項）。

2　母

1　母子保健

すでにみたように，働く妊産婦の保護に関しては，労働基準法に規定されている（➡第７章　看護と労働法）。この保護の基本となるのは，母子保健法である。母子保健法の対象は，「母」と「子」である。「母」は，妊娠中または出産後１年以内の女子である「妊産婦」，現に子を監護する親権のある者や後見人らである「保護者」がこれにあたる。「子」は，１歳未満である「乳児」（出生後28日以内の乳児を「新生児」とする）と満１歳から小学校就学までの「幼児」がこれにあたる（母子保健法６条）。このように母子保健法では，妊産婦及び乳幼児の保健に関する施策が中心となっている。妊婦に対する母子健康手帳の交付，妊産婦検診及び乳幼児の健康診査等がこの法に基づき行なわれている。母子保健法が制定された1965（昭和40）年以前の母子保健対策は，児童福祉法の規定に基づいて実施されていた。しかし，母子の保健対策が重視されたため，この法律が制定されたのである。

母子保健法

> 1条◆　この法律は，母性並びに乳児及び幼児の健康の保持及び増進を図るため，母子保健に関する原理を明らかにするとともに，母性並びに乳児及び幼児に対する保健指導，健康診査，医療その他の措置を講じ，もって国民保健の向上に寄与することを目的とする。

この法律では，母子に対する医療として次の二つが設けられている。一つは，妊娠中毒症など妊

娠・出産に支障を及ぼす疾病のある妊婦に対し，市町村は診療を受けることができるよう援助することというものである（母子保健法17条）。もう一つは未熟児に対するものである（同法19条，20条）。

　体重2500g未満の**低体重児**を出産した場合，その子の保護者は，都道府県または保健所を設置する市に低体重児の届出をなさなければならない（同法18条）。低体重児は正常児が出生時に有する諸機能を得るまでの期間，「未熟児」として未熟児養育医療により必要な医療が給付される。また，必要に応じて保健師または助産師による訪問指導や，養育上必要であれば医療施設で医療の給付（養育医療）を受けることができる（同法19条，20条）。未熟児の**養育医療**は乳児を対象としているので，引き続き医療が必要な場合には，障害者の日常生活及び社会生活を総合的に支援するための法律（以下，障害者総合支援法）に基づく**自立支援医療**の対象とされる（障害者総合支援法5条23項，52条）。

❷　母体保護

ケース・10-2

看護師Bは40歳の女性の不妊手術に付くこととなった。

　医師であっても，また本人の望みであっても，正当な理由なく正常な機能を異常なものにすること（医業にあたらない行為）は，法的・倫理的に許されない。そのような補助に付いた看護師も同じことである。不妊手術は生殖腺を除去せず生殖を不能にする手術であるが，**母体保護法**上の理由に該当していれば，手術を行なうことは違法にはあたらないとされる。

母体保護法

　1条◆　この法律は，不妊手術及び人工妊娠中絶に関する事項を定めること等により，母性の生命健康を保護することを目的とする。

　母体保護法により，医師は，本人および配偶者（不明または意思表示ができないときは本人のみで可）の同意を得て，不妊手術を行うことができる。ただし，この手術は，原則成人した者が対象となる。また，手術を行なう理由が，妊娠または分娩が母体の生命に危険を及ぼすおそれのある場合，あるいは，現に数人の子を有し，かつ，分娩ごとに母体の健康度を著しく低下するおそれのある場合に適用される（同法3条）。この法律の規定による場合の外，ゆえなく生殖を不能にすることを目的として手術またはレントゲン照射を行なった場合，1年以下の懲役または50万円以下の罰金（死亡させた場合は，3年以下の懲役）という厳しい処罰を受けることになる（同法34条）。

　不妊手術を行なった医師は，その月中の手術の結果を取りまとめて翌月10日までに，理由を記して，都道府県知事に届け出なければならない（同法25条）。届出違反または虚偽の届出をした医師は，10万円以下の罰金に処せられる（同法32条）。

　身体的・精神的に負担の大きな手術を行なう前の母体保護として，母体保護法は，都道府県知事の認定する講習を終了した助産師・保健師・看護師に受胎調節の実地指導を行なうことを認めてい

る。ただし，実地指導に際して子宮腔内に避妊用器具を挿入するのは，医師でなければならない（同法15条）。

　妊娠したが分娩できないという場合に行なう人工妊娠中絶も母体保護法によらなければならない。処置を実施する医師は，都道府県の区域を単位として設立された社団法人たる医師会の指定する医師（母体保護法指定医）でなければならず，その要件は，妊娠の継続または分娩が身体的または経済的理由により母体の健康を著しく害するおそれのある場合，あるいは，暴行もしくは脅迫により，または抵抗もしくは拒絶することができない間に姦淫されて妊娠した場合のみである（同法第14条1項1号・2号）。処置を行なった医師は，不妊手術と同様に都道府県知事への届出が義務づけられている（同法25条）。

3　児　童

■ **ケース・10-3**

　下肢を切断した患児Yとその母に退院指導を行なっていた看護師Tは，母親から退院後どのような福祉サービスが受けられるのかと尋ねられた。

　児童福祉法は，児童が，「心身ともに健やかに生まれ，且つ，育成されるよう」，1948（昭和23）年に施行された法律である。子どもを健やかに育成するには，子どもとともに保護者の対応も重要であることから，児童福祉法の対象は児童だけでなく，妊産婦，保護者も含まれる。本法は，生活障害状態にある児童の福祉サービス給付（生活介助・生活資材の給付・自立援助への働きかけ等）および給付手続きが中心となっている。

> ### コラム　児　童
>
> 　児童とは，心身の発育の未熟な年少者を指す。「児童福祉法」では，18歳未満の者を総称して『児童』といい，それを一応の基準としているが，実体法上，すべてがこれによっているわけではない。
> 　「労働基準法」では，児童とは15歳未満の者をいい，「母子及び寡婦福祉法」では20歳未満の者，「学校教育法」では小学校に就学している者をいう。
> 　なお，「児童福祉法」では，『児童』を，次のように区分している。
>
>
>
> 　「少年法」では，『少年』は20歳未満の者をいう。また「子ども・子育て支援法」では，18歳に達する日以後の最初の3月31日までの間にある者を「子ども」という（6条1項）。なお，民法では，成年年齢を定め，未成年者は成年に達するまでは親の親権に服するとされる。2018年民法改正を受け，成年年齢が20歳から18歳に引き下げられることとなった（2022年4月1日施行）。

> 1条◆1項：全て児童は，児童の権利に関する条約の精神にのつとり，適切に養育されること，その生活を保障されること，愛され，保護されること，その心身の健やかな成長及び発達並びにその自立が図られることその他の福祉を等しく保障される権利を有する。
>
> 2条◆1項：全て国民は，児童が良好な環境において生まれ，かつ，社会のあらゆる分野において，児童の年齢及び発達の程度に応じて，その意見が尊重され，その最善の利益が優先して考慮され，心身ともに健やかに育成されるよう努めなければならない。

　看護師は，この法規定に反すると思える事態（例えば，親が医療機関に子どもを置き去りにする，子どもの外傷や様相が親の説明と一致しない，等）に遭遇することがある。

　児童福祉法によれば，要保護児童を発見した者は，福祉事務所または児童相談所に通告しなければならないとされている（同法25条）。連絡を受けた福祉事務所長または児童相談所長は，要保護児童に対して，里親や保護受託者への委託，児童福祉施設への入所等の措置をとる，といったことが検討されよう（同法25条の2，26条，27条）。なお，児童虐待については，平成12年に**児童虐待の防止等に関する法律**（児童虐待防止法）が制定されている。

　この法律は，児童の虐待防止等の施策を促進することを目的とし，そのため，児童虐待の定義をし，国・地方公共団体の責務，虐待の早期発見・通告，立入調査その他の児童の保護，親権制度の適切な運用等を定めている。ここでいう児童虐待とは，親その他の保護者が，①外傷が生じ，または生じるおそれのある暴行を加えること（身体的虐待），②わいせつな行為をし，またはさせること（性的虐待），③著しい減食・長時間の放置その他の監護を著しく怠ること（ネグレクト），④著しい心理的外傷を与える言動を行なうこと（心理的虐待）をいう（児童虐待防止法2条1項-4項）。

　虐待の疑いのある子を発見した保健師は，また受診をした児童が虐待を受けているのではないかと感じた看護師は医師や上司と相談した上で，**福祉事務所**または**児童相談所**に通告しなければならない（同法6条）。

> 5条◆1項：学校，児童福祉施設，病院その他児童の福祉に業務上関係のある団体及び学校の教職員，児童福祉施設の職員，医師，歯科医師，保健師，助産師，看護師，弁護士その他児童の福祉に職務上関係のある者は，児童虐待を発見しやすい立場にあることを自覚し，児童虐待の早期発見に努めなければならない。

▼

コラム　虐待防止策の強化への連携

　虐待による悲惨な子どもの死亡事件が後を絶たない状況を受け，児童虐待防止対策の強化を目的に，2019（令和元）年6月，児童虐待防止法，児童福祉法等の児童虐待に関連する改正法が成立した。その

要点として，一つ目は児童のしつけにおける体罰の禁止が明示されたことである。2020年4月の施行に際し，しつけを理由に虐待が正当化されることのないよう，体罰の定義や範囲に関する指針が国の有識者検討会によってまとめられた。子どもを戒めることを認めた民法上の懲戒権も施行後2年を目途にあり方を検討するとされている。二つ目は，児童相談所の体制強化である。これまで相次ぐ虐待による死亡事件の中には，児童相談所の不適切な対応があったことから，児童福祉司の増員に加え，虐待を受けている子どもを保護する介入と，保護者の支援にあたる職員を分け，直面する法的問題に対応するため，常時弁護士の助言を受けることができるようになった。さらに児童相談所に身体的所見や的確な治療処置，精神的なケアを施すための医師，保健師が配置されることになる。三つ目には，児童相談所，警察，福祉事務所，学校，医療機関などの連携を進めるため国や自治体の体制整備を行なうと規定されたことである。地域社会で情報共有を図り，早期発見から保護，その後の生活再編につながる支援が求められている。

　今回の改正では，児童虐待の発見者として保健師だけでなく，助産師，看護師も明示されることとなった（同法5条1項）。看護職は，医療機関を訪れた子どもの体の傷や症状の的確に特定し，迅速にかつ適切な対応をとることが求められている。

　この通告義務は守秘義務より優先する（同法6条3項）。児童相談所長は保護者や子どもの同意を要さずに一時保護を行なうことができる（児童福祉法33条）。

　ケース・10-3で患児Yは，児童福祉法に基づき保健所長による診査・相談・療育指導を受けることができ，必要であれば，児童福祉施設に入所することになる。また保健所長より身体障害者福祉法による身体障害者手帳の交付を受け，必要に応じ，障害者の日常生活及び社会生活を総合的に支援するための法律（以下，障害者総合支援法）に規定される障害福祉サービス（介護給付費，訓練給付費等），自立支援医療，補装具の処方および適合判定を受けることができる（身体障害者福祉法10条，障害者総合支援法5条等）。

> **障害者の日常生活及び社会生活を総合的に支援するための法律**
>
> 　52条◆1項：自立支援医療費の支給を受けようとする障害者又は障害児の保護者は，市町村等の自立支援医療費を支給する旨の認定（以下「支給認定」という。）を受けなければならない。

3 障害者に関する法

　2005（平成17）年に制定された障害者自立支援法は一部改正され，2012（平成24）年に**障害者の日常生活及び社会生活を総合的に支援するための法律**（障害者総合支援法）として成立，2013（平成25）年4月1日より施行された。同法に基づき，自立支援医療費の支給を受けようとする障害者または障害児の保護者は，市町村等の支給認定を受けなければならない。これを受け市町村等は，障害者等の障害の状態からみて自立支援医療を受ける必要があり，当該障害者またはその者の世帯の世帯員の所得の状況，治療状況その他の事情を考慮して政令に定める基準に該当する場合には，支給認

定を行なう。

　障害者総合支援法に基づく自立支援医療（公費負担医療）は，障害の種別にかかわらず主体を市町村に一元化し提供される。今回の主な改正点は，障害者の定義に難病等が加えられたこと，障害者に対する支援として，重度肢体不自由等で常時介護を要する者，と重度訪問介護の対象が拡大されたこと，共同生活介護（ケアホーム）を共同生活援助（グループホーム）に一元化されたこと，「障害程度区分」を改め，障害の程度の判断に心身の状態を配慮することができる「障害支援区分」を創設し，障害者の地域での生活に関する支援，啓発活動が拡大されたこと，障害福祉サービス等の提供体制を確保するサービス基盤の計画的な整備を行なう等である。2014（平成26）年4月1日には，重度訪問介護の対象者の拡大，ケアホームのグループホームへの一元化等が実施されることとなった。

障害者総合支援法

　1条◆　この法律は，障害者基本法の基本的な理念にのっとり，身体障害者福祉法，知的障害者福祉法，精神保健及び精神障害者福祉に関する法律，児童福祉法その他障害者及び障害児の福祉に関する法律と相まって，障害者及び障害児が基本的人権を享有する個人としての尊厳にふさわしい日常生活又は社会生活を営むことができるよう，必要な障害福祉サービスに係る給付，地域生活支援事業その他の支援を総合的に行い，もって障害者及び障害児の福祉の増進を図るとともに，障害の有無にかかわらず国民が相互に人格と個性を尊重し安心して暮らすことのできる地域社会の実現に寄与することを目的とする。

　各障害者の福祉法は，その対象と給付・措置およびその手続きが定められている。これら障害者の施策に対する基本となる理念については，障害者へのサービスの基本的枠組みを示している**障害者基本法**に定められている（障害者基本法14条-30条）。なお，障害者基本法および各個別法における「障害者」とは，身体障害，知的障害，精神障害（発達障害を含む。）その他の心身の機能の障害がある者であって，障害および社会的障壁により継続的に日常生活又は社会生活に相当な制限を受ける状態にあるものをいう（同法2条1項）。

障害者基本法

　3条◆第1条に規定する社会の実現は，全ての障害者が，障害者でない者と等しく，基本的人権を享有する個人としてその尊厳が重んぜられ，その尊厳にふさわしい生活を保障される権利を有することを前提としつつ，次に掲げる事項を旨として図られなければならない。
　一　全て障害者は，社会を構成する一員として社会，経済，文化その他あらゆる分野の活動に参加する機会が確保されること。
　二　全て障害者は，可能な限り，どこで誰と生活するかについての選択の機会が確保され，地域社会において他の人々と共生することを妨げられないこと。

三　全て障害者は，可能な限り，言語（手話を含む。）その他の意思疎通のための手段に
ついての選択の機会が確保されるとともに，情報の取得又は利用のための手段につ
いての選択の機会の拡大が図られること。

　なお，近年，障害者への虐待問題が社会問題となっていたが，2011（平成23）年に，**障害者虐待の
防止，障害者の養護者に対する支援等に関する法律**（障害者虐待防止法）が制定された。

障害者虐待防止法

　1条◆　この法律は，障害者に対する虐待が障害者の尊厳を害するものであり，障害者の自
立及び社会参加にとって障害者に対する虐待を防止することが極めて重要であるこ
と等に鑑み，障害者に対する虐待の禁止，障害者虐待の予防及び早期発見その他の
障害者虐待の防止等に関する国等の責務，障害者虐待を受けた障害者に対する保護
及び自立の支援のための措置，養護者の負担の軽減を図ること等の養護者に対する
養護者による障害者虐待の防止に資する支援（以下「養護者に対する支援」とい
う。）のための措置等を定めることにより，障害者虐待の防止，養護者に対する支
援等に関する施策を促進し，もって障害者の権利利益の擁護に資することを目的と
する。

1　身体障害者福祉法

身体障害者福祉法

　1条◆　この法律は，障害者の日常生活及び社会生活を総合的に支援するための法律と相
まって，身体障害者の自立と社会経済活動への参加を促進するため，身体障害者を
援助し，及び必要に応じて保護し，もって身体障害者の福祉の増進を図ることを目
的とする。

　同法の対象者は，身体上の障害がある18歳以上の者であって，都道府県知事から**身体障害者手帳**
の交付を受けた者である（身体障害者福祉法4条）。市町村は，身体障害者の診査・更生相談を行ない，
必要に応じて医療保健施設（地域保健法に基づく保健所ならびに医療法に規定する病院・診療所）・公共職
業安定所への紹介を行なうなど，必要な指導を行なわなければならない（同法9条5項）。

2　知的障害者福祉法

　知的障害者福祉法は，1998（平成10）年，精神薄弱者福祉法を改正したものである。この法律に**知**

的障害者についての定義はなく，福祉措置の対象として「18歳以上の知的障害者」とあるだけである（知的障害者福祉法9条5項・6項，10条）。主な措置として，知的障害者の療養介護，施設入所支援等（同法15条の4，16条）がある。

3　精神保健及び精神障害者福祉に関する法律

　精神保健及び精神障害者福祉に関する法律（精神保健福祉法）は，精神障害者の福祉の増進と国民の精神保健の向上を図ることを目的としている。本法は，1987（昭和62）年に精神衛生法（昭和25年制定）から精神保健法となったが，1995（平成7）年に，保健行政と福祉行政の統合を目的に本法の名称となり，その内容も精神障害者の医療および保護，障害者の社会復帰の促進・自立と社会経済活動への参加の促進のための援助を図るため大幅な改正がなされた。1999（平成11）年には，精神医療の充実・適正化などのため，医療保護入院および応急入院の要件の明確化，緊急入院時における移送制度の創設などの改正がなされたのである。さらに2012（平成24）年，障害者総合支援法の施行により，障害福祉サービスは同法のもとで行なわれることとなった。

［ 精神保健福祉法 ］

> 1条◆　この法律は，精神障害者の医療及び保護を行い，障害者の日常生活及び社会生活を総合的に支援するための法律（平成17年法律第123号）と相まってその社会復帰の促進及びその自立と社会経済活動への参加の促進のために必要な援助を行い，並びにその発生の予防その他国民の精神的健康の保持及び増進に努めることによって，精神障害者の福祉の増進及び国民の精神保健の向上を図ることを目的とする。

　精神障害者とは，「統合失調症，精神作用物質による急性中毒又はその依存症，知的障害，精神病質その他の精神疾患を有する者」をいう（精神保健福祉法5条）。精神障害者（知的障害者を除く）は，都道府県知事に，**精神障害者保健福祉手帳**交付を申請することができる（同法45条）。
　都道府県は精神保健の向上および精神障害者の福祉の増進のための機関として精神保健福祉センターを設置することになっている，また都道府県は，県立精神科病院（従来の「精神病院」）を設置しなければならないが，指定病院がある場合は，設置を延期することができるとされる（同法19条の7）。指定病院とは，国立および都道府県立以外の精神科病院または精神科病室の全部または一部を，その設置者の同意を得て，都道府県が設置する精神科病院に代わる施設として指定した病院のことをいう。精神障害者を入院させている精神科病院（任意入院のみを行う精神科病院は除く）は，常勤の**精神保健指定医**を置かなければならない（同法19条の5）。

コラム　精神保健指定医

　精神保健指定医とは，精神障害者またはその疑いのある者について，入院の必要性，入院の継続性に

ついて，また隔離その他の行動制限の必要性について判定を行うもので，5年以上の診断・治療に従事した，または3年以上精神障害の診断・治療に従事した等の経験を有する医師の申請を受け，厚生労働大臣より職務に必要な知識と技能を有すると認められ指定された医師である。この指定は5年毎に更新しなければならず，その条件として指定医は指定後5年毎に厚生労働省令に定める研修を受けなければならない。

　精神衛生法時代，精神科病棟の入院形態は，患者の家族の同意（同意入院），都道府県知事による措置入院，緊急措置入院であり，患者本人の意思・意見は全く考慮されていなかった。しかし，精神保健法により，精神障害者の入院に関しては，精神障害者本人の意思を尊重することとして，患者本人に説明し同意を得る任意入院という形態が基本であるとされた。精神保健福祉法でも，精神障害者の入院は任意入院を基本としている。

精神保健福祉法

> 20条◆　精神科病院の管理者は，精神障害者を入院させる場合においては，本人の同意に基づいて入院が行われるように努めなければならない。

　精神科病院の管理者は，任意入院者から退院の申し出があれば，退院させなければならない（同法21条2項）。ただし，任意入院であっても，精神保健指定医の診察の結果，入院継続の必要があるという判定を受ければ，72時間は退院させないことができる（同法21条3項）。
　精神障害者の医療と保護のため強制的に入院させなければならない場合もあろう（非自発的入院）。本法は，任意入院以外に，都道府県知事による措置入院も認めており，その入院形態と要件を以下の表に示している。強制的な入院であっても，本人に対し，入院の理由および退院等の請求に関することを書面で知らせなければならない（ただし，医療保護入院に関しては，知らせることが医療・保護に支障がある場合には，上限4週間は知らせなくてもよい）。

<精神障害者の入院形態>

入院形態	要　件	根拠条文
医療保護入院	精神保健指定医の診察の結果，精神障害者であると診断された者で，本人の同意がなくても家族等のいずれかの同意がある場合。	33条
応急入院	精神保健指定医の診察の結果，精神障害者であると診断された者で，ただちに入院させなければ，医療・保護の上で著しい支障があるが本人の同意が得られる状態でなく，急を要し，家族等の同意を得ることができない場合。 指定精神科病院の管理者により，上限72時間。	33条の7
措置入院	2名以上の精神保健指定医の診察の結果（一致した意見として），受診者が精神障害者であり，かつ，入院させなければ自傷他害のおそれがあると認めた場合。	29条
緊急措置入院	急を要し，精神保健指定医（一人で良い）が直ちに入院させなければ自傷他害のおそれが著しいと判定した場合。 知事の職権により上限72時間。	29条の2

* 医療保護入院・応急入院の措置を採った指定精神科病院の管理者は，記録の作成および措置をとった理由その他厚生労働省令で定める事項を都道府県知事に届け出なければならない（医療保護入院の場合，10日以内）。
* ただちに入院させなければ医療・保護の上で著しい支障があるが任意入院が行なわれる病態にないと判定されたものについて，都道府県知事は，保護者の同意がなくとも，応急入院指定病院に移送し，医療保護入院・応急入院させることができる（同法34条）。

　精神障害者の処遇について，精神科病院の管理者は，医療・保護に欠くことのできない限りで，その行動について必要な制限をすることができる（同法36条）。ただし，信書の発受の制限，都道府県その他の行政機関の職員との面会の制限その他の行動の制限であって，厚生労働大臣があらかじめ社会保障審議会の意見を聴いて定める行動の制限については，これを行なうことができない（同法36条2項）。また患者の隔離・身体の拘束は，精神保健指定医が必要と認める場合でなければ行なうことができない（同法36条3項）。

4　発達障害者支援法

　この法律は，2004（平成16）年に制定された。対象となる「発達障害」とは，「自閉症，アスペルガー症候群その他の広汎性発達障害，学習障害，注意欠陥多動性障害その他これに類する脳機能の障害であってその症状が通常低年齢において発現するものとして政令で定めるもの」とされ，「発達障害者」とは，発達障害を有するために日常生活または社会生活に制限を受ける者，発達障害者のうち18歳未満を「発達障害児」としてそれを含めた発達障害者の支援を行なうものである（発達障害者支援法2条）。

発達障害者支援法

1条◆　この法律は，発達障害者の心理機能の適正な発達及び円滑な社会生活の促進のために発達障害の症状の発現後できるだけ早期に発達支援を行うとともに，切れ目なく発達障害者の支援を行うことが特に重要であることに鑑み，障害者基本法の基本的な理念にのっとり，発達障害者が基本的人権を享有する個人としての尊厳にふさわしい日常生活又は社会生活を営むことができるよう，発達障害を早期に発見し，発達支援を行うことに関する国及び地方公共団体の責務を明らかにするとともに，学校教育における発達障害者への支援，発達障害者の就労の支援，発達障害者支援センターの指定等について定めることにより，発達障害者の自立及び社会参加のためのその生活全般にわたる支援を図り，もって全ての国民が，障害の有無によって分け隔てられることなく，相互に人格と個性を尊重し合いながら共生する社会の実現に資することを目的とする。

　児童の発達障害については，市町村に対し，母子保健法による健康診査，また学校保健安全法に基づく健康診断において，発達障害の早期発見に努めるよう定められている（発達障害者支援法5条）。

そして，発達障害児が適切な保育，また適切な教育が受けられるように支援すること，また就労を支援するため必要な体制の整備や障害者の雇用の促進等に関する法律に基づくセンター等により就労の機会の確保を支援すること，さらに地域での生活支援を行なうことが定められている。

4 公衆衛生

1 感染症対策

ケース・10-4

海外旅行後，体調不良の患者Uは近くの病院を受診した。Uはコレラに罹患していた。

海外旅行者の増加，輸入生鮮魚介類の増加によって，またエボラ出血熱，エイズなど少なくとも30種類の新たな感染症（新興感染症）が出現し，従来の伝染病予防法を抜本的に見直し，性病予防法，後天性免疫不全症候群の予防に関する法律を統合し，1998（平成10）年10月，感染症の予防及び感染症の患者に対する医療に関する法律（感染症法）が制定された。また，2007（平成19）年4月1日より「結核予防法」も統合された。

感染症の予防及び感染症の患者に対する医療に関する法律

2条◆ 感染症の発生の予防及びそのまん延の防止を目的として国及び地方公共団体が講ずる施策は，これらを目的とする施策に関する国際的動向を踏まえつつ，保健医療を取り巻く環境の変化，国際交流の進展等に即応し，新感染症その他の感染症に迅速かつ適確に対応することができるよう，感染症の患者等が置かれている状況を深く認識し，これらの者の人権を尊重しつつ，総合的かつ計画的に推進されることを基本理念とする。

この法により，感染症は次のように区分され，それぞれの対策が示されている。

<感染症の定義>（同法6条）

類　型	疾　病	届　出
1類	エボラ出血熱，クリミア・コンゴ出血熱，痘そう，南米出血熱，ペスト，マールブルグ病，ラッサ熱	ただちにその者の氏名，年齢，性別その他厚生労働省令で定める事項（住所，職業，感染症の名称・症状，感染年月日，感染原因等）を最寄りの保健所長を経由して都道府県知事に届け出なければならない。
2類	急性灰白髄炎，結核，ジフテリア，重症急性呼吸器症候群（病原体がベータコロナウイルス属 SARS コロナウイルスであるものに限る。），中東呼吸器症候群（病原体がベータコロナウイルス属 MERS コロナウイルスであるものに限る。），鳥インフルエンザ（病原体がインフルエンザウイルスA属インフルエンザAウイルスであってその血清亜型が新型インフルエンザ等感染症の病原体に変異するおそれが高いものの血	＊無症状病原体保有者（感染症の病原体を保有している者

	清亜型として政令で定めるものであるものに限る。4類において「特定鳥インフルエンザ」という。)		で，当該感染症の症状を呈していない者)，新感染症の疑いのある者も同様に届出を行なう。
3類	コレラ，細菌性赤痢，腸管出血性大腸菌感染症，腸チフス，パラチフス		
4類	E型肝炎，A型肝炎，黄熱，Q熱，狂犬病，炭疽，鳥インフルエンザ（特定鳥インフルエンザを除く。)，ボツリヌス症，マラリア，野兎病，他，既に知られている感染性の疾病であって，動物またはその死体，飲食物，衣類，寝具その他の物件を介して人に感染し，前各号に掲げるものと同程度に国民の健康に影響を与えるおそれがあるものとして政令で定めるもの		
5類	インフルエンザ（鳥インフルエンザ及び新型インフルエンザ等感染症を除く。)，ウイルス性肝炎（E型肝炎およびA型肝炎を除く。)，クリプトスポリジウム症，後天性免疫不全症候群，性器クラミジア感染症，梅毒，麻しん，メチシリン耐性黄色ブドウ球菌感染症，他各号に掲げるもののほか，既に知られている感染性の疾病（4類感染症を除く。)であって，前各号に掲げるものと同程度に国民の健康に影響を与えるおそれがあるものとして厚生労働省令で定めるもの		7日以内に，その者の年齢，性別その他厚生労働省令で定める事項（感染症の名称・症状，感染年月日，感染原因等)を最寄りの保健所長を経由して都道府県知事に届け出なければならない。
新型インフルエンザ等感染症	新型インフルエンザ（新たに人から人に伝染する能力を有することとなったウイルスを病原体とするインフルエンザであって，一般に国民が当該感染症に対する免疫を獲得していないことから，当該感染症の全国的かつ急速なまん延により国民の生命及び健康に重大な影響を与えるおそれがあると認められるものをいう。)，再興型インフルエンザ（かつて世界的規模で流行したインフルエンザであってその後流行することなく長期間が経過しているものとして厚生労働大臣が定めるものが再興したものであって，一般に現在の国民の大部分が当該感染症に対する免疫を獲得していないことから，当該感染症の全国的かつ急速なまん延により国民の生命及び健康に重大な影響を与えるおそれがあると認められるものをいう。)		
指定感染症	すでに知られている感染性の疾病（1類感染症，2類感染症，3類感染症および新型インフルエンザ等感染症を除く。)であって，本法に定める予防・防止措置を準用しなければ，疾病のまん延により国民の生命および健康に重大な影響を与えるおそれがあるもの		あらかじめ厚生科学審議会の意見を聴いた上で1年以内の期間に限り，本法の各措置を準用。
新感染症	人から人に伝染すると認められる疾病であって，すでに知られている感染性の疾病とその病状または治療の結果が明らかに異なるもので，当該疾病にかかった場合の病状の程度が重篤であり，かつ，当該疾病のまん延により国民の生命および健康に重大な影響を与えるおそれがあると認められるものをいう		

* 厚生労働大臣および都道府県知事は，届出や調査等により収集した情報について分析し，感染症の発生状況，予防・治療などの情報を積極的に公表しなければならない。

なお，感染症患者を入院させる医療機関は，以下の指定医療機関でなければならない。

<感染症指定医療機関> （同法 6 条12項-16項）

類　別	指定権者	入院患者
特　定	厚生労働大臣	新感染症の所見がある者又は 1 類感染症, 2 類感染症もしくは新型インフルエンザ等感染症の患者
第 1 種	都道府県知事	1 類感染症, 2 類感染症又は新型インフルエンザ等感染症の患者
第 2 種	都道府県知事	2 類感染症又は新型インフルエンザ等感染症の患者
結　核	都道府県知事（診療所, 薬局も指定）	結核患者

　都道府県知事は, 1 類感染症・ 2 類感染症のまん延を防止する必要があるときは, 感染症指定医療機関に入院すべきことを勧告することができるが, その者の人権に配慮しなければならず適切な説明をし理解を得るように努めなければならない。しかし, その者が勧告に従わないときは措置入院させることができる。ただし, 入院期間は72時間を限度としている（同法19条 1 項- 7 項）。

　都道府県知事は感染症のまん延防止の必要があると判断すれば, 各保健所に置かれる感染症の診査に関する協議会の意見を聴いた上で, 10日以内（結核患者の場合は30日以内）の期間を定めて入院を勧告（従わないときは措置）することができ, その後も入院の継続性を協議会の意見を聴き, 10日以内の期間ごとに入院期間を延長することができる（同法20条 1 項- 8 項）。入院している患者が病原体を保有していないことが確認されなければ退院させることはできない（同法22条）。もっとも, 措置は感染症の発生を予防し, またはそのまん延を防止するため必要な最小限度のものでなければならない（同法22条の 2 ）。

　入院の勧告・措置を実施した場合には, 患者の申請により公費負担となる。結核については, 都道府県が95％の負担を 6 か月以内行うことができる。

　ケース・10-4で, 患者Uは 3 類感染症に罹患している。上記入院勧告・措置入院の規定はあたらないが, 都道府県知事は, Uに対し公衆にまん延させるおそれがなくなるまでの期間就業を制限する（同法18条 2 項）。

　さらに, 患者Uによる病原体に汚染された場所（疑いのあるところも含めて）の消毒が必要な場合, 都道府県知事は, 本人または保護者, 当該場所の管理者（または市町村）に消毒を命じ（指示す）る（同法27条 1 項・ 2 項）。

2　予防接種

　感染を防ぐ方法の一つが, 予防接種であり, この実施は予防接種法に定められている（下表参照）。

<対象となる疾病> （同法 2 条 2 項・ 3 項）

類　別	疾　病
A　類	ジフテリア, 百日せき, 急性灰白髄炎, 麻しん, 風しん, 日本脳炎, 破傷風, 結核, Hib 感染症, 肺炎球菌感染症（小児がかかるもの）, ヒトパピローマウイルス感染症

	ほか，その発生およびまん延を予防するため特に予防接種を行なう必要があると認められる疾病として政令で定める疾病（痘そう）
B　類	個人の発病またはその重症化を防止し，併せてこれによりそのまん延の予防に資することを目的として，この法律の定めるところにより予防接種を行なう疾病は，インフルエンザ，政令で定める肺炎球菌感染症で高齢者がかかるものとする。

まれに予防接種による副反応による健康被害が生じることがある。その者については，厚生労働大臣が予防接種に起因することを認定することで救済（医療費及び医療手当て，障害児養育年金，傷害年金，死亡一時金，遺族年金，葬祭料等）がなされることになっている（同法15条-22条）。

3　健康増進法

高齢化の進展や疾病構造の変化に伴い，国民の健康の増進の重要性が増大しており，健康づくりや疾病予防を積極的に推進するための環境整備を行なうため，栄養改善法（廃止）に代わって2002（平成14）年に健康増進法が制定された。

> **健康増進法**
>
> 1条◆　この法律は，我が国における急速な高齢化の進展及び疾病構造の変化に伴い，国民の健康の増進の重要性が著しく増大していることにかんがみ，国民の健康の増進の総合的な推進に関し基本的な事項を定めるとともに，国民の栄養の改善その他の国民の健康の増進を図るための措置を講じ，もって国民保健の向上を図ることを目的とする。

この法律は，健康維持を国民の責務であるとしており（同法2条），国（厚生労働大臣）は，国民の身体の状況，栄養摂取量および生活習慣の状況を明らかにするため国民健康・栄養調査を行なうこととする（同法7条2項4号）。こうして，生活習慣病の発生の状況が把握されると，市町村は，医師・歯科医師・薬剤師，保健師・助産師・看護師・准看護師，管理栄養士，歯科衛生士などに栄養の改善その他の生活習慣の改善に関する事項につき住民からの相談に応じさせ，また必要な栄養指導その他の保健指導を行なわせるのである（同法17条）。

もっともこの法律が注目されたのは，受動喫煙を防止した規定である（同法25条）。これにより，病院等の管理者は，努力規定ではあるが，受動喫煙を防止するための必要な措置を講じなければならなくなったのである。

4　がん対策

2006（平成18）年，疾病による死亡の最大の原因となっているがんに対し，がん対策を総合的かつ計画的に推進することを目的としたがん対策基本法が制定された（がん対策基本法1条）。がんの予防

および早期発見の推進，専門医やがん専門の医療従事者の育成，医療機関の整備，がん患者の療養生活の質の維持向上，研究の推進等が定められている。

がん対策基本法

1条◆　この法律は，我が国のがん対策がこれまでの取組により進展し，成果を収めてきたものの，なお，がんが国民の疾病による死亡の最大の原因となっている等がんが国民の生命及び健康にとって重大な問題となっている現状にかんがみ，がん対策の一層の充実を図るため，がん対策に関し，基本理念を定め，国，地方公共団体，医療保険者，国民及び医師等の責務を明らかにし，並びにがん対策の推進に関する計画の策定について定めるとともに，がん対策の基本となる事項を定めることにより，がん対策を総合的かつ計画的に推進することを目的とする。

この対策基本法の趣旨に則り，2013（平成25）年，国が全国のがん患者の情報を一元管理し，治療や予防に活用するとした，がん登録等の推進に関する法律（がん登録推進法）が制定された。データベースに登録される情報は，極めて秘匿性の高い個人情報であるため，取扱い機関の適切な取扱いを行なうこと，情報漏洩，患者情報の匿名化等について厳格に規定されている（同法15条，25条-35条）。

がん登録推進法

1条◆　この法律は，がんが国民の疾病による死亡の最大の原因となっている等がんが国民の生命及び健康にとって重大な問題となっている現状に鑑み，がん対策基本法（平成18年法律第98号）の趣旨にのっとり，がん医療の質の向上等（がん医療及びがん検診（以下「がん医療等」という。）の質の向上並びにがんの予防の推進をいう。以下同じ。），国民に対するがん，がん医療等及びがんの予防についての情報提供の充実その他のがん対策を科学的知見に基づき実施するため，全国がん登録の実施並びにこれに係る情報の利用及び提供，保護等について定めるとともに，院内がん登録等の推進に関する事項を定め，あわせて，がん登録等により得られた情報の活用について定めることにより，がんの罹患，診療，転帰等の状況の把握及び分析その他のがんに係る調査研究を推進し，もってがん対策の一層の充実に資することを目的とする。

【参考文献】
安藤秀雄『明解医療法規の基礎知識　3訂版』(1998) 医学通信社。
安藤秀雄『公費負担医療の実際知識』(1998) 医学通信社。
岩下清子・奥村元子・石田昌宏・野村陽子・皆川尚史『診療報酬　その仕組みと看護の評価』(1996) 日本看護協会出版会。
小林明彦・大門匡・大鷹一郎編『一問一答　新しい成年後見制度』(2000) 商事法務研究会。

佐藤進編『改訂　現代社会福祉法入門』（1992）法律文化社。

社会保険診療研究会編著『ナースのための保険診療入門』（1998）薬業時報社。

野﨑和義『福祉のための法学〔第 2 版増補〕』（2007）ミネルヴァ書房。

野﨑和義『コ・メディカルのための医事法学概論』（2011）ミネルヴァ書房。

野﨑和義『福祉法学』（2013）ミネルヴァ書房。

野﨑和義監修／ミネルヴァ書房編集部編『ミネルヴァ社会福祉六法』（各年版）ミネルヴァ書房。

久塚純一・古橋エツ子・本沢巳代子『テキストブック　社会保障法』（1998）日本評論社。

ミネルヴァ書房編集部編『社会福祉小六法』（各年版）ミネルヴァ書房。

椋野美智子・田中耕太郎『はじめての社会保障　第 9 版——福祉を学ぶ人へ』（2012）有斐閣。

索　引

著者紹介

野﨑和義（のざき・かずよし）

1977年　中央大学法学部卒業
　　　　中央大学大学院法学研究科博士（後期）課程を経て
現　在　九州看護福祉大学看護福祉学部特任教授
主　著　『医療・福祉のための法学入門』ミネルヴァ書房，2013年
　　　　『福祉法学』ミネルヴァ書房，2013年
　　　　『ソーシャルワーカーのための更生保護と刑事法』ミネルヴァ書房，2016年
　　　　『ソーシャルワーカーのための成年後見入門』ミネルヴァ書房，2018年
　　　　『コ・メディカルのための医事法学概論（第2版）』ミネルヴァ書房，2020年
　　　　『ミネルヴァ社会福祉六法』（監修）ミネルヴァ書房，各年版
　　　　『人権論入門』（編著）日中出版，1997年
　　　　『消費者のための法学』（共著）ミネルヴァ書房，2006年
　　　　『刑法総論』／『刑法各論』（共著）ミネルヴァ書房，1998年／2006年
　　　　『オートポイエーシス・システムとしての法』（共訳）未來社，1994年
　　　　『ルーマン　社会システム理論』（共訳）新泉社，1995年
　　　　『法システム』（共訳）ミネルヴァ書房，1997年

柳井圭子（やない・けいこ）

1981年　久留米大学医学部附属看護専門学校卒業
1992年　北九州大学（現　北九州市立大学）法学部卒業
　　　　西南学院大学大学院法学研究科博士（後期）課程を経て
現　在　日本赤十字九州国際看護大学看護学部教授
主　著　『医療情報と医事法』（共著）信山社，2019年
　　　　『ブリッジブック医事法』（共著）信山社，2008年
　　　　『看護の法的側面（第4版）』（共訳）ミネルヴァ書房，2006年
　　　　「医療の場における内部告発者の保護」日本医事法学会編『年報医事法学19』日本評論社，2004年
　　　　「患者の個人情報の保護と提供」『情報社会の公法学―川上宏二郎先生古稀記念論文集』信山社，2002年

法学シリーズ　職場最前線①

看護のための法学［第5版］
――自律的・主体的な看護をめざして――

1999年11月22日　初　版第1刷発行　　　〈検印省略〉
2008年 4 月15日　第2版第1刷発行
2013年 4 月20日　第3版第1刷発行
2016年 4 月25日　第4版第1刷発行
2021年 1 月30日　第5版第1刷発行
2023年12月20日　第5版第3刷発行

定価はカバーに
表示しています

著　　者　　野　﨑　和　義
　　　　　　柳　井　圭　子

発　行　者　　杉　田　啓　三

印　刷　者　　坂　本　喜　杏

発行所　株式会社　ミネルヴァ書房
607-8494　京都市山科区日ノ岡堤谷町 1
電話代表（075）581-5191
振替口座01020-0-8076

©野﨑・柳井，2021　　冨山房インターナショナル・新生製本

ISBN 978-4-623-09128-7
Printed in Japan

野﨑和義 著

コ・メディカルのための医事法学概論［第2版］

医療過誤，患者の自己決定権，個人情報の保護……重要テーマを基礎から解説する，医療専門職のための入門書。　　　　　　　　　Ａ5判上製カバー　264頁　本体3000円

野﨑和義 著

ソーシャルワーカーのための更生保護と刑事法

初学者が更生保護制度を理解するために必要とされる刑事法を基礎から理解できるよう解説。　　　　　　　　　　　　　　　　　Ａ5判上製カバー　280頁　本体3000円

野﨑和義 著

ソーシャルワーカーのための成年後見入門

社会福祉専門職（ソーシャルワーカー）のために，成年後見制度の仕組みや法の知識を基礎からわかりやすく解説。　　　　　　　　Ａ5判並製カバー　292頁　本体2800円

野﨑和義 監修・ミネルヴァ書房編集部 編

ミネルヴァ社会福祉六法［各年版］

社会福祉士国家試験出題の法令を網羅し，民法典・刑法典の全文掲載。権利擁護実践のために必携の六法。　　　　　　　　　　4－6判美装カバー　1576頁　本体2800円

ミネルヴァ書房編集部 編

社会福祉小六法［各年版］

この1年間の法令改正を網羅したハンディな必携書。法改正部分が一目でわかる傍線表示付き。　　　　　　　　　　　　　　　4－6判美装カバー　1216頁　本体1800円

─────── ミネルヴァ書房 ───────

https://www.minervashobo.co.jp/